跆拳道教学与研究

罗鑫 李涛 魏齐超 ◎ 著

首都经济贸易大学出版社

Capital University of Economics and Business Press

·北 京·

图书在版编目（CIP）数据

跆拳道教学与研究 / 罗鑫，李涛，魏齐超著.

北京 ： 首都经济贸易大学出版社，2024. 9. -- ISBN 978-7-5638-3772-4

Ⅰ . G886.92

中国国家版本馆 CIP 数据核字第 2024M7A921 号

跆拳道教学与研究

TAIQUANDAO JIAOXUE YU YANJIU

罗　鑫　李　涛　魏齐超　著

责任编辑　韩　泽

封面设计　砚祥志远·激光照排
　　　　　TEL: 010-65976003

出版发行　首都经济贸易大学出版社

地　　址　北京市朝阳区红庙（邮编 100026）

电　　话　（010）65976483　65065761　65071505（传真）

网　　址　https：//sjmcb.cueb.edu.cn

经　　销　全国新华书店

照　　排　北京砚祥志远激光照排技术有限公司

印　　刷　北京建宏印刷有限公司

成品尺寸　170 毫米×240 毫米　1/16

字　　数　245 千字

印　　张　14.5

版　　次　2024 年 9 月第 1 版

印　　次　2024 年 9 月第 1 次印刷

书　　号　ISBN 978-7-5638-3772-4

定　　价　68.00 元

前　言

跆拳道（taekwondo），字面解释就是：跆（tae）是指脚踢、膝顶、撞摔等动作；拳（kwon）是指用拳击打和防御；道（do）是指练习的方法、技巧、道理和精神的体现，也指修行。这正是跆拳道最主要的三个方面。跆拳道运动是由崔泓熙先生创立的，他将起源于朝鲜半岛的包括跆跟、托肩、手搏道、古典武道等流派的自卫术与日本空手道、中国武术的部分内容结合而形成一种以腿法为主、拳脚并用地进行格斗或对抗的运动。其战斗风格果敢刚毅，以赤手空拳进行训练，培养毅力和爆发力，重视礼仪和武道精神的培养。经过长期的发展，跆拳道形成了一整套自己的风格与思路，已在全世界有大量的爱好者和学习者，具有较大的影响力，也是现代奥运会正式比赛项目之一。

跆拳道具有浓厚的东方文化色彩，重视练习者的个人素质和精神品格的培养，注重礼节教育，讲究"以礼始，以礼终"，主张恭敬谦虚、友好忍让的态度和互相学习的作风，鼓励宽厚待人和见义勇为的良好美德，经过长期的训练，在强化身体的同时，也能增强人的意志品质。跆拳道不仅是一项具有较强攻击力的运动项目，也是一种形体艺术。在实战比赛中，腿法的使用率高达 90% 以上，动作幅度大，充分体现出舒展、美观、快速、准确、有力的特点，被称为"踢"的艺术，给人以美的享受，具有极高的观赏价值。除了实战，跆拳道也可以作为一种表演项目进行观赏。

现如今，跆拳道运动在中国也有着很好的发展，出现了大量的培训机构和学习者，受到了越来越多青少年的关注和喜爱，他们纷纷加入这一健康而又时尚的运动中。

本书详细介绍了跆拳道运动的起源与发展历程、文化内涵、礼仪规范、等级划分、运动术语和动作要求、实战的各种技术和战术、跆拳道品势、跆拳道的教学方法和训练方法、跆拳道运动的竞赛规则、运动损伤的预防与处理以及女子防身术等，帮助读者从不同角度了解跆拳道这项运动的各种理论与实战知识，领略跆拳道运动的深厚内涵和独特魅力，为读者科学地掌握跆拳道实战技术提供一定指导和帮助，希望对促进跆拳道相关的训练、教学、研究水平的提高和进步做出贡献，促进跆拳道运动的进一步普及和发展。

著者

目 录
CONTENTS

第一章　绪论

第一节　跆拳道的形成与历史发展

人们常说，知其然还要知其所以然，即对事物的认知不能仅停留在表面现象，还要认识事物的本质及其产生的原因。在学习跆拳道之前，我们需要知道其形成及历史发展的过程。

一、原始跆拳道的形成

在远古时代，社会生产力极其低下，人类的生存环境极其恶劣。所谓"物竞天择，适者生存"，人们采集、觅食、抵抗毒蛇猛兽、同恶劣的自然环境斗争以及部落间争斗中，除拳打脚踢外，还利用棍棒、石块、竹箭等作为武器，以防身自卫或猎取食物。为了不被他人征服，人们必须有顽强的斗志和强健的体魄并依靠集体的力量和智慧积极防卫。在这种生存环境下，原始部落之间的战争也促进了生产技能向军事技能转化，因此人人都是战士和猎手。

随着社会的发展，人类为了抗击外来侵略，要与不同种族争斗，于是徒手的搏斗和器械的击刺便自然产生了。原始人经过一定的选择和提炼，逐渐总结了搏斗的技巧，形成了相对稳定的徒手与器械动作的组合，在实际操作演练过程中，成为有目的、有组织的格斗运动，原始跆拳道就是在这样的环境下逐渐形成的。下面我们从历史长河中寻觅跆拳道发展的历史轨迹。

二、公元 1 世纪前后至新罗统一朝鲜半岛时的跆拳道

高句丽是我国古代东北地区的少数民族扶余人建立的地方政权，4 世纪初，高句丽趁西晋内乱，攻占了乐浪郡、带方郡，国土延伸至朝鲜半岛北部。5 世纪，长寿王时期，高句丽国力达到鼎盛，于 427 年将国都迁到

平壤，控制了汉江流域，在朝鲜半岛上，与百济、新罗形成鼎足之势。搏击术在高句丽享有很高的地位。高句丽国的古墓角抵冢、舞俑冢和三室冢的玄室壁画反映出搏击术在当时已经相当盛行。例如：角抵冢的壁画上有两名男子互相抓着臂膀进行角斗的场面；舞俑冢的壁画有形似女子表演的舞姿，一些舞蹈动作与跆拳道的动作相似；三室冢的玄室顶壁上绘有强壮男子运用跆拳道格斗的姿势。像这些记载跆拳道雏形资料的壁画还有很多。

高句丽王朝为准备战事，制定了选士制度，每年的3月至10月间，都要组织盛大集会，内容丰富多彩，其中包括狩猎、剑舞、射箭、跆拳道等项目的表演和格斗比赛，胜利者被授予"Sunbae"的荣誉，以此选拔精明强悍、武艺精湛的武士。据有关资料记载，此时期"手搏"一词已经出现，这可以算是最古老的跆拳道的雏形。

百济在朝鲜半岛的西南部，建国于公元前18年。百济人喜欢骑马、射箭和跆跟。《隋书》称百济人崇尚读书、武技；朝鲜史书《三国史记》记载，百济修筑了射箭场，每月初一、十五练习，每年9月举行射箭大会，进行各种武艺活动，同时记载了"手臂打"，这种竞赛是运用类似跆拳道的技法进行分组比赛。据记载，历代百济国王大都倡导习武（骑马、射箭和跆跟），要求全国从上到下都以强身健体、保卫国家为生活中的头等大事。

新罗在朝鲜半岛东南部的庆洲平原上，建国之初，由于国力弱小，采取与高句丽联合的国策，有时甚至派王族成员到高句丽做人质，以换取高句丽的支持与帮助。新罗的统治者励精图治，加强了军队建设和对民众武艺的训练，特别是在真兴王37年（576年）新罗创立了"花郎制度"。《朝鲜上古史》记载：圆光法师为花郎道的发展制定了世俗五戒——"事君以忠、事亲以孝、交友以信、临战无退、杀生有择"，在这种制度的激励下，新罗培养了一批又一批忠君孝亲、英勇顽强、无所畏惧的战士。

"花郎道"主要指当时封建贵族子弟中品貌端庄者组成的准武士团体。"花郎道"的选拔标准非常严格，他们需通过马术、跆跟、射箭、狩猎等以及典籍、学识的考试，优秀者方能入选。典籍、学识是对青少年进行道德伦理、忠君爱国的教育，培养能够为封建统治阶级服务的文武兼备的官吏。"花郎制度"的推广为新罗的繁荣和跆拳道的长足发展奠定了基础。

国力渐渐强大的新罗，与唐朝联合，于公元660年至668年先后攻灭了百济和高句丽，统一了朝鲜半岛，建立了新罗王朝。

三、高丽时期的跆拳道

公元 918 年，泰封国大臣王建发动政变，颠覆泰封国，建立了新的王朝，建都于开京（现今的开城），定国号为高丽。史料记载，高丽军队的强大战力源自日常训练和对跆拳道的热衷。士兵们经常通过击打木块和墙壁来增强拳击力量。朝鲜当时热衷于徒手格斗的忠惠王，曾邀请擅长此项技艺的士兵金振郁到宫廷展示，从而提升了跆拳道的声誉并赢得民众喜爱。据《高丽史》记载，徒手搏斗深受高丽人喜爱，成为流行的体育项目。不论文官还是武将，都需练习，擅长此技者会受到奖赏或晋升，并且它是军队训练的必备项目。当时，全国弥漫着崇尚武力的风气，跆拳道因此得到前所未有的发展。

四、朝鲜李氏王朝时期的跆拳道

公元 1392 年，高丽军队的右军都统使李成桂将军，在鸭绿江江心的威化岛发动政变，带领军队打进首都，驱逐国王，取代高丽，建立了朝鲜李氏王朝，同时用"朝鲜"称国号。这一时期，高丽末期首次举行的武科考试，在李朝继续进行。武科考试科目有箭术、骑术、跆拳道等军事技术，还有儒教和军事经典知识，这是当时普通人晋升的一条捷径。据文献记载：如果一个武士想成为武官，就必须在晋升考试中使用手搏或跆跟技艺打倒三个人以上，他才有入选武官职位的资格。由此可见，当时对跆拳道非常重视和提倡。

公元 1790 年即李朝正祖十四年，李德懋与学者朴齐家、白东修奉王命共同汇编了《武艺图谱通志》。这本书包含了"手搏"和"跆跟"等武术技巧的文字描述、动作图解，以及各式兵器的使用方法，被后世认为是跆拳道较为科学的记录。到了李朝末期，王室受到"文尊武卑"观念的影响，开始偏好文学而轻视武术，因而跆拳道逐渐与王室分离，在民间广泛传播。

由此可知，李朝是跆拳道重要的发展时期。在李朝，无论是徒手还是器械，跆拳道技术都趋于成型和完善，逐渐形成了跆拳道的完整体系。

五、近代跆拳道

朝鲜李氏王朝末期，农民起义风起云涌，代表先进官僚阶层的开化派在朝鲜半岛进行了资产阶级革命的尝试。与此同时，日本帝国主义对朝鲜半岛虎视眈眈，处于内外交困的李氏王朝面临巨大危机。1894 年 7 月，日本帝国主义侵略军占领了朝鲜。公元 1905 年，日本帝国主义强迫李氏王朝签订了《乙巳保护条约》，进一步夺取了朝鲜的军政、财政、行政、司法等权力，在此期间解散了为数不多的朝鲜军队。公元 1910 年 8 月日本完全占领朝鲜半岛，李朝灭亡。

日本在朝鲜建立统治时，为避免当地人民的反抗和消磨他们的意志，禁止了所有文化体育活动，包括跆拳道。在殖民统治期间，跆拳道在朝鲜境内几乎消失了。练习跆拳道的人分为两部分：一部分在国内秘密练习，另一部分则前往国外继续修炼。其中，一些人被迫背井离乡，远涉中国或日本谋生。1945 年 8 月 15 日，日本宣布无条件投降，朝鲜从日本帝国主义殖民统治下获得解放，朝鲜独立，国家政治、社会面貌日益改观，流落他乡的许多朝鲜人也先后回到故里。他们将中国的武术、日本的空手道等国外新的武艺带回了朝鲜，与当地拳师一起，以继承和发扬为原则，将各种武艺与跆拳道技艺融合到一起，从而使跆拳道技法、技巧、技能得到了充实与发展，逐渐形成了跆拳道新的技术体系，促进了跆拳道运动的发展。

1955 年，朝鲜半岛的自卫术正式被命名为"跆拳道"。自卫术曾泛指跆跟、托肩、空手道、手搏道、唐手道等，种类繁多，名称混杂。现代跆拳道的创始人崔泓熙在少年时被父亲送往书法家韩溢东处学习。韩溢东发现崔泓熙身体虚弱，便教授他跆跟，以此强身健体，这奠定了崔泓熙创立跆拳道的基础。崔泓熙等人在教学实践中不断研究、推敲和练习，将朝鲜半岛的古代自卫术与日本空手道、中国武术融合，形成了一套独特的发展理念，从而创新了现代跆拳道，称之为"跆拳"。几乎所有的武术都以自卫、健身为目的，都是从手脚并用的动作演化而来的。现代跆拳道起源于韩国，是对当地古典武道和先进搏击技术的科学整合。它不仅发扬了踢技，还包含了崔泓熙关于精神与道德的哲学思想，是一种以自卫和健身为目的的武术①。

六、现代跆拳道（1955 年至今）

1955 年，为了更好地推广这种新型的民族武术，韩国的武术家、教育

① 张雷，杨毅. 跆拳道发展史研究［J］. 体育文化导刊，2014（12）：165-168.

家、高级军官及相关学者经过讨论认为：冷兵器时代已经过去，跆拳道不仅是练习手脚的功夫，还是培养人的一种精神修炼，教练在教授学生练习过程中，不应只教授学生竞技体育及健身防身的技巧，更重要的是要教会学生做人做事的道理。

当时，崔泓熙认为，跆拳道运动既能强身健体又能防身自卫，但缺少一种武道文化和哲学思想。崔泓熙提出在"跆拳"后加"道"字的方案，强调其不仅是技击术，更包含精神修养和文化内涵。跆拳道"名称制定委员会"终于将自卫术过渡成为现今完整的"跆拳道"体系。字面解释就是：跆（tae）是指脚踢、膝顶、撞摔（现代竞技跆拳道已取消膝顶、撞摔动作）；拳（kwon）是指用拳击打和防御；道（do）是指练习的方法、技巧、道理和精神的体现，也指修行。跆拳道名称的确立，结束了跆跟、托肩、空手道、手搏道、唐人道、古典武道混杂的局面，开创了现代跆拳道运动的新纪元。

1959 年，"大韩跆拳道协会"成立，标志着跆拳道首次走出韩国，向国外传播。跆拳道创始人崔泓熙将军带领 19 名优秀韩国队员，出访东南亚推广这项民族武道。

1961 年，"唐手道协会"成立，后更名为"跆拳道协会"，崔泓熙将军出任会长。到了 1962 年，跆拳道成为国际业余体育协会会员。

1963 年，第 43 届大韩全国体育大会将跆拳道设为正式比赛项目。在这期间，韩国的许多跆拳道教练走出国门，到世界各地传授技艺，推动了跆拳道在全球的普及与发展，象征着跆拳道运动的国际化进程正式开启。

1965 年 8 月设立"大韩跆拳道协会"（"大韩跆手道协会"后更名为"大韩跆拳道协会"）。

1966 年成立了第一个国际组织——国际跆拳道联盟（International Taekwondo Federation，ITF）。这是跆拳道历史上的第一个国际性机构。崔泓熙被选为主席。

1971 年 1 月 17 日，金云龙任大韩跆拳道协会会长。

1971 年 3 月 20 日，韩国总统朴正熙为跆拳道题词"国技跆拳道"。

1972 年 11 月 30 日，韩国跆拳道道场"国技院"在汉城创立，标志着跆拳道进入一个繁荣发展的新阶段。

1973 年 5 月 28 日，世界跆拳道联合会（World Taekwondo Federation，WTF）在韩国汉城成立，金云龙博士担任主席。最初，来自 20 多个国家和地区的会员加入了这个组织。WTF 成立后，抛弃了传统跆拳道中实战性不强的技击内容，提炼出竞技性最强的技术动作，构建了教学、训练、科研和竞技体系，催生了新体育形式——竞技跆拳道。同年 5 月 25 日在韩国汉城举行了第一届世界跆拳道锦标赛。

1974 年 10 月 18 日在韩国汉城举行了第一届亚洲跆拳道锦标赛。

1975 年，世界跆拳道联合会被国际体育联合会接纳为正式会员。

1980 年，国际奥委会在第 83 届大会上正式承认了世界跆拳道联合会，这一决定推动了跆拳道在全球的广泛传播。

1981 年，国际体育理事会承认了国际跆拳道联合会。

1982 年，国际奥林匹克委员会通过决议，跆拳道将作为 1988 年汉城奥运会表演项目。

1983 年于西班牙巴塞罗那举行的第 8 届世界跆拳道锦标赛上，增设了女子跆拳道比赛。

1986 年，跆拳道创始人崔泓熙先生率领的代表团访问中国，并进行表演。同年，跆拳道成为第 10 届亚运会的比赛项目，并举办了第一届跆拳道世界杯。

1987 年，跆拳道被纳入泛美运动会、全非运动会及东亚运动会的正式比赛项目。

1988 年 24 届奥运会在韩国汉城拉开帷幕，经过主办国的不懈努力，跆拳道被列为 24 届（1988 年）、25 届（1992 年）和 26 届（1996 年）奥运会的表演项目，这为跆拳道的发展提供了更多的机会与更大的动力。

1994 年，国际奥林匹克委员会在法国巴黎的第 103 届会议上决定，跆拳道将成为 2000 年悉尼奥运会的正式比赛项目，设有 8 枚金牌（男女各 4 枚）。此外，跆拳道也是诸多国际赛事如友好运动会、东南亚运动会、南美运动会、南太平洋运动会、世界军人运动会的正式比赛项目，为跆拳道的普及和技术提升提供了平台。

2004 年 6 月 11 日，世界跆拳道联合会在韩国举行了一次重要会议。在这次会议上，韩国人赵正源被任命为世界跆拳道联合会的代主席。这一任命标志着赵正源正式接替了长期担任主席职务的金云龙。随后，2005 年 4 月 12 日，在西班牙马德里举行的 2005 年世界跆拳道联合会全体大会上，赵正源以 105 票当选为主席，正式成为金云龙的继任者。

目前，世界跆拳道联合会和国际跆拳道联盟是全球两大跆拳道组织。

世界跆拳道联合会以竞技为核心，辅以品势（套路和架型）的跆拳道技术体系，而国际跆拳道联盟是一个国际民间组织，专注于教授传统跆拳道，其技术体系以品势修炼为主，竞技实战为辅。这两大组织对跆拳道在全球范围内的推广和普及做出了重大贡献。

第二节　跆拳道运动的特点与功能

一、跆拳道运动的特点分析

跆拳道运动是一种事物，要阐述它的技术特点，正确地选择比较对象是一个十分重要的前提条件。跆拳道是一个体育运动项目，比较对象应该在体育运动项目的范围内进行选择。而体育运动项目的种类繁多，包括篮球、田径、体操、游泳、拳击、摔跤、柔道、武术散打、泰拳、空手道、自由搏击等。在这些可以比较的对象中，只有选择与人体格斗同类的运动项目加以比较所得出来的结论才有意义。

由于人体格斗类运动项目是同性质的项目群，肯定会有许多相似之处。就像球类运动项目不管是大球还是小球，不管是隔网的还是不隔网的，都是以球作为运动员竞技的载体；就像田径运动所有的项目都离不开通过走、跑、跳、投的形式来反映人的竞技能力一样。不过也要注意到人体徒手格斗类运动项目由于允许使用的技法内容和评定胜负方法的差异性，相互间也具有不同的特点。

（一）礼之重

"礼"是指礼节、礼仪，"重"是指注重，注重礼节和礼仪是跆拳道运动的特点之一。"礼节"和"礼仪"这两个词，既有相同之处，也有不同之处。相同之处是对"礼"的表达；不同之处是"礼节"的重点是指行礼的动作方式，"礼仪"的重点是行礼的对象和场合。跆拳道行礼的动作方式是右手放在胸前，上体前俯弯腰35°左右行鞠躬礼。这种动作方式从行礼者的角度来讲，做起来比较自然、轻松、方便，表达的是尊敬、谦恭、礼让的信息；从受礼者的角度来讲，会产生亲切、欣慰、赞许的感觉。

跆拳道行礼的对象主要是平辈和尊者。平辈包括同行、同伴、同事等；尊者包括教师、教练、长者、上司等。行礼场合分为个人场合、集体场合、正规场合三种情况。个人场合除了经常在一起生活的人可以不拘礼仪外，其他人只要谋面就需要行礼；平辈之间行礼必须还礼；对长者行礼，长者可以还礼也可以不还礼。集体场合需要实施礼仪时，有专门的人喊口令集体行礼。正规场合是指参加比赛、会议、集会等，个人出面时需要向特定的对象行礼。

跆拳道强调"以礼始、以礼终"的尚武、崇德、崇礼精神，在训练和比赛中一直秉持这一原则。每次运动员踏入跆拳道道馆，都需向国旗敬礼。训练中，教练个别指导后，运动员需向教练敬礼。练习时，一名运动员持靶，另一名练习，或互相模拟对练，每组练习结束后，他们都要相互敬礼。训练结束时，运动员集体向教练敬礼，教练也会回礼①。

跆拳道运动员在离开跆拳道道馆时，都会在门口向国旗敬礼。这一行为体现了跆拳道教练员和运动员在整个训练流程，始终贯彻礼节和礼仪。武技本身不仅强调武术和勇气，还能培育运动员勇敢、坚韧和拼搏的精神。同时，礼节和礼仪的熏陶也有助于运动员培养自律、礼让、宽厚、待人以敬和谦逊有礼的品质。"武"与"道"的同步进步，使得运动员在必要时刻能够挺身而出，在公众面前也能展现出优秀的道德修养。

（二）技之简

"技"是指技术，"简"是指简单，技术简单是跆拳道运动的特点之二。跆拳道从自身的技术内容来讲并不简单，它由品势演练、竞技比赛、功力展示、艺术表演四个独立的技术体系组成。但相对于中国武术，跆拳道技术简单是经过比较以后得出的结论。

跆拳道从太极一至八章，到高丽、金刚、太白、平原、十进、地台、天拳、汉水、一如等套路，无论是单个动作的组成结构、套路组成的动作数量，还是套路的种类等，其复杂程度都无法与武术相比。武术套路有上百个不同风格、不同流派的拳种，其中很多拳种又有一系列的拳术和器械套路，而跆拳道的套路动作除了编排的内容结构不一样以外，演练风格大同小异。

从目前跆拳道功力展示的内容来看，主要有彰显动作击打力度、高度、远度、准确性四种类型，每一种类型基本上都是用同样的动作来完成的。而武术除了这四种类型之外，还有各种人体抗击打能力和各种器械使

---

① 黎晓勇. 跆拳道礼仪与中国传统文化 [J]. 四川体育科学, 2008 (2): 66-68.

用技巧的展示。武术功法展示的技术手段远远多于跆拳道的功法展示，如有头撞石碑、脚踢钢柱、头顶开石、身卧钉床、俯卧钢叉等数十种之多。器械使用技巧的展示有飞镖、飞刀、流星锤、钢针穿刺、鞭梢裁纸等。武术功法全面、充分地展示了人体机能的攻击能力、抗击打能力和器械的使用能力。

从目前跆拳道艺术表演的内容来看，跆拳道以拳法和腿法动作为技术基础，打破品势、竞技、功力分类的格局，增加音乐、灯光、布景等舞台表现元素，重新进行动作编排和包装，以求达到最佳的观赏效果。而武术由于内容的丰富性，更有利于动作的编排和包装，更容易彰显武技的震撼力和吸引力。除了这些以外，武术早就渗透到了文学、戏剧、影视领域，如武侠小说、戏剧武功、功夫影视都是以武术技术为手段，在表现武术技术的基础上进行文学加工、戏剧加工、影视加工，派生出了多种多样的武术艺术成果。

（三）道之深

"道"是指道理，"深"是指深邃，"道之深"是跆拳道运动的特点之三。跆拳道之"道"包括做人和做事两个方面，关于做人的道理在跆拳道的"修身功能"和特点之一"礼之重"中已经做了简要阐述，这里的"道之深"主要讲跆拳道人体机能做功规律、运动项目活动规律、竞技能力训练规律方面的十分深邃的道理。一般来讲，人体徒手对抗运动项目技法动作使用多，技术研究的领域需要横向和纵向两个方向同步发展；而人体格斗技法动作使用少的运动项目，技术研究的领域除了需要横向发展之外，重点是需要向纵深方向发展。虽然跆拳道的技术简单，但是为了达到发出动作就要击中对方的目的，对动作技术的合理性和有效性要精益求精，对事物规律认识的深度有很强的依赖性。

例如，预备姿势是跆拳道动作的基础，双方运动员通过观察对方的预备姿势来准备应对。良好的预备姿势对运动员至关重要：它能让自己处于有利位置，快速发力，增加击打准确性；同时，它应隐蔽动作意图，防止被对手发现破绽。因此，预备姿势的精确度至关重要，包括脚尖、膝关节、髋关节的方向以及身体重心的控制。

再如，比赛中，运动员通常使用相似的攻击方法，因此双方对对方动作都很敏感并具备反制能力。单纯观察姿势状态难以找到进攻时机，运动员需深入分析对手的心理状态。通过洞察对手的心理活动，运动员不仅能针对性地发出攻击动作，还能利用心理战术转移对手的注意力，为自己创造进攻机会。如果教练员和运动员对跆拳道人体机能做功规律、运动项目活动规律、竞技能力训练规律的认识只是满足"形于外"，而不能深入到"形于内"，就永远不能说进了跆拳道之"门"，入了跆拳道之"道"。

二、跆拳道运动的功能表现

（一）跆拳道运动的健身功能

健身功能体现在跆拳道训练和比赛中，它显著增强人的体质和健康。跆拳道是一项主要依赖腿踢，辅以拳击的格斗运动，其独特动作和规律对智能、技能、体能和心能的综合提升有很高要求。实践表明，定期参与跆拳道运动能提升观察力、判断力、思维力、记忆力和想象力，并减缓大脑功能退化。此外，它促进骨骼和肌肉成长，使骨架更强壮，肌肉质量提升，并增强肌肉控制力。跆拳道结合有氧和无氧代谢，促进呼吸和循环系统的生理功能。运用多样化的技术可增强神经系统活性、灵活性，提升感知和反应速度，还能改善气质和性格。

（二）跆拳道运动的防身功能

防身功能是通过跆拳道训练与比赛掌握格斗技术，以防止他人伤害的能力。跆拳道是一项以人体格斗为基础，旨在战胜对手的运动。教练与运动员致力于不断提升技击方法的合理性，提高技法的有效性，以及增强身体的抗衡力。跆拳道对抗的本质使其在特定条件下具备防身自卫的功能。面对身体侵犯或见义勇为的需求，它能有效制止或制服对方，同时保护自己减少伤害。这些自卫的技术手段不仅是必要的，也是必需的。然而，在实施自卫或见义勇为时，应以制止或制服对方为目标，避免过重伤敌，切勿意气用事，越过"正当防卫"的法律界限。

（三）跆拳道运动的修身功能

修身功能体现在跆拳道教育和竞赛过程中，它塑造人的思想、伦理、个性、兴趣、意志和精神。跆拳道动作不仅传递技术，还蕴含思想教育，因为思想引导行动，行动反之影响思想。作为一项对抗性运动，跆拳道既能培育竞争和向上的精神，也能抑制暴力和不义的行为。

跆拳道强调以"鞠躬礼"为核心礼仪，以此培养伦理道德，并追求高尚的人格品质，如尊师重道、团结友爱、诚信正义、勇敢善良、谦虚谨慎、自律和仁爱。

此外，在竞技层面，跆拳道专注于增强意志力和情感控制。面对严格的训练和比赛中的挫折与痛苦，运动员需付出巨大努力以取得成功，这个过程磨砺了他们的意志。与不同对手的较量可以帮助自己克服恐惧和胆怯，培养坚定的信心和稳定的心态，无论胜败都不自满或气馁。此外，跆拳道在提升身体素质和技巧的同时，还能带来身心愉悦的娱乐体验。

第三节 跆拳道运动的基本术语

一、拳法

在竞技跆拳道中，正拳是一种主要拳法，也称作平冲拳或直拳。而在品势中，正拳、勾拳、锤拳、平拳、中突拳等不同类型的拳法都被运用。

正拳：正拳的握法要求手的四指并拢并紧握，保持拳面平坦，拇指则压在食指和中指的第二指节上。出拳时，用拳面食指和中指的部分进行打击。

勾拳：勾拳的握法与正拳相同。在击打时，使用食指和中指关节根部的尖端部分进行攻击。

锤拳：锤拳的握法同样遵循正拳的握法规则。出拳时，用小指和手腕之间的肌肉部位进行打击。

平拳：平拳是向前平伸拳，然后把手指的第二指节弯曲，指尖贴紧手掌，拇指弯曲紧贴食指尖，用第二指尖击打。

中突拳：中突拳是中指或食指从正拳的握法中突出，主要击打太阳穴和两肋部。

二、掌法

跆拳道的掌法包括手刀法、背刀法、贯手。不同的掌法适用于不同的战斗情境和目标打击。在练习时，应注意正确的握法和发力方式，以保证攻击的有效性和安全性。

手刀法：四指伸直，拇指弯曲并靠近食指。攻击时，以小指侧的掌外沿为着力点。此法仅适用于品势。

背刀法：与手刀法相反，背刀用食指侧进行攻击。同样，仅限于品势中使用。

贯手：贯手的手型类似手刀，但要微曲拇指。主要用四指的指尖来打击对手的弱点，如眼睛或喉咙。这种技巧只应在品势中施展。

三、臂法

跆拳道的臂法主要包括一些特定的臂部动作，如使用腕部、肘部、前臂和上臂。在实际应用中，需要结合步法和身法，以达到最佳的攻击效果。

腕部：腕关节的四周部位。主要用于防守格挡。

肘部：肘部用肘的鹰突关节攻击。只局限于在品势中使用。

前臂和上臂：前臂和上臂主要用外侧进行格挡防守，其中前臂的格挡在竞技跆拳道比赛中经常被运动员所使用。

四、脚法

跆拳道比赛中，运动员主要以腿攻为主，所采用的脚的部位是脚面、足刀、脚尖、脚跟和脚前掌。

脚面：脚面击打法是用脚正面打击对手，主要用于攻击被护具保护的对手髋关节以上至锁骨以下的部位，以及头部的侧面和正面。

足刀：足刀法则是以脚外侧边缘去推或踢对手，常见于侧踢。

脚尖：脚尖法主要利用脚趾尖端进行攻击。

脚跟：脚跟法是通过踢或推的方式，使用脚跟对对手进行打击。

脚前掌：脚前掌法主要是以脚前掌为攻击点，常在劈腿动作中使用。

五、膝法

跆拳道中的膝法被认为是一种致命的武器，一旦被对方击中要害，手脚就会发软。

膝法是用膝盖顶击对方，只限于在品势中使用。

第四节　跆拳道运动对健康的影响

世界卫生组织指出：健康是指生理上、心理上、社会适应上的状态完好，而不仅仅是没有疾病和不虚弱状态。因此，健康是指一个人在身体、精神两个方面都处于良好状态。健康是生命存在的最佳状态，是人们希望拥有的最大、最重要的财富。生命在于运动。体育是一种社会文化现象和教育过程，它通过身体的活动促进个体身心健康和全面发展，旨在培养完善的社会公民，具有"文明其精神，野蛮其体魄"的功效。

大量资料显示，现代社会心理疾病发病率不断攀升，这是由于生活节奏加快、工作竞争压力加大，进而导致心理紧张。光有丰富的文化知识，却没有良好的心理素质将很难适应未来的社会生活。我国现代青少年儿童中普遍存在意志力薄弱、动手能力差、身体素质低下、心理承受力不强以及自私自利等状况，因此以培养学生生存能力和非智力因素为着重点的素质教育便显得尤为重要。

在教育部倡导"阳光体育工程""德育教育和中国传统文化回归"之际，跆拳道运动凭借其对人的身体素质、思想道德素质和心理素质等多方面的培养和锻炼，为当前的素质教育添上了浓墨重彩的一笔。跆拳道运动的教学内容简单、目的性明确，有清晰的教学大纲和考核要求，并以此极大地促进学生的身心健康。同时，跆拳道注重以身体运动带动练习者良好的心理品格的形成；从知、情、意、行几个方面入手，丰富学生科学文化知识和塑造学生强大的心理素质，培养学生的健康人格。

跆拳道是一个优秀的传统体育项目，也是东方民族文化的重要组成部分，将其列为素质教育的核心内容之一，对当代大学生爱国主义精神、文化道德素质、身心健康、美育素质以及智商、情商发展均具有重要的促进作用。

一、提升各项运动能力

跆拳道技术动作的完成依赖全身的协调性，通过骨骼、关节与肌肉的配合，主要表现为丰富多样的腿法。跆拳道品势以其腿法的变幻无常和潇洒自如而闻名，被誉为踢的艺术。跆拳道的腿法追求灵活多变，对参与者的柔韧性、反应速度、运动稳定性和敏捷性提出了高要求，全面检验了人体机能和体能。通过跆拳道的美育功能锻炼，学生不仅能够掌握基本技能，还能有效提升整体运动能力。

二、培养良好的意志品质

跆拳道通过肢体有力的动作表现了人类生存的本能意识，要求练习者将精神追求具体化。从最初的消极防御转变为积极进攻，跆拳道训练和比赛时要求练习者主动克服困难，这有利于培养其坚韧不拔的意志。

良好的意志品质是学习跆拳道真谛的保证。跆拳道精神是"礼仪、廉耻、忍耐、克己、百折不挠"，这些精神渗透在日常的学习和练习过程中。学习跆拳道可以培养学生顽强拼搏、坚韧不拔、积极向上的意志品质[1]。

三、提高审美能力

跆拳道表演在近几届奥运会开幕式上亮相，以其独特的、不同凡响的魅力让世人惊叹。现代跆拳道运动集竞技、健身、娱乐表演为一体，为美育素质教育提供了基础。练习跆拳道不仅有助于学生从多个角度提升审美和创造力，如人体美、行为美和运动美，而且它还能帮助当代大学生塑造正确的审美观、培养健康的审美情趣，以及净化心灵，提高精神素养。

四、不断完善心理素质

有调查发现，当前不少大学生存在一些心理问题，包括学习动力不足、注意力分散、适应环境困难、缺少学习目标、自我评价不当以及人际交往能力不足等。跆拳道运动能帮助学生设定明确的学习目标，激发学生学习兴趣。练习过程中，学生不仅能增强自信心，还能提升心理承受力。参与比赛和交流活动则有助于他们客观评价自己，培养良好的人际交往技巧和团队合作精神。这些活动能够让学生保持愉悦心情，并不断提升心理素质。

五、提高文化素质修养

学习跆拳道不仅要掌握技能，更要理解其文化内涵。这一过程包含中国古文化"内外兼修"的理念，汲取道家的根本精神和儒家的实践智慧，激发生命的活力。基本技术的教授不仅能教会学生掌握运用跆拳道技巧和科学健身的方法，同时能结合智能教育，唤起学生的好奇心，加深对体育文化的理解，体会东方传统文化的深邃，并扩展他们的知识视野。

六、培养集体主义精神

跆拳道倡导"礼始礼终"的原则，以及"礼义、廉耻、忍耐、克己、

---

① 邹洪磊. 高校跆拳道体育教学对大学生思想教育的作用研究［J］. 产业与科技论坛，2021，20（23）：102-103.

百折不挠"的武道精神。通过跆拳道，练习者可以磨炼意志，培育坚韧不拔、勇敢无畏和坚毅的品质。竞赛则进一步锤炼学生勇敢拼搏、机智灵活、不甘人后的斗志，并通过团队合作和相互支持，培养他们的集体主义精神，即互助合作和团结友爱的品质。

第五节　跆拳道在中国的引进和发展

2017 年后，跆拳道在中国可谓是家喻户晓。走在熙熙攘攘的大街小巷，或是静静的居民小区里，总会看到几个穿着白色跆拳道服装的人，他们腰里扎着的带子或白色或黑色或黄色，大多数以青少年为主，也有刚刚几岁的小朋友，个个精神抖擞，神气十足。本节先科普下跆拳道腰带颜色的象征意义。

白带：象征空白，练习者跆拳道基础为零。

黄带：代表大地，象征练习者在此阶段应奠定基础，并学习"厚德载物"的精神。

黄绿带：介于黄带和绿带之间的水平，练习者水平技术在提升。

绿带：象征植物，表示练习者的跆拳道技术逐渐丰富，不断完善。

绿蓝带：由绿带向蓝带过渡的水平，练习者处于两者之间。

蓝带：代表天空，意味着练习者的跆拳道技术逐渐成熟，已完全入门。

蓝红带：位于蓝带与红带之间，练习者水平略高于蓝带，略低于红带。

红带：象征危险与警戒，练习者具备一定的攻击能力，应注意自我修养和控制。

红黑带：表明练习者已修完从 10 级至 1 级的课程，正处于红带向黑带过渡阶段。

黑带：代表长期磨炼后的技术成熟和思想修为，象征不受黑暗和恐惧影响。

一、跆拳道在中国的引进

20 世纪 80 年代末，韩国跆拳道组织及从事中韩文化体育交流的友好人士，从不同渠道将跆拳道介绍到中国。在这期间，国际跆拳道联盟总裁、跆拳道创始人崔泓熙将军认为在中国普及跆拳道意义重大，他很早就非常重视在中国普及跆拳道的事业。

1986年6月，崔泓熙作为国际跆拳道代表团的一员访问了中国。该代表团由30人组成，包括17名男性和7名女性跆拳道表演选手。访问期间，他们在北京、西安、济南等城市进行了跆拳道表演，吸引了众多观众，并在各大城市掀起了一股跆拳道热潮。当时的中国奥委会主席何振梁和中国武术协会主席徐才等与崔泓熙进行了亲切友好的会谈。在会谈中，他们对中国发展国际跆拳道联合会（ITF）正宗跆拳道的意愿表示肯定，并希望崔泓熙能提供帮助。中国武术界领导人还向崔泓熙了解了跆拳道在世界普及和发展的宝贵经验，崔泓熙的几项建议对日后成立国际性武术组织起到了重要作用。此次巡回演武交流不但在中国播下了跆拳道的种子，还得到了中国政府有关方面领导人的积极肯定。之后，崔泓熙多次访问中国，并教授跆拳道的真髓。十多年来，许多国际跆拳道联盟的高级教师不断来到中国，为跆拳道运动在中国的推广谱及做出了贡献。

1998年，崔泓熙派遣国际跆拳道联盟的副总裁多次与宋硕景商谈在中国普及和发展跆拳道的具体事宜，并约定崔泓熙和宋硕景一起访问中国，考察跆拳道现状和商谈今后的工作方向。同年10月，宋硕景按照约定从日本提前来到北京等候崔泓熙。崔泓熙非常高兴，感谢宋硕景珍藏多年前他赠送的那幅书法。交谈中崔泓熙表示国际跆拳道联盟将新设专门帮助中国普及和发展跆拳道事业的机构。

1999年初国际跆拳道联盟正式成立了专门帮助中国普及和发展跆拳道的新机构——国际跆拳道联盟中国地区总部，由宋硕景负责这项工作。宋硕景把普及和发展跆拳道当作了自己的使命，在普及和发展跆拳道的事业上做了大量工作。此后，在国际跆拳道联盟中国地区总部代表王伟的领导下，中国的跆拳道事业取得了显著成就。国际跆拳道联盟中国地区总部不断积极协助各地跆拳道爱好者普及和发展这项运动。国际跆拳道联盟是一个国际性民间组织，注重培养学员技术和道德教育修养，让学员明白，学习跆拳道的目的是通过修炼攻防技术，增强体质，具备自我防卫能力和高尚的道德品质。

二、中国跆拳道运动的发展与成绩

1992年10月7日，中国跆拳道协会筹备小组成立，这标志着我国跆拳道运动正式开始。

1994年5月，在河北正定举办了首届全国跆拳道教练员和裁判员学习班。

1994年9月，在云南昆明举行了第一届全国跆拳道比赛，当时有15个单位的150多名运动员参加了比赛。由于我国跆拳道运动起步较晚，招收的运动员大多是其他项目转过来的，此次比赛从严格意义上来说，只能算是"摸底考试"。它让我们了解了我国目前跆拳道运动开展的现状，通过现场调研和录像分析找出了我国和世界的差距，特别是与韩国以及欧洲一些起步较早、基础好的国家相比，技术上存在较大区别，从而为今后的教学、训练和竞赛工作提供了依据。

1995年5月，北京体育大学举办了第一届全国跆拳道锦标赛，吸引了22个单位的250名运动员参赛。同年8月，中国跆拳道协会成立，魏纪中成为首任主席。11月，该协会被世界跆拳道联合会接纳为正式会员。

1996年6月，中国选手在澳大利亚墨尔本举行的第12届亚洲跆拳道锦标赛上夺得铜牌。1997年11月，在世界跆拳道锦标赛上，中国女子43 kg级的黄鹂赢得银牌。1998年5月17日，在第13届亚洲跆拳道锦标赛上，贺敏为中国赢得了首枚亚洲金牌，这是中国在洲际比赛中跆拳道金牌零的突破。此次比赛共有来自亚洲22个国家和地区的约240名选手参加。中国跆拳道队在这次比赛中获得了1金5铜的好成绩，女子队获得了团体总分第三。

1999年6月7日，在加拿大埃特蒙顿举行的世界跆拳道锦标赛上，王朔击败了众多世界跆拳道名将，赢得了女子55 kg级冠军，这是中国跆拳道运动员在世界舞台上获得的第一个冠军。

2000年9月30日，悉尼奥运会上，陈中赢得跆拳道+67 kg级冠军，这是我国的首枚跆拳道奥运金牌。

2004年8月29日，在雅典奥运会上，中国女运动员陈中和罗微获得67 kg级和+67 kg级两枚奥运会金牌，创造了中国跆拳道奥运会历史上的新纪录。

2005年4月14日，在西班牙举行的世界跆拳道锦标赛上，中国选手王莹获得51 kg级金牌。

2007年5月18日至22日，2007年女子第十一届、男子第十八届世界跆拳道锦标赛在中国北京举行，中国选手吴静钰获得47 kg级、陈中+72 kg

两枚金牌。陈中参加三次世锦赛，获得一枚银牌和一枚铜牌。

2008 年 4 月 26 日至 28 日，在河南洛阳举行的第 18 届亚洲跆拳道锦标赛上，中国男、女运动员共获 4 枚金牌 2 枚银牌 5 枚铜牌。其中男子选手刘哮波获得了 84 kg 以上级冠军，实现中国男子在该级别上的历史性突破。

2008 年 8 月 20 日至 25 日，在中国北京举行的第 29 届奥运会上，中国代表团获得 1 枚金牌和 1 枚铜牌。女运动员吴静钰获得 47 kg 级金牌，男运动员朱国获得 80 kg 级铜牌，实现了中国男子奥运会跆拳道项目上奖牌的历史性突破。

目前，跆拳道已列为全国运动会、全国大学生运动会、全国城市运动会等综合性比赛的单项赛事，已经发展成为一种集体育学、心理学、哲学、医学为一体的体育运动项目，进入了体育化、制度化、科学化、规范化、具体化的发展阶段。

三、跆拳道招生报名火热

"参加跆拳道训练，是助你成才的无悔选择！"

招生对象：幼儿园中大型班级、小学生、高中生、大学生以及上班族。

教学内容：跆拳道的历史、核心特点、精神实质、礼仪规范、品势修炼、威力修炼、各类腿法、拳法、步法、身法、防守技巧以及腿法特技表演（包括空中连击、单腿连击、双腿连击等）。同时，还教授竞技实战技巧、约束对练和自卫术。

现如今，伴随着广大居民收入的提高，家长更加重视孩子教育，期望孩子能强身健体、提高道德修养，身心同步健康发展。而现在市面上有大量跆拳道招生的广告，其数量和规模已经可以与书法、舞蹈等老牌的教育培训项目比肩，跆拳道在我国的报名火热可见一斑①。

跆拳道起源于朝鲜半岛，是融合了健身、防身和修身的传统武道文化，同时也是一个充满竞技和娱乐元素的现代运动。这项运动以其简洁、快速和实用的动作而闻名，特别是其强劲、潇洒的腿法以及坚韧的拼搏精神，在世界武术界独树一帜。修炼跆拳道不仅能够强身健体、自卫，还有助于青少年增智、减肥、缓解压力、促进发育和提升体质。即使是体弱者，长期训练也能增强力量和自信。因此，跆拳道广受青少年喜爱，并且

---

① 刘茂辉. 跆拳道市场化现状及开发策略研究 [J]. 西安体育学院学报，2006（2）：37–39.

因其出色的健身和塑形效果，越来越受到女性的青睐。

在当今社会，素质教育全面发展，强健的体魄依然是现代人才的基本素质。跆拳道不仅帮助青少年强身健体、防身自卫，而且培养他们吃苦耐劳、积极进取和谦逊好学的品质，增强其社会竞争力。

当前开展跆拳道运动，要在"古为今用，洋为中用"的原则下，利用辩证法的观点，取其精华，弃其糟粕，运用中国浩瀚武学来补充今日跆拳道的不足。结合中国武术的优点，融合跆拳道的优势，使之发扬光大，在技击技术、理论水平的研究上要实现飞跃，使之成为具有中国特色的跆拳道运动①。

---

① 韩长良，马广勇，李爱玲. 基于武术与跆拳道对比的武术发展研究 [J]. 当代体育科技，2022，12（14）：105-108.

第二章　跆拳道的教学意义、特点和作用

第一节　跆拳道的教学意义

跆拳道教学是一项教师有目的和计划地传授多样技术技能的活动。在此过程中，教师将"道德素质"和"文化素质"的理念融入教学，遵循素质教育、知礼爱国、启智育心、强身健体的理念。通过全方位、多层次的教学方法，教师旨在培养学生的体育服务意识、终身学习和信息加工能力。学习跆拳道不仅能增强学生的体质，还有利于改善学生的心理健康，提升其社会适应能力和道德水平，因为跆拳道不仅仅是体育，更是德育。

一、德育

跆拳道的"跆"字意味着猛烈、强劲地跳跃；而"拳"代表拳头，是防护和进攻的工具；"道"则指正确的人生道路。跆拳道运动不仅要求练习者掌握技术，还要求其重视对礼仪的学习和遵循。每次练习都要以礼开始、以礼结束，以培养人的礼仪、忍耐、谦虚和坚忍不拔的精神。这对青少年具有重要的教育意义。

礼仪、廉耻、忍耐、克己、百折不屈，称为跆拳道五大精神，是跆拳道精神中最重要的五个方面。最简单的解释如下：

礼仪：高尚的礼节、高尚的话语、高尚的行动。

廉耻：懂得廉耻的心。

忍耐：忍耐一切困难的精神。

克己：以坚强的意志战胜自己的精神。

百折不屈：遇到困难而不屈服的精神。

跆拳道的"礼仪"体现了其基本精神。虽然跆拳道练习外观上是双方的格斗，但无论如何激烈，参与者都旨在提升技能和磨练意志。因此，双

方内心都应怀有敬意和学习的愿望。练习或比赛前后，跆拳道者必须相互敬礼，体现"以礼始，以礼终"的尚武精神。"礼仪"对跆拳道运动至关重要。

跆拳道强调"以礼始、以礼终"的哲学，代表了谦逊和包容的体育精神。练习跆拳道不仅能增强人的反应力、判断力和统率力，还有助于建立自信，提高自卫能力，培育民族优秀精神。

二、体育

(一) 锻炼身体

跆拳道动作中各种踢腿、拉伸以及配合的手臂动作，可以锻炼训练者的肌肉力量，肌腱、韧带、肌肉的弹性也得以提高，从而锻炼训练者身体的柔韧性和协调性。

(二) 促进生长

跆拳道的教学课程安排有既定的流程，首先热身，然后进行韧带拉伸的练习。在练习过程中会根据训练者身体的柔软度进行个别要求，适可而止，慢慢进步，所以一般在练习中不会受伤。

另外，跆拳道不像武术那样讲究落地稳、重心低，而且踢腿和压腿都是肌肉的纵向拉伸，会帮助年轻训练者身体生长，促进骨骼发育，还能塑造很好的腿部线条。

练习跆拳道时人体各部位都在运动，对人体的锻炼是全方位的、多层次的，长时间进行武术训练不但能使人体在速度、力量、耐力、柔韧性等身体素质方面得到很大提高，而且还能使体内阴阳平衡，调养气血，改善人体机能，提高机体抵抗力和免疫力，可纠正青少年的含胸、弓背等不良身体姿态，对现在青少年过于肥胖、消瘦、厌食等现象都有非常好的改善作用。

在身体形态方面，跆拳道能很好地塑造孩子的体型。跆拳道属于四肢匀称型发展方向运动类型，可以使孩子的躯干和下肢体长度均较手臂长，髋骨相对较窄。当然，这些都需要至少三年的时间。

(三) 防身自卫

跆拳道的最大特点就是具有技击性，其所练习的每一个动作都是围绕着技击而展开的，千百年来人们以练武防身为目的，所以掌握这项防身自卫的技能，能在危难时刻保护自己及亲人生命财产的安全。

（四）磨练意志品质

跆拳道的训练不仅全方位地考验人的意志而且要求练习者具备"冬练三九，夏练三伏"的恒心与毅力，持之以恒。在单调乏味的练习过程中，还需培育吃苦耐劳、永不自满的精神。此外，跆拳道训练，可以锻炼人的意志。长期坚持下去，还能够塑造出勤奋、刻苦、果断、顽强、虚心好学、勇于进取的生活态度和坚强的意志。

第二节　跆拳道的礼仪

中国作为拥有五千多年历史的华夏文明古国，特别注重礼仪。"礼义廉耻、忍耐克己、百折不屈"不仅是跆拳道的宗旨，更是其精神核心。跆拳道运动员的言行举止，反映了其个人道德修养和人格特质。跆拳道训练的本质，是对个人的磨练和对道德品质的提升。跆拳道能培养学员的自重、自强、自信、自立、互助和上进心，促进团队协作。在训练过程中，练习者能在磨炼中塑造理想的人格，培养谦虚、忍让、克己、恭敬、纯朴、坦诚、诚信和服从的品质。在跆拳道的学习过程中，学员能潜移默化地学会尊重他人，同时也能学会尊重自己。

一、敬礼

跆拳道秉持"以礼始，以礼终"的尚武精神，这一精神体现在其核心原则——"礼仪、廉耻、忍耐、克己、百折不屈"之中。该运动特别强调礼仪，尤其是通过敬礼来表现。练习者必须在学习和训练期间严格遵循礼仪规范，并掌握敬礼的正确方式。跆拳道中的敬礼不仅是对他人的尊重、礼貌、友好、谦虚和感谢的体现，更是内心思想的表达。

执行跆拳道敬礼时，要求身体正面朝向对方，两脚并拢站立，双臂自然下垂，身体稍微向前倾15°，头部再倾45°，目光注视地面短暂片刻后，逐步恢复直立姿态，完成敬礼。

二、礼仪细则

每个跆拳道练习者在进入训练馆前，必须穿着整洁的白色道服，并按照要求系好道带。他们可以选择光脚或穿着道鞋进入训练场地。跆拳道的精神核心是"以礼始，以礼终"。进入道场时，练习者首先要向国旗和教练行跆拳道鞠躬礼，以此表达对祖国的热爱、对国旗的尊重以及对教练的尊敬。当他们见到队友时，也应行礼问好，以示友好。在训练过程中，练习者应始终保持道服的干净与整洁。每次整理服装时，他们需要先向教练行鞠躬礼，然后背对国旗、教练及队友整理服装。整理完毕后，他们应转身面向教练行鞠躬礼，以表示抱歉。这样做的目的是培养练习者干净整洁的习惯。如果在训练中出现气势不足、注意力不集中、动作不到位或未全力以赴等情况，教练示意后，练习者应立即行礼以表示抱歉。这样做的目的是让练习者在训练过程中能够集中注意力，刻苦训练，以减少不必要的伤害。队友之间应相互帮助，在脚靶训练和模拟实战等需要两人合作的训练中，练习者应以相互敬礼开始和结束，他们必须认真负责地帮助队友完成每个动作并及时纠正错误。

在交换脚靶或其他训练用品时，两人需用双手接送，并行鞠躬礼，以达到培养团队精神和相互尊重的目的。训练中，练习者应严格遵循教练的指导。教练讲话时，练习者应跨立站好或端正坐好，目视教练并认真听讲，不得随意打断；提问时，练习者需行礼鞠躬，并在得到许可后提出问题；解答后，练习者应行礼鞠躬并道谢。比赛前，练习者应向教练和裁判敬礼，每局比赛开始时，还应向对方敬礼，表示尊重；比赛中，若红方犯规攻击对方，裁判做出判决时，红方须服从并向裁判行礼道歉；比赛结束时，练习者应向对方和对方教练敬礼、握手，表示感谢，即便出现误判，也应在比赛结束后礼貌地向裁判提出问题并请求改正。

三、礼仪精神

跆拳道的礼仪随着这项运动的出现而逐步发展。作为韩国的国粹，跆拳道传承了三千多年的历史文化。它既现代又古老，自20世纪50年代中期在朝鲜半岛复兴以来，半个世纪的努力使得跆拳道风靡全球。韩国人自幼练习跆拳道，即使是小学生也能完成高难度动作。他们将礼仪视为重要的思想教育课程，为培养后备人才打下基础。"礼仪"是在长期的学习与交流中逐渐形成的一种行为准则。将礼仪教育融入跆拳道学习中，有助于指导学生的行为，规范课堂纪律，建立和谐人际关系，维护和促进学生心理健康。随着跆拳道在中国迅速传播，其礼仪也深植于众多练习者心中，如同武德一般，提升人们的思想道德水平①。

四、礼仪的内在表现

跆拳道礼仪不仅体现在敬礼上，更是内在修养的体现。练习跆拳道既修身又养性，能培养优良意志，也有助于身体健康。遵循"一份付出，一份回报"，全力以赴学习和训练，跆拳道带来更多益处。修炼过程中，应严守道德准则，增强法制意识，培养爱国情怀，热爱国家和民族，并在尊重长辈、他人和规则中磨练意志。面对困难和挑战，我们可能想放弃、退缩或逃避，但必须用坚定意志克服这些杂念，学会坚定不移、忍耐和坚韧精神，克服懒惰。

注重礼仪是现代社会人的基本素质，体现个人文明。无论在家庭、学校还是社会，文明礼貌都直接影响他人和社会风气及民族尊严。然而，许多家长在关注孩子智力和学业时，忽略了礼貌教育，导致部分孩子缺乏礼貌。传统观念认为礼貌交往是天生的，实则礼貌礼仪是门学问，需专业指导。文明礼貌并非自然而成，与个人教育紧密相关。对青少年进行系统礼貌训练，对其礼貌素质的形成至关重要。

这就是跆拳道练习者在学习跆拳道礼仪时所应注重的内在的道德修养，它随时随地督促着我们，使我们时时刻刻都可以做到知礼守礼。

五、尊师重道

尊师重道是中国的传统美德。跆拳道练习者应尊重师长和前辈，行为举止要礼貌谦让，恭敬地聆听教师的指导，认真学习并付诸实践。练习者应好学不倦，珍惜师长和前辈的辛勤教诲。跆拳道练习虽以双方格斗形式进行，但无论多么激烈，双方均以提高技艺和磨练意志为目标。因此，双方内心深处都应持有敬意和学习的心态，练习和比赛前后都需向对方敬礼。跆拳道是精神和身体的综合修炼，能在艰苦的练习中培养健全的人格和强健的体魄，同时提供防身自卫技能。练习者在精神锻炼过程中接受"礼仪"教育和熏陶，有助于培养坚毅的品质，养成恭敬、谦虚、友好忍让的态度以及相互学习的作风。

---

① 张山坡．武术礼仪与跆拳道礼仪之文化比较［D］．新乡：河南师范大学，2016.

六、文明礼貌

跆拳道与中国武术在精神上有着相似之处。中国武术源远流长，拥有五千多年的文明史，深植于博大精深的传统文化中，培育了一代又一代的国人。它所倡导的礼仪、忍耐、谦虚、坚韧不拔和自强不息的精神在体育领域中得到了充分的体现。同样，跆拳道也强调练习者在学习和训练中要表现出文明礼貌、尊重师长和团结友爱。中国武术讲究礼仪，作为礼仪之邦，我国有着悠久的道德传统。武术被视为中国国粹，要求习武者日常行为庄重、有礼貌，言谈举止有素养。在比赛开始和结束时，习武者都会行"抱拳礼"，以表达对队友的友好和尊重。武术散打同样强调武德，它在一定程度上抑制了较为野蛮的攻杀行为，确保了武术竞技的安全和文明，使其与职业拳击、泰拳、欧洲自由搏击术相比，少了一些血腥。习武者遵循"学武先学礼"和"习武先习德"的原则。

第三节　现代跆拳道的特点和作用

修炼跆拳道能培养练习者吃苦耐劳、锐意进取、谦虚好学、内外兼修、注重礼仪的风格。跆拳道具有强身健体、修身养性、观赏娱乐等多方面的作用，练习者始终把"礼"作为训练内容，所以深得人们喜爱。

一、跆拳道的特点

跆拳道是朝鲜民族的传统体育项目，具有其鲜明的特点。

（一）以腿为主，手足并用

在竞技跆拳道中，腿法技术占据主导地位，其使用比例高达80%。这是因为腿部较长且有力，相比之下，手臂则次之。腿部技术具有多样性，包括高低、远近、左右以及旋转等多种形式，从而使腿部攻击具有极大的威胁性。比赛规则中规定，只允许使用一种拳的方法进攻或反击，而且得分率极低，这无疑增加了运动员腿法的使用率，也构成了跆拳道运动的鲜明特点[①]。另外，人体的一些主要关节都可作为攻击对手的武器。如传统

---

① 毛龙，李翠霞 . 跆拳道的技术特点与推广形式对传统武术的启示 [J] . 武术研究，2022，7（11）：18-20.

跆拳道中的拳、掌、肘、肩、膝、头等亦可以用来作为攻击对方的武器，也可防御对手的进攻。这些是传统跆拳道实战中最常用，最有效的击打武器。

（二）跆拳道的进攻方法简洁而刚猛

跆拳道选手在比赛或实战中，采用的技术动作进攻迅速、变化多端。双方直接接触，以硬碰硬，通过快速且简练的拳腿组合直接攻击对手。防守时，主要采用直接格挡，紧接着进行连续的反击。跆拳道很少采取躲避防守，而是追求直接对抗，力求在交锋中保持或缩短与对手的距离，以提高攻击的实效性，从而赢得比赛。

（三）击破展示跆拳道的威力

跆拳道推广时，常通过击破来展现其强大的功力。经过训练，人的四肢能产生巨大的力量，因此不能直接以人体作为测试对象。跆拳道使用拳、掌或脚击碎木板、砖瓦等无生命物体作为测试目标，以检验和评估练习者的功力。这种独特的方法已成为跆拳道训练、晋级考试、表演和比赛的重要组成部分。

1. 发声扬威，强调气势

跆拳道运动员在训练、比赛、品势及功力测试中，都需展现出威严的气势。这通常通过发出洪亮且具有威慑力的声音来实现，以此彰显自己的能力。声音的发出不仅提升了中枢神经系统的兴奋性，增强了注意力，还激励了斗志，给对手造成心理压力，从而在气势上占据优势。此外，发声还能增强动作的爆发力，提升动作攻击的力度，并且可以配合技术动作提高击打效果，赢得裁判的认可，实现得分。

2. 礼始礼终，注重品德

跆拳道练习者在各种场合都注重行礼鞠躬，给人留下深刻印象。这是因为跆拳道强调"礼"的训练。跆拳道是一种精神和身体的综合修炼，要求练习者在提高技术的同时，也不断提升道德修养。通过向长辈、教练、教师和队友行礼，跆拳道练习者能够培养出内心的恭敬习惯，进而形成谦虚友好、互相忍让的态度和学习风气，同时磨练出坚韧不拔的意志。

3. 技术体系完善，符合奥林匹克精神

跆拳道在发展过程中，不但保留了传统跆拳道技击术，而且还将其他国家的技击术与跆拳道融为一体，不断充实和完善跆拳道的发展。推广中，技术上以踢法为主，严格控制拳法的击头动作，坚决禁止摔法的运用，主张以踢法为项目未来的发展方向。

高水平跆拳道比赛中所展现出来的强悍攻防的转化、高超的技艺、拼搏的精神、斗智斗勇的意识，以及在赛事组织和包装等方面体现出来的浓郁的武道文化元素，不仅给人们带去强烈的视觉冲击，还给人带去情感的震撼和美的享受。安全是跆拳道竞技比赛的指导思想，在实际的训练和比赛中，严格惩罚运动员违规动作的运用，在这种完善的竞赛规则指导下，运动员既能充分发挥技术水平，又能减少伤害，体现了当今体育运动的宗旨。也正因为如此，跆拳道成为奥运项目后，很快被世人所认可，成为世界上最受欢迎的搏击类体育运动项目之一。

二、跆拳道的作用

修炼跆拳道具有增强体质、健体防身、磨练意志、修身养性、观赏娱乐等多方面的作用。

（一）增强体质

跆拳道运动要求运动员在比赛和训练中灵活变换技术和战术，包括快速进攻、主动后撤再反击、腾空劈腿和后踢接后旋踢等。这项运动对速度、力量、柔韧、灵敏度和距离感有较高要求。跆拳道能改善和提升心血管系统、呼吸系统、消化系统、神经中枢系统的功能。例如，运动员的心率每分钟可达 $180\sim200$ 次，呼吸频率每分钟可达 $50\sim60$ 次。

跆拳道不仅考验技巧、智慧和勇气，还要求运动员拥有良好的体能和坚强的意志。运动员需应对场上多变的情况，这要求他们具备强大的中枢神经系统灵活性和肌肉反应速度。跆拳道训练通过加速血液循环来满足肌肉活动能量需求，从而改善心血管系统的结构和功能。经常参与跆拳道运动有助于提升心血管、呼吸、消化和神经中枢系统的功能，增强体质。

（二）健体防身

跆拳道运动是武技中的一项，其项目的特点决定了它在一定范围内具有防身自卫的功能。通过跆拳道练习，可以掌握对抗中攻击与防守的格斗技巧，提高身体的灵活性和反应能力，一旦身体遭受侵犯，能够有效地保护自身不受或少受伤害，具备防身和自卫的能力。

（三）磨练意志

长期的竞技跆拳道训练单调、枯燥，还时常伴随着伤痛和失败，另外在长期的艰苦训练和公平竞争中，运动员要做到胜不骄败不馁，兢兢业业，树立起坚定的信念去追求人生的理想。因此，跆拳道修炼过程就是对人的意志品质和心理承受能力培养的过程。

（四）修身养性

跆拳道倡导"礼始礼终"的武道精神，其核心理念为礼义廉耻，强调忍耐与克己，坚持不懈。通过训练，修炼者能够锻炼出坚韧不拔和勇敢无惧的品质，培育出谦虚、宽容与礼让的美德。此外，跆拳道还强调尊师重道、恪守信用和勇于正义，这些品质的培养不仅对修炼者个人有益，也对社会风气产生积极影响①。

（五）观赏娱乐

跆拳道是一项极具对抗性的体育项目。在功力测试中，修练者能够轻易打破木板和砖瓦，展示了令人惊叹的力量。跆拳道的竞技性强，并不仅仅是比勇斗力，更侧重于技巧与智慧的对决。尤其是比赛中展现的空中踢腿和各种组合踢法，充满了视觉冲击力，使得跆拳道具有极高的观赏性，人们在观看跆拳道比赛时，可以欣赏到一种击打的艺术美，同时也陶冶了人的情操。

---

① 刘小瑜. 高校跆拳道运动教学的开展现状分析［J］. 科技资讯，2022，20（16）：195-197.

第三章　跆拳道教学

第一节　跆拳道教学原则与要求

跆拳道技术动作简单实用，易于学习。这项技艺融合了搏击、规范和教育元素。训练跆拳道有助于学生在行为规范、道德修养和个人品格方面取得提升，实现健身、自卫和修身的目标。跆拳道教学既具备其他体育教学的共性，又具有独特的个性。该教学以教育学和体育理论为基础，遵循运动技能和人体机能的活动规律。学生通过反复练习身体，激发思维与身体练习的结合，掌握跆拳道运动技能、技巧和制胜规律。在持续的教学训练中，跆拳道形成了自己的教学特色，并发展出一套适应其运动特点的教学阶段、步骤、方法和手段。

一、跆拳道教学的原则

（一）学生主体性的教学原则

体育教学应遵循学生主体性原则，即以学生作为学习的核心。教师需依据学生的需求和特性设计教学活动。在教师引导下，学生能积极投入，展现其自主性、主动性和创造性。它符合现代教育改革的需要，符合素质教育的发展需求，是跆拳道教学客观规律的反映。

众所周知，跆拳道的教学过程不仅是体能教育、技能教育，也是一种情感教育和人文教育。教学中我们应体现出学生的主体地位，从学生的心理特点和实际需要出发，精心设计跆拳道教学目标和教学过程，采取不同的教学措施，为每个学生的创新提供成功的机会，帮助每个学生获得成功的体验，确保每个学生受到良好的教育。

作为个人项目，跆拳道教学需要学生对技战术动作进行学习、吸收和消化，然后再通过训练、比赛展现出来。而个人对技战术的理解与运用能力是其最终能否在赛场充分发挥及确保实效性的关键性因素，因此对于跆拳道教学来说，学生的主体位置显而易见地成为重中之重。因此，在贯彻落实学生主体性原则时，有如下要求：

①学生要以明确的学习目标来激励自身主体意识的不断增强。学生是学习的承担者，是保障其主体地位的决定者。为了在教学中让学生充分发挥主观能动性，学生首先需要明确跆拳道学习的目标，并主动地将自己置于主体位置。其次，要正确认识自己在跆拳道学习中的作用，必须认识到跆拳道教学是一个由外及内，再由内及外的过程。最后，要善于自我激励。有强烈学习动机的人，才有强大的学习动力，才能主动地投入到跆拳道的教学训练中去。

②教师要以正确的教学理念促进学生主体地位的体现，不断更新跆拳道教学观念。一是要转变教师角色，改变接受性学习的现实，打破跆拳道机械训练的实践模式，变被动、消极参与型的学习方式为主动参与型的学习方式。二是要确立跆拳道"为学而教"的指导思想。要把以"研究教法"为重心逐渐转移到以"研究学法"为重心，由"关注教师的成功感"转为同时"关注学生的成功感"，使学生的"苦学"变成"乐学"，"要我学"变成"我要学"。三是激发学生对于跆拳道的学习兴趣，帮助学生形成积极向上的学习动机。四是在跆拳道教学中，教师要承认学生的个体差异，重视学生个性的发展，同时需要根据学生的实际情况，因材施教，才能使得教学效果最大化。

(二) 身心全面发展的教学原则

身心全面发展的教学原则是指在体育教学中，教学的重点不仅指向学生的身体，更要指向学生的心理。它是人体整体联系性所决定的，是源于生物进化论关于"用进废退"原理，更是跆拳道教学的要求。

从身心发展上来说，跆拳道不仅在锻炼意志品质和强身健体上有很大作用，而且是一项对抗性强、技巧高超的运动。比赛中，选手不仅要比力量和勇气，更要展示技巧和智慧，特别是跆拳道独特的腿法，极具观赏价值。在观看跆拳道比赛时，人们能够欣赏到击打艺术的魅力，同时这种竞技精神也能激发斗志，鼓舞人心。

跆拳道不仅强调外在的身体训练，更看重内在心智的修养。这种武术追求身心合一，品势练习和实战练习都是其形式，但它们承载着跆拳道文化、精神和理念，反映了练习者对跆拳道的理解和认知。在训练过程中，统一内力和外力，以意念引导力量，以气息推动动作，这样才能发挥出跆拳道无比强大的威力。因此，在贯彻落实身心全面发展原则时有以下要求：

跆拳道教学注意合理选择和搭配训练内容。跆拳道项目的不同训练内容对人体的影响不同。学生在学习时要注意学习的全面性，避免单从兴趣出发，自己喜欢什么就只学（练）什么，形成单向发展。比如，在进行准备活动和整理活动时，搭配一些活动不足部位的专门练习；再如，按季节变化，交叉采用对应身体发展的项目，使身体各部位、器官系统得到周期性锻炼。

跆拳道教学既要使身体全面发展，又要使教育、教养全面发展。对跆拳道运动员进行严格的礼仪、精神和行为规范教育，这是跆拳道运动的基本要求。这种教育体现了跆拳道精神，表达了跆拳道练习者对这项运动的内心尊崇和敬意。跆拳道是一项以对抗为主要特征的运动。在训练和比赛中，无论对抗多么激烈，它都是跆拳道深厚文化的载体，也是修炼性格、完善人格的过程。通过这个过程，学生旨在提高技术水平，磨练意志。

跆拳道教学需要内外结合。跆拳道项目从外部看是外部肌肉活动组成的动作，而实际上它是由身体各组织器官和系统相互配合共同完成的。跆拳道是一项紧张激烈的运动，具有很强的对抗性。它能有效提升运动员的速度、力量、灵敏度、耐力和柔韧性等身体素质，同时增强内脏器官的功能，尤其是神经系统的灵活性。通过学习和练习跆拳道的攻防技巧，参与者不仅能提升自己的应变能力，还能达到防身自卫的效果。在跆拳道的训练过程中，高强度的练习不仅考验体能，更考验拼搏精神和坚韧意志。跆拳道的修炼本质上是意志品质的锻炼过程。在跆拳道运动训练中，不仅要注意练习动作的准确优美，而且要注意体内组织器官和系统的反应，及时发现问题，及时加以调整。

教学训练要实现"形神一致"。"形"指身体、动作，"神"指精神、心理。所谓形神一致，是要求练习者要意念专注、精神集中，使思想与动作紧密配合，如品势练习时要求"意动身随""劲力包蓄于内，而不露于形表"。这样不但可以提高身体的锻炼效果，而且能促进心理素质的发展与完善。另外，也可根据自己的身心特点，有针对性地选择品势或竞技抑或跆拳道舞蹈。比如，为克服孤独感，可选择一些集体跆拳道的舞蹈活动项目；要培养自制力，选择要遵守比赛规则的集体竞赛项目等。

（三）技能为主的教学原则

能力是指人在顺利完成某一活动时所表现的身心统一、协调配合的才能。心理学研究表明，能力是掌握知识、技术与技能的必要前提，而且是影响一个人活动效果的基本因素。技能为主的教学原则是指在体育学习过程中，由于体育学科的特点，学生一般是以身体活动为手段来掌握体育运动技能，并在此过程中进行体育能力的培养。跆拳道的技能由技术、战术、心理、智能组成。它是由体育运动的本质特点、跆拳道教学内容及教学的目标所决定的。因此，在贯彻落实技能为主的教学原则时有以下要求：

1. 协调竞技能力各要素之间的关系

跆拳道的竞技能力各要素（技术、战术、心理、智力）之间有着密不可分的联系，应注意培养学生各项要素的能力，并在理论和实践中对其进行专题性的讲解和训练。

2. 掌握动作技能应注意循序渐进

跆拳道的练习需要注意循序渐进，从基础的步法、腿法、拳法开始，一直到单个技术的连接、组合技术的连接、实战的准备，都是需要长时间训练才能达到渐进的目的的。因此，跆拳道需要我们从基础做起，循序渐进。

3. 在跆拳道教学中，合理安排运动负荷是关键

运动负荷涉及练习的量和强度两个核心要素。适宜的运动负荷有利于取得良好效果，负荷过轻无法达到锻炼效果，过重则可能超出身体和心理的承受范围，对健康和教学成果均不利。明确跆拳道的学习目的，防止过分追求竞技结果。竞技跆拳道是一项竞技体育运动，它是以体育竞赛为主要特征，以创造优异运动成绩，夺取比赛优胜为主要目标的社会体育活动。未来中国竞技体育的可持续发展是建立在竞技体育本质基础上的价值选择。在跆拳道教学中，如果过分追求竞技化，会淡化体育本身的目的和要求，对体育的功能产生偏差。跆拳道的主要功能还是强身健体，锻炼意志品质。

（四）兴趣先导，实践强化的教学原则

兴趣先导，实践强化的教学原则意味着在跆拳道教学中，教师需首先激发学生的学习与训练兴趣。一旦学生感到乐在其中，这种兴趣便会转化为学习的内在动力。其次，在教学实践中，教师应刻意加强这种动力，确

保其持久性，从而促进学生长期且顺利的学习与训练。否则，在学习训练中会产生许多"身顺而心违"的现象。因此，在贯彻落实兴趣先导，实践强化教学原则时有以下要求：

1. 了解学生兴趣，合理安排教学任务

跆拳道的教学内容丰富多彩，针对不同学生的兴趣和特点，可以安排不同的教学训练任务，使学生对跆拳道产生浓厚的学习兴趣和潜能。兴趣对一个人的个性形成和发展，对一个人的生活和活动有着巨大的作用。兴趣不但使得学生在学习跆拳道的过程中为未来的训练比赛做准备，更能对正在进行的训练起推动作用，与此同时，对跆拳道的创造性思维起促进作用。

2. 激发学生兴趣，引导学生方向

激发学生对跆拳道的学习兴趣，并加以引导学生拥有正确的价值观。在跆拳道教学中时刻谨记"以礼始、以礼终"，强调学生重视武德，注重对自身的修炼，领会跆拳道"礼义廉耻、忍耐克己、百折不屈"的精神。

3. 避免学生单从兴趣出发而忽视全面发展

学生对自身未来的把握并不明确，往往会因自身兴趣去发展，极易在受到外在的心理暗示或影响后，对自身优势项目或者是自身感兴趣的项目表现得特别偏爱，淡化了其他项目的学习。例如，学习实战的学生往往品势能力不佳，而品势练得好的学生往往实战能力并不突出。所以如何取长补短，既需要教师的引导，也需要学生自身的重视。

（五）终身体育的原则

终身体育的原则是指在教学训练过程中，学生要注意培养自己的终身体育意识，养成终身进行体育锻炼的习惯。教师在教学时应时刻注意渗透终身体育思想，以此来指导教学训练。它是人体自身发展和现代社会发展的需要。因此，在贯彻落实终身体育原则时有以下要求：

1. 跆拳道的学习是一生的修炼过程

针对身体发展的不同阶段，需要做出不同的侧重和变化，养成终身研习的良好习惯。要教会学生学习跆拳道的方法，提高学生对跆拳道知识、技术、技能的认识，培养学生自我学习、自我锻炼、自我评价的能力，以适应和协调不断变化的情况。通过取得预期的练习效果，了解自我、认识自己，从自身的实际出发，取长补短，有针对性地进行学习和锻炼。

2. 注意特长培养，培养终身跆拳道意识

自我体育意识是在反复实践中形成的。在反复不间断的实践中，加深对跆拳道的情感体验，不断提高跆拳道的技能水平、修为境界，使跆拳道研习成为自觉主动的行为，提高对跆拳道的理性认识。

（六）全面效益教学评价原则

全面效益教学评价原则强调，在进行教学评价时，需综合考虑教学目标、过程，以及学生的生理、心理、技能和智力发展水平，同时关注非智力因素的成长。跆拳道作为一项体育运动，不单单呈现了一个运动员的竞技水平，更全面地展示了学生的生理、心理、智力的发展状况，它是由跆拳道教学过程的教育性及跆拳道的规律性所决定的。因此，在贯彻落实全面效益教学评价原则时有以下要求：

1. 科学客观地评价学生在跆拳道活动中的表现

在进行跆拳道教学评价时，评价应遵循客观实际，包括测量标准、方法以及评价者的态度。特别是评价结果，应避免主观臆断和个人情感的干扰。教学评价旨在对学生的学习和教师的授课提供客观的价值判断。如果评价缺乏客观性，则评价本身失去意义，可能导致跆拳道教学决策的失误。

2. 跆拳道教学评价要与学生的自我实际相结合

在进行评价的时候，要跟学生进行沟通与交流，尤其是对自己成绩非常重视的学生。在评价过程中，要分解学生的表现，减少重复，并增加具体和清晰的语言，以提高可读性。通过分析学生的表现，找出其中的因果关系，并确认产生的原因；提供及时和启发性的反馈信息，帮助学生明确今后的努力方向。

3. 跆拳道教学全面效益的评价

跆拳道教学评价应该是公正、客观的全面性评价。因此，为了反映真实的教学效果，必须把定性评价和定量评价相结合，相互参照，以求全面、准确地判断、评价学生及教学训练的实际效果，但同时要把握主次、区分轻重，抓住主要矛盾，找出决定教学质量的主要因素，以期进一步提高、完善未来的教学训练质量。

二、跆拳道教学的要求

（一）修身养性、崇尚礼仪的要求

跆拳道不仅是一项体育锻炼，也是修身养性、塑造人格的运动。通过

身体锻炼，它旨在提升个人的内在情感、情操和品质。武德，即跆拳道的道德规范，是每位跆拳道学习者应遵守的行为准则。训练不只是为了增强体质或自卫，更是陶冶情操、培养高尚道德的途径。因此，礼仪教育在跆拳道教学中占有核心地位，融入每个练习动作之中。

作为一名跆拳道教师，职责不仅在于传授技艺和解答疑问，更重要的是传授武道精神。教师应展现卓越的技术，严格遵循行为规范，成为学生学习的榜样。通过创建和谐、活泼的教学氛围，教师与学生共同进步，潜移默化中培养学生的道德、礼仪和拼搏精神。

（二）合理规范、注重实效的要求

合理规范的基本技术是构成变化万千的技战术动作和保证击打实际效果的基础。这不仅体现在人体生物力学原理的应用上，也是跆拳道长期实践的结晶。跆拳道教学中，技术的规范化最为重要，包括精确的动作要领、轨迹和发力顺序，其每个动作要素和细节都应追求完美。通过一丝不苟地重复练习，技术动作才能达到明确路线、清晰方法、稳定力点和流畅劲力的效果。在发现错误动作和方法时，必须及时且反复纠正，直至形成正确的动力定型。

技术动作的最终目标是实战应用，只有通过比赛检验，技术动作的有效性才能得到证明。跆拳道作为一项直接对抗的运动，技术和训练应紧密围绕实战。因此，教学应从对抗的本质出发，使学生了解每个技术动作在比赛中的实际用途，并掌握在不同情境下如何调整运行路线、方向和角度以及应用方法。每一个技术动作的变化都是为适应实战比赛变化规律和特点，只有紧紧抓住这个变化规律与特点，教学训练才能真正做到练战结合，技术动作的实效性才能在实战比赛中真正充分地体现出来。

（三）循序渐进、因人施教的要求

学习跆拳道或其他运动项目的技术动作，遵循由基础到复杂的逐步学习过程是至关重要的。初学者应从基础的拳击和腿法、步型及步伐开始。随后，他们应逐步过渡到技术动作的组合、行进间练习和自由移动练习。此外，练习应从踢击固定靶发展到踢击自由靶，并最终过渡到条件实战和实际战斗。品势的练习也应遵循从简单到复杂的原则，从基本架势到太极一章，再到高丽、汉水直至一如。这一过程要求耐心和逐步进展，避免急功近利。

在跆拳道教学中，教师必须考虑学生之间的个体差异，包括体能、运动能力、心理素质、接受能力和负荷承受能力。因此，制订教学计划时既要考虑整体水平，也要关注每个学生的特点。通常采用差异化教学方法，能更好地发挥学生的潜力，形成个人技术特色和风格①。

同时，教师应认识到学生在不同学习阶段，其运动素质、心理品质和接受能力等也会发生变化。因此，教学方法应根据学生的实际情况和成长阶段适时调整，以确保教学的针对性和有效性。

（四）相互帮助、共同提高的要求

跆拳道比赛是一项两人对战的竞技活动，因此通过相互配合进行练习是提升技战术水平的关键训练方法，其练习形式丰富，包括面对面的空击、踢靶、攻防技术练习、喂靶或喂护具靶以及条件实战和比赛实战等。这些练习依据训练目标和动作需求，有计划、有目的地进行安排。跆拳道的核心是交手和对抗，比赛中的所有动作都围绕攻防这一永恒的主题展开，双方在攻防互动中展现技能和智慧。提升练习者的技术战术应用能力和现场应变能力是双人配合练习的重点。在练习中，应指导学生培养为对方考虑的服务意识，明白在帮助他人的同时提升自己。要从对方的实际能力出发，尽量满足其需求，包括动作的速度、力度、方向、角度和变化难度等，以达到最佳的练习效果。我们应认识到，配合练习不仅是提高技战术的有效手段，也是培养学生团队精神和奉献精神的重要方式。

（五）突出重点，举一反三的要求

跆拳道动作简洁而精确，每个动作都需精细打磨和技巧运用，比赛时往往以心理智谋取胜。尽管跆拳道腿法繁多，但它们之间存在紧密联系。训练中，把握这些共性和规律可以显著提高教学效率。因此，教学应从基础动作开始，考虑学生个体情况，如身体条件、运动能力、技战术水平，进行有针对性的强化训练，帮助他们发展独特的技术动作和"绝技"，进而促进其他技术动作的整体进步。在战术训练中，不论使用哪种腿法或拳法进行进攻与防守，战术原则是一致的。学生需培养出色的战术意识、快速应变能力，并提高对时机、距离和空间的精准控制。此外，他们还需要发展精确的预判能力、机智的战略思维，以及处变不惊的心理素质。通过练习和实战应用具有普遍性和规律性的典型技战术动作，学生可以随着训

---

① 王思薇. 高校跆拳道公共体育课对学生体育学科核心素养的培养现状研究［D］. 太原：山西大学，2022.

练的深入不断提高技战术水平。随后，可以逐步丰富和完善攻防技术动作，直至学生全面掌握跆拳道的技战术应用。

第二节　跆拳道教学方法与应用

一、跆拳道教学的方法

（一）示范教学法

示范教学法是跆拳道教学中主要方法之一，学生通过观察教师的正确动作示范，借助视觉感知来接受技术教育，这是一种生动且具体的学习方式。在教学过程中，教师运用示范教学法，不仅能让学生直观地了解技术动作的结构特征、掌握技术要领及动作完成技巧，还能帮助他们快速形成动作表象。此外，规范、协调而优美的示范动作还能激发学生的学习兴趣。因此，对示范的要求如下：

1. 示范要规范熟练

教师在示范时需确保动作精确、规范、连贯。这包括动作路径、用力顺序及身体配合的每个细节。精致的示范有助于学生准确学会动作，同时带给他们轻松愉快的学习体验，以此激发学生的兴趣并消除他们的恐惧。

2. 示范具有针对性

首先，示范应针对学生的实际需求，避免盲目操作，确保示范的针对性和有效性。其次，应根据各个教学阶段的目的和任务来确定示范的重点。

3. 示范方法的多样性

根据学生的能力和教学目标，选择合适的示范方法。对于简单动作或基础扎实的学生，完整示范即可。而对于复杂动作或基础薄弱的学生，分解示范会更有效。为了更好地观察，可以运用慢速快示范或快速慢示范。此外，对比正确与错误动作的示范，有助于加深学生对正确动作的理解。

4. 示范要有利于学生观察

示范时，教师应确保所有学生都能清楚地看到，并灵活调整示范的位置、速度和面向，以适应不同情况。

5. 示范与讲解、启发学生思维相结合

讲解可能在示范之前或之后进行，有时则同步进行。在示范过程中，教师可能会提出一些小问题，促使学生对动作进行思考和比较。无论哪种形式的示范，它们总是互为补充、相得益彰。

（二）讲解教学法

讲解教学法是跆拳道教学中常用的一种方法，教师利用语言向学生阐述教学任务、动作名称、作用以及完成动作的要领、方法和要求。在教学过程中，教师通过语言指导学生，帮助他们学习跆拳道相关知识，并掌握跆拳道技术技能①。

1. 教学讲解的主要内容

①所学动作的名称、要领、要求、动作运行路线、方向角度、发力要点及对身体各部位姿势的要求等。

②所学动作的攻防作用、击打力点和不同部位、实战中的时机及运用价值等。

③动作的易犯错误。

④相关练习方法。

2. 教学讲解的具体要求

①对动作的讲解要简明扼要，重点突出，逻辑性强，由表及里。针对动作的关键技术点要加重语气，重点强调，同时要善于运用形象生动的语言来启发、诱导学生在轻松愉快的氛围中尽快地理解、掌握动作。

②讲解还应根据不同的教学步骤而有所侧重，如横踢，初学时以讲解动作要领为主，熟练后则以讲解运用方法为主。讲解应有目的、有针对性地进行，如针对教学内容的重点和难点讲解，针对学生存在的问题讲解等。

③做到讲解与示范有机地结合，使看、听、想、练结合，充分发挥学生的视觉、听觉等多种感觉的综合功能，使学生学有目的，练有动力。

（三）完整教学法

完整教学法要求从动作起始到结束进行连贯的教学和练习，不间断。这种方法有利于学生全面理解动作结构和各个动作之间的联系。然而，对于难度较高的动作，完整教学法可能不会快速帮助学生掌握关键环节和要素。因此，完整教学法适用于简单或难以拆分的动作进行教学。对于有一定基础的学生，采用这种方法较多。

———————————

① 张海波 . 高校跆拳道课程思政教学设计研究［D］. 沪州：西南医科大学，2022.

运用完整教学法的要求如下：

1. 突出教学重点

进行完整教学时，要做到重点突出，把握好动作的快慢与速率。这是因为每个动作都有其技术关键点，掌握好这个点，以点带面，其他细节就容易掌握了。同时，完整动作的过程相对较长，动作细节较多，速度过快，容易出现错误动作；速度过慢，则失去动作的连贯性。

2. 适当降低动作质量

初学时，学生动作完成的质量往往是不尽如人意的，特别是难度较大且复杂的动作，这时在练习中可适当降低质量要求，待学生能较熟练地进行动作的完整练习后，再逐步提高对动作质量的要求，循序渐进，以利于学生较快建立完整动作的条件反射。

3. 先分解再综合

对于难度较大且繁杂的动作应先进行分解练习，待学生对动作的各个环节、要素比较熟悉后，再将分解的动作结合在一起进行完整练习。

（四）分解教学法

分解教学法是将完整的动作技术结构分解为若干部分或按照身体活动部位划分几个环节，以便于学习和最终综合完成整个动作的方法。这种方法的优势在于降低了动作的学习难度，有助于凸显教学重点，并加强对复杂动作的训练，从而加快整体的教学进度。然而，它的一个潜在缺点是可能导致学生过分依赖这种分解练习的模式，可能会影响他们流畅地完成整个动作的能力。

分解教学法适用于动作相对复杂而又可分解，但用完整法又不易掌握的动作或某部分动作需要较细致学习。

对分解教学法的要求如下：

1. 动作分解要易于连接

动作划分的部分或段落要易于连接，以不破坏动作的整体结构为原则。应遵循人体的运动规律、动作的结构特征，使分开的动作易于衔接与连贯。

2. 突出分解段落的重点

当完整动作需要分解教学时，对划分的段落，一定要向学生讲明这个段落的动作要点、其在完整动作中的地位与作用以及与其他动作之间的相互联系。

3. 应与完整教学法结合运用

在跆拳道基本技术教学中，不应将动作分解得过于细化而撕裂动作之间的有机联系，同时较长时间的分解练习，极易使学生养成分解练习的习惯而破坏动作的连贯性。只要学生通过分解练习初步掌握动作后，就应尽快地向完整动作练习过渡，以保持动作结构的完整性及动作练习中的快速性、连续性。

（五）模拟教学法

模拟教学法旨在提升学生在实战中技战术的应用能力和心理承受力。这种方法通过模拟实战中的技术、战术情况和氛围进行训练。模拟教学主要包括以下内容：主动进攻的技战术模拟、防守技战术模拟、反击技战术模拟，以及不同风格和特点的技战术形式模拟。此外，还包括模拟比赛时的情景、氛围和观众情绪。模拟教学法的要求如下：

1. 具有针对性

模拟教学要根据教学任务的需要和学生的实际情况及动作的要求，有针对性地进行练习。模拟的内容可随着学生的训练进展情况和效果及时视情势调整，使教学训练的内容、方法与手段最大限度地满足学生的不同需求。

2. 具有真实性

进行模拟教学时一定要强调动作逼真，无论是动作的速度、力量、距离、时机，还是临场氛围、观众情绪以及对学生心理的要求都必须尽可能地贴近比赛或实战，这样才能达到理想的练习效果。

（六）纠误教学法

纠误教学法是教师用来预防和改正学生在学习过程中出现的错误动作的方法。在跆拳道教学实践中，这种方法尤为重要，因为学生不可避免地会犯错误动作。若允许这些错误动作发展、定型，后再进行纠正，不仅耗时费力，而且效果可能不佳。因此，及时地识别并预防或纠正错误动作非常关键。实施纠误时，教师应先分析错误动作的原因，并依据这些原因选用恰当的纠误策略。

1. 错误动作产生的原因

学习目的不明确（积极性不高、缺乏信心、怕难、怕苦、怕受伤等）；技术动作的概念（完成动作的顺序、要领、要求等）不清楚；能力低，身体素质较差（特别是灵敏性、协调性差）；心理承受能力不好（紧张、畏惧等）；教学过程中教师组织教法不当。

另外，还有其他原因，如疲劳、环境干扰等都会导致错误动作的发生。所以要根据产生错误的原因，分别选用适当的方法进行纠正。

2. 错误动作纠正的方法

为了提高动作示范和讲解的质量，确保学生能够建立正确的动作概念，清晰地掌握动作的顺序、路线、要领和要求，教师需要引导学生明确动作的技术关键点，这样学生就能建立正确的动作表象。此外，应运用各种诱导性练习和转移性练习，以及启发性的语言来预防和纠正错误动作。

教学中由于学生的身体素质情况各不相同，应根据学生的实际情况，适当降低对动作的要求，同时选择适当的辅助性练习和专项身体素质练习来进行过渡性的练习，弥补差距，为专项技术训练夯实基础。

在进行对抗和难度练习时，要考虑到学生心理可能会产生的惧怕和紧张情况，为此要进行积极的心理诱导训练和适当降低对抗的难度，多采用辅助性练习来消除学生的紧张情绪和畏惧心理。

教师要根据运动技能形成的规律，认真钻研教材教法、提高教学水平、合理安排教学过程、全面细致地了解学生的情况，对可能产生的动作错误要做到心中有数，并根据错误动作的性质有针对性地采用切合实际的教法纠正。

为了避免疲劳的发生，应合理地安排运动负荷和组间间歇。通过暗示、转移等方法集中学生的注意力，提高学生的自控能力，排除和克服外界环境及不良因素的影响。

3. 错误动作纠正的要求

抓住主要矛盾，针对动作的主要错误反复纠正，在学生练习过程中不断以语言提示该注意的问题，使学生的练习过程始终处于教师的监控之下。

纠误时要讲清楚其中的道理，循循善诱，并告诉学生错误的原因、带来的后果及自我监控、检查动作对错的方法，对动作要多问几个为什么。

当学生形成正确的动作表象后，应及时进行强化训练，以便巩固已形成的动力定型。

二、跆拳道教学的组织与实施

跆拳道专项教学课的组织实施与体育专业术科教学组成部分相同，共分四个部分，即开始部分、准备部分、基本部分与结束部分。各教学环节的组织实施如下。

（一）跆拳道课堂教学的开始部分

开始部分在课堂教学的开始，一般约占课堂教学时间的 3%～5%。此部分的主要内容是常规教学的整队、组织学生；检查出席人数、见习生人数、服装（跆拳道道服）；宣布本课教学任务与课堂教学要求。组织实施过程如下：

①班长整队，点名报数（记录见习生姓名），检查道服、道带、道鞋。

②值日生立于队前，发出口令，带领班级学生向国旗敬礼、向任课教师敬礼，师生互礼后，教师宣布上课。

③教师处理一般常务（检查出席情况、处理见习生问题等）后，根据教学进度宣布本课教学任务，提出相应教学要求。

（二）跆拳道课堂教学的准备部分

继开始部分之后，课程的准备部分也属于教学中心内容开始之前的准备。准备部分大约占课堂教学时间的 15%～20%，主要完成基本部分所需要的身体准备活动，同时调动学生情绪使其达到适度兴奋。除一般的身体准备活动之外，还要根据本课教学内容与要求，进行专项的身体准备活动。

组织实施过程如下：

1. 跑步训练

慢跑、加速跑、变速跑，可配以跑动进行的游戏。

时间：约 3 min。

目的：一般热身。

要点：跑动的速度由慢到快，跑动中应有方向和速度的变化。

2. 热身操

定位操或行进间操。

时间：约 5 min。

目的：在热身基础上，使身体各关节肌肉大幅度活动。

要点：由上到下活动各关节，拉伸肌肉、韧带。特别注意下肢髋、膝、踝关节的活动幅度应由小到大，逐渐加大关节的活动范围。

3. 专项准备活动

时间：约 7 min。

目的：调动身体机能、神经系统的兴奋度，达到可完成基本部分教学任务的精神与身体状态。

要点：应做步法、腿法与专项技术结合紧密的速度、动作频率逐渐加快的练习，变换动作方向。注意做动作时配以发声，以提高身体的兴奋度。

4. 柔韧性牵拉练习

时间：约 5 min。

目的：进一步拉开关节、肌肉和韧带。根据个人情况，补充打开身体未活动开的部位。

要点：髋、膝关节充分拉开，达到可完成任一跆拳道技法的状态。

（三）跆拳道课堂教学的基本部分

跆拳道课堂教学的四个部分中，基本部分是教学的重点，所有的教学任务也都是在基本部分完成的，所需时间占一节课的 60%～70%，约 50～60 min。一般常采用的组织练习方法有个人练习法、配对练习法、分组练习法、集体练习法和模拟比赛实战练习法。

根据不同课时的教学内容，各课基本部分的安排不同，但组织实施方法基本相同。

1. 组织实施

（1）集体按队形练习

保持队形，用口令指挥学生在原地或移动中进行各种基本技术的踢法练习，如横踢的空击等。规定练习时间或动作次数，或在一定距离内集体依次前进，或向各方向移动完成练习。

（2）集体双人练习

双人在原地或移动中进行各种踢法单个技术或组合技术练习。可执靶或徒手空击对练；模拟实战对练时，可身体接触，也可着护具，按照课堂教学任务以及技术要求，做实战攻防对练；攻防练习时，可做出规定，如一方只攻，另一方只守，或不做限制地实战对练等。

（3）个人自由练习

每节课可安排适当的时间给学生，学生可根据个人对课堂教学任务完成的情况、掌握的程度，做一些个人的补充练习；或是学生之间自由组合，互相取长补短，互相进行学习心得的交流与指导。

2. 教师指导要点

在教学开始前，做完整技术示范，然后讲解技术动作要领，并指出技术完成的关键。

根据学生的学习情况，对普遍易犯的错误进行适时集中讲解，并指出纠正办法，进行具体指导与相应练习。

教学中应始终充满热情，并以自己的示范作用影响学生，调动学生的学习积极性，使课堂教学始终在欢快的气氛中进行。同时，培养骨干学生，发挥骨干学生的有效作用。通过学生的互帮、互练，完成教学任务，提高教学效果。在整个课堂教学中，应始终对每个学生给予鼓励、关心与帮助，并利用可能的间隙，对学生巡回指导。

随时注意对学生进行安全教育，使学生集中注意力进行练习；随时检查，及时发现不安全因素，并及时解决问题，以免发生伤害事故。

（四）跆拳道课堂教学的结束部分

本环节是整个课堂教学的最后一个部分，其作用是对身体的关节、肌肉等进行整理与放松，总结本课教学任务的完成情况，对学生的学习情况进行讲评，占用全课时间的 10%，约 10 min。

组织实施过程如下：

1. 放松跑或集体做整理活动

时间：约 6 min。

目的：基本部分的快速用力，使肌肉紧张僵硬，放松整理活动可使疲劳尽快消失。

要点：对下肢肌肉与腰部进行重点放松，做牵拉练习。

2. 集中讲评

对本课教学任务的完成情况进行概括总结；对班级整体优点进行表扬；对存在问题给予提示，引起学生注意。

3. 结束

整理场地，按跆拳道礼仪规定向国旗敬礼，师生互礼道别。

第三节　跆拳道教学与训练教学方法概述

一、跆拳道教学的练习形式

在初步掌握动作之后，学生技术动作的运用尚未达到娴熟与稳固的程度，需要在教师的监控和指导下进行反复的强化练习，才能逐步形成正确的动力定型直至达到完成技术动作的自动化①。在跆拳道教学过程中经常采用的练习形式有单人练习、双人练习、分组练习和集体练习。

（一）单人练习形式

单人练习，就是学生独立进行练习的方法。学生练习时，可以自行体会技术动作的关键要素，包括要领、路线、方向、角度和发力顺序。此外，他们还可以根据自己的实际情况，有针对性地练习动作速度、击打力量和准确性。此时，教师一定要注意观察学生的技术动作，及时发现动作错误，并及时进行纠正和个别辅导。

练习单人活动的好处在于它能增强学生的独立思考能力和想象力，激发他们的自主性。同时，学生可以自行调整运动的速度和强度，以及运动的频率和密度，这对技战术的个性化和深化训练极为有利。

（二）双人练习形式

在跆拳道教学训练中，双人练习是一种关键的练习形式，并且是常用的教学方法。这种练习需要在教师的指导下进行，根据教学课程的目标和任务来有针对性地安排。双方练习者需要积极有效地相互配合，互相学习对方的长处，互相帮助，以共同提升技术和战术水平。

练习跆拳道时采用双人对抗的形式有许多优点：一是这种训练方式紧密贴合跆拳道比赛和实战的特点，有助于快速掌握技术技能。二是它特别有利于学生提高对时间、距离、空间和时机等比赛实战关键因素的判断力，这一点是其他训练方法无法比拟的。三是双人练习还促进了学生之间的互助和互学，有助于培育团队精神和集体荣誉感；更有利于形成独特的个人技战术风格与特点。

（三）分组练习形式

分组练习就是根据实际情况将学生分成若干个小组进行练习。练习时，可以挑选学生中技术较好的技术骨干轮换进行指挥。同时，应鼓励学生对技术动作进行分析研究，发表自己对动作技术的看法与体会，充分发挥学生的主观能动性。各组之间也应互相学习与交流，在条件许可的情况下，组与组之间可以以比赛的形式来激发学生的学练兴趣与激情。在进行分组练习时，教师应加强对全局的掌控，抓住共性、分别指导，对学生的练习要进行全程监控与指导，保证学生能按质按量地完成教学任务。

_____

① 靳岭，王学文. 跆拳道的教学与训练方法 ［J］. 当代体育科技，2022，12（25）：28-31.

分组练习的优点体现在几个方面：一是它有助于技术较好的学生，即技术骨干，发挥领导作用，带领技术较差的同伴。二是小组形式促进了学生之间的互助和指导，有助于提升技能。同时，这种模式还有助于培养小组长的组织和指挥技能，培养学生的团队协作精神，以及鼓励互相帮助的学习氛围。

（四）集体练习形式

集体练习通常由教师（或技术骨干）领导或通过口令指挥统一进行。进行引导练习时，关键是要选择适当的示范角度和位置。同时，口令应清晰、果断且富有节奏感，并在需要时加入简短的说明或提示，对于错误动作一定要及时纠正。

集体练习的优点在于：方便教师整体观察和了解全貌，抓重点、抓规律、抓共性，有利于建立正确的动力定型。同时，也有利于教师灵活掌握练习的次数、频率及总的运动负荷。另外，对培养学生的集体主义精神也有积极的作用。

二、跆拳道教学的练习手段

（一）空击练习手段

空击练习无须辅助条件，纯以手工进行，是精通技术动作的关键训练方法之一。此类练习能有效促成技术动作的动力定型，增强条件反射，加快动作速度，并可采用个人、双人、分组或集体等多种形式进行。

在进行空击练习时，需依据练习目标的不同而有所偏重。基本技术训练时，要注重动作的规范性，细致体会发力技巧、动作轨迹、角度以及击打力点等关键技术和动作细节。在练习技术组合或战术时，应着重于用意识引导动作，合理设计动作序列，并加强攻防动作的针对性。

进行空击练习时要注意循序渐进，遵循单个技术动作→组合技术动作→随机组合技战术动作、原地的空击→结合步法的行进间空击→自由移动空击这样一个由易到难、由简而繁的训练规律与过程。

另外，进行空击练习时，为避免运动损伤，要注意做好各关节的热身活动，注意控制击打力量。练习中，教师应在一旁仔细观察，一旦学生出现错误动作及时进行纠正，也可以进行镜面练习，以便学生自己随时监控、检查技术动作的规范性。

（二）反应练习手段

反应训练是一种练习方法，学生根据教师或同伴发出的信号做出动作响应。这种方法通常专注于单一技术，如击打目标，也可用于相向空击练习，保持适宜的距离。常用的信号包括口令、手势、脚靶和护具靶。这些信号的突发性和无规律性有助于提高学生的技术动作速度、反应速度，增强学生对各种信号的判断力以及击打的精准度。此外，这种训练还能有效培养学生在距离和空间感知方面的能力。

在反应训练中，教师或学生应依据自己的实际能力，适度调整信号的速度和变化频率。信号需清晰且突然，以防学生提前察觉。同时，靶形与靶位的给定要准确，避免造成判断上的混淆。预先设定信号与反应之间的模式，并确保学生严格遵守。所有练习都需要迅速且精确地执行，不错过任何击打机会。由于速度是反应训练的关键，建议在体力最佳时进行（例如，训练课程的开始阶段）；为保证动作的质量，动作信号不宜太过复杂。

（三）攻防练习手段

攻防练习是两人一组，依据攻防运动的规律和训练课的具体任务，有针对性地进行练习的手段。初练时可以进行指定单个技术动作的一攻一防的练习；然后再逐步过渡到指定组合技术动作的攻防练习。随机性的攻防练习是两人攻防练习的最后一站，无论是单个还是组合技术动作的攻与防练习，都是一方无规律、无预兆地发出动作而另一方视情况做出相应防守动作的练习，目的在于提高双方攻防动作的突然性和应变能力，最终做到随意组合，灵活运用。

攻防练习能有效地提高练习者的进攻技术动作和防守技术动作的规范性，较快地建立和培养学生正确的本体感觉和攻防意识。由于攻防练习是有条件限制（一攻一防而不可反击）的练习的手段，在教学的初级阶段因有利于消除学生害怕的心理而被较多采用。应该强调的是，尽管是攻防练习，也应要求学生在防守之后必须有反击意识，并在练习过程中有意识地思考反击的形式与动作，这样才有利于防守反击条件反射的建立。

（四）踢靶练习手段

1. 脚靶练习

在不同的训练阶段，脚靶练习有不同的要求和目的。在教学训练的初、中期，踢脚靶练习主要是为提高学生动作的反应速度、动作速度和熟练程度以及规范动作质量的一种练习手段。当学生技术动作形成稳固的动力定型后，踢脚靶练习就是为了达到某种技战术意图而由教师或学生借助脚靶来帮助其他学生提高技战术质量与运用能力的练习手段。

2. 护具靶练习

护具靶与脚靶练习的不同之处在于护具靶更能接近实战时的攻防距离，更能培养、提高学生的脚感和脚与靶的吻合度。因此，学生在经过一段时间的脚靶练习后，应尽快过渡到护具靶练习或脚靶、护具靶交替练习，进一步提高学生对距离、空间、时机的感觉，加快过渡到实战训练，满足实战训练的要求。

脚靶、护具靶练习的练习形式有固定的、移动的、事先约定好的、随机而发的；其内容有进攻的、反击的、防反的、反反击的；还有专门为调动对手而出示的假动作靶以及专为击打落空而改变动作的反应靶等。无论是脚靶还是护具靶练习，练习中给靶的距离、方向、角度、位置以及节奏的设置与变化，都必须保证与比赛实战相近似，以提高学生动态击打能力和临场应变能力。它要求给靶快速、逼真、及时、到位，学生踢靶练习要快捷准确、转换迅速、衔接流畅；强化战术意识和运用能力，提高对击打时机与距离的掌控能力，发展跆拳道的专项比赛实战素质。

（五）变换练习

变换练习法是一种针对运动负荷、内容、形式及其条件进行变化的训练方法，旨在提升学生的积极性、趣味性、适应性和应变能力。这种方法考虑了跆拳道比赛过程的复杂性、对抗的激烈性、技术的变异性、能力的多样性以及中枢神经系统的灵活性。通过变换练习，学生可以适应跆拳道专项的需求，实现运动素质、技术和战术的系统训练与协调进步，从而提高承受跆拳道比赛时不同运动负荷的能力和实际运动的应变能力。

在这里主要论述加难练习、交易练习、想象练习三种练习手段。

1. 加难练习

加难练习主要是为了在高于比赛实战的条件下，提高技战术动作的质量、运用能力、攻防动作的成功率和培养学生良好的心理品质而进行练习的方法。其核心要求是在原有基础上提升动作执行质量，同时增加练习的密度、强度和心理压力。练习时，可以安排能力较强的对手进行配对练习或实战，或者采用车轮战法让学生根据不同技战术特点进行实战或比赛练习，以此增加实战次数和时长，进而提升实战技巧和耐力。通过难度较高的练习，能有效提升学生的技战术水平，强化神经系统，建立稳固的运动条件反射，增强比赛实战能力，并培育坚韧的意志和勇敢的训练风格。然而，必须注意在实施加难练习时，全面评估学生的实际能力，进行科学合理的安排，循序渐进，避免盲目跟从，以防适得其反或造成教学事故和伤害。

2. 变易练习

变易练习是指在原有要求上，对动作质量、练习密度、强度及心理负荷等方面降低难度的一种练习方法。变易练习可以增加学生学习训练的兴趣和信心，对那些已经初步掌握动作，但自信心不强，总是担心做不好的学生，在初级阶段为尽快建立条件反射和巩固动力定型而采用变易练习是很有必要的。例如，某学生刚刚学会后踢技术动作，但在实战中不能有效地堵击对手时，可安排前横踢差一些的对手进行配对练习等。

3. 想象练习

想象练习是学生在每次练习前，回忆教师讲解和示范的动作情景，使动作的主要环节在脑海中形成表象，从而使学生练习的动作更趋于规范的方法。它对于提高学生的自我学习、自我训练、自我竞赛等综合能力十分重要。在跆拳道训练中，想象练习就是要求学生在练习时有意识地去想象对手的技战术风格和打法特点；想象某一比赛的场景；对某一技战术进行思维、表象等。无论是进行空击、踢靶、踢沙包练习还是步法练习都应时刻告诉自己，我的对手就在面前。在想象练习中，通过思维、想象和体验活动，可以作用于心理和生理系统，加速神经系统的条件反射过程。这有助于迅速熟练和加强完成动作的过程与概念，经过反复练习，能达到自动化程度。进行想象练习时，学生必须清楚技术和战术概念，确保动作准确、意识到位，且时机和节奏的变化需符合实战需求。同时，应引导学生在安静放松的状态下练习，尽量规避外界环境和意识的干扰，以实现最佳练习效果。

同时，想象练习没有危险，能够消除学生的恐惧心理，减少运动损伤的发生。想象练习不受时间的限制，业余闲暇时间也可以进行想象练习，想象练习重复越多，其作用越大。

（六）模拟练习手段

模拟练习就是从实战的角度出发，模仿实际战斗中的特定技巧和战术运用，或再现具体实战场景，旨在有针对性地锻炼。这种方法能有效提升学生的战术意识、心理承受能力和现场应变能力。在模拟训练中，要求学生对模拟对象有形象、逼真的理解，并确保动作准确无误。同时，训练中强调学生根据实际情况迅速做出合理且正确的反应。只有合理而正确的技战术动作才能取得预期的进攻、防守与反击的实际效果。因此，在练习中，对时机的把握、距离的控制、空间的判断以及动作的速度与击打力量等一切与比赛实战相关的诸多方面，都要从难、从严、从实战出发来保证练习的质量，从而满足比赛实战的要求。

（七）踢击沙包练习手段

踢击沙包练习就是将沙包作为击打目标的一种练习方法，是跆拳道教学中经常采用的练习方法和手段。踢击沙包练习可以提高击打力量、连续进攻的频率和专项耐力素质。同时，对近距离实战时运用组合技术动作攻击能力的培养与提高，具有显著的效果。

踢击沙包练习的目的与任务的不同，其方法也不相同。无论出于何种目的，都应结合实战的实际需求进行合理的统筹安排。其练习内容可以是针对某一特定任务而专门进行的练习；也可以是带有一定条件限制而进行的练习；还可以是综合性的练习。根据需要，沙包可以是固定的，也可以是活动的。踢击沙包的练习中要调整好击打距离，使练习的动作频率、节奏和强度凸显出比赛实战的特点。

（八）条件实战练习手段

条件实战是指在特定条件的限制下进行，旨在针对性地提升战术应用。其表现形式有一攻一防、进攻—防守反击、进攻—迎击、进攻—抢攻、进攻—反击—再进攻—反击等练习。这种方法主要服务于学生特定技术或战术能力的提升，高度针对性的特点使其成为实战训练初期的常用手段。通过条件实战，学生能在无压力的环境中练习，更专注于技战术的单个或组合提升，从而迅速形成连贯的攻防反应。

条件实战的配对要根据训练的任务和要求，合理地进行配对组合，对配对双方的技战术能力与水平要做到心中有数，并制定严格的要求和规定；练习时应严格按照规定和要求进行，并告诉学生在练习中要相互理解、相互帮助、相互切磋，共同提高技战术水平。

（九）实战练习手段

实战是两人依据跆拳道比赛规则进行的实战对抗练习，是提升技战术水平、检验运用能力的关键途径。这种练习有助于积累比赛经验，总结实战技巧，并能评估训练方法的有效性。实战练习应以竞赛规则为准绳，也可以根据具体的情况增加新的要求。如由教师或学生担任裁判员，依照竞赛规则和裁判法按程序进行真实的裁决，使实战的激烈程度更接近真实的比赛，更能保障技战术运用的有效性。它要求学生对待实战就像对待比赛一样，要全力以赴，在力争打好每一场实战的同时，排除对胜负结果计较心态的干扰，敢于大胆使用高、新、难的技术动作和尝试运用新的战术，在成功与失败的反复过程中不断总结经验教训。如果遇到的对手比自己强，可有意识地提高自己的优势技术；如果对手比自己弱，可锻炼自己的弱势技术，使自己的弱势技术得到加强与改善。

需要特别提出的是，由于实战是身体的直接对抗，对每个人都会产生一定的心理压力，也难免发生受伤等事故，尤其对低年级和技战术能力稍差学生的心理压力更大。因此，实战练习的安排一定要适时、适度，绝不能过早、过频；配对组合必须合理，避免因技战术实力差别过大而造成学生的心理障碍和伤害事故的发生。

第四章　竞技跆拳道技术

第一节　竞技跆拳道的实战姿势

拳头是人与生俱来最基本的攻击武器，往往代表着一种力量。在竞技跆拳道中，手法主要有正拳（也称平冲拳或直拳），在品势中则有正拳、锤拳等。

一、竞技跆拳道的手法

实战姿势是指在实战对抗或者比赛中的姿势，是一切攻击技术的起点。有些跆拳道选手出于实战技术的考虑而产生独特的姿势：实战姿势受跆拳道选手的身高、体型、技术风格与比赛经验所影响，在实际应急情况下，要因地制宜地变化实战姿势。现将竞技跆拳道实战姿势介绍如下：

动作说明（以右势为例）：双脚前后分开，与肩同宽。前后脚横向间距约为一个脚掌长度，脚尖朝右30°。后脚脚跟略微提起，膝盖轻微弯曲，身体重心均匀分布于两脚之间。保持上体自然直立，侧对对手。双手紧握成拳，拳心相对，手臂弯曲呈胸前环抱状。头部挺直，目光平视前方。

动作要领：保持身体各部分自然放松，膝关节保持适度灵活，具备弹性，心神集中，动作连贯流畅。

易犯错误：应避免肌肉过度紧张、僵硬；确保身体重心均匀，便于随时发力；适当弯曲膝关节，以增加动作弹性；不要过度侧身，避免前后脚在同一直线上。

与对手的站位方式主要有：开式与闭式。

运动指导：侧对对手，两肘自然下垂内夹，双拳指向对手，保持指关节对着对手的鼻子。在对抗实战中，实战姿势的拳或者手的位置可以进行一些变化，这不仅对进攻有利，而且对防守时的格挡会有较好的效果。

二、竞技跆拳道正拳击打技术

正拳击打技术是竞技跆拳道中常见的技术，相关介绍如下：

动作说明：左实战姿势站立，右脚蹬地髋向左旋转，双手握拳，上身向左旋转，顺肩、拳以正面向前击出，力达拳面，击打后还原成防守实战姿势。

动作要领：一是判断准确，出拳果断；二是充分利用蹬地、转髋、转腰、顺肩的合力；三是击打时肩、肘、腕、指各关节紧张用力。

易犯错误：一是只用手臂的力量去击打，而不利用身体旋转的合力去击打；二是缺乏击打力度、效果。

纠正方法：实战姿势站立，身体放松，先做慢动作，逐步加快动作。多练习形成正确的动作动力定型。

拿靶方法：握靶柄的前端，靶柄、靶前边缘与水平面成垂直方向，靶面微往内侧倾斜。

第二节　竞技跆拳道的步法与踢法

一、竞技跆拳道步法

跆拳道技术在实战中得以实施，离不开各种步法的巧妙运用。这些步法或有意或无意地组合在一起，形成了一套套独具特色的战术体系。步法是保持重心平衡，体现出练习者力度、刚猛和坚硬自信的外在形式。在训练之初，先把步法单一分解练习，熟练以后再把它们结合起来。运用步法的目的是调整距离，抓住战机或躲避对手进攻，步法的组合应根据实际情况的改变而改变，成为进攻、防守、反击进攻的有机连接技术①。下面介绍几种常用步法。

（一）弹跳步

左实战姿势②站立，身体放松，两脚向下蹬地，脚跟离地，上下弹跳。

---

① 朱静 . 世界优秀竞技跆拳道运动员比赛攻防转换过程中技术特征的研究［D］. 北京：北京体育大学，2016.

② 左实战姿势是跆拳道、散打等格斗技术中的基本站立姿势，以左脚在前、右脚在后为特征。

（二）跳换步

左实战姿势站立，两脚同时向下蹬地，左右脚同时前后交换、落地，变成右实战姿势。

（三）上步与撤步

上步：左实战姿势站立，后脚蹬地向前一步，成为右实战姿势。

撤步：左实战姿势站立，前脚蹬地向后撤一步，成为右实战姿势。

（四）前进步与后退步

前进步：由基本左实战姿势开始，先将左脚向前滑进一步，右脚随即跟进，两脚仍保持原来的部位和距离。在实战中进步可以更好地接近对手，为发动攻击或抓住机会创造条件。

后退步：由基本右实战姿势开始，左脚蹬地，右脚向后退步，左脚随即跟进，两脚仍保持原来的基本姿势和距离。在实战中，退步可以迅速拉开与对手的距离，以避免对方的攻击或为自己争取更多的时间和空间。

在实战中，前进步和后退步是一种策略和智慧的体现。选手需要根据对手的特点和比赛进程，灵活运用这两种技巧，以达到最佳的比赛效果。无论是进攻还是防守，前进步和后退步都是选手必须掌握的基本技能。只有通过不断的练习和实战经验积累，才能使这些技巧更加熟练和完善。

（五）前滑步与后滑步

前滑步：左实战姿势站立，两脚同时蹬地向前滑进一步，两脚仍保持原来的部位与距离。

后滑步：左实战姿势站立，两脚同时蹬地向后滑进一步，两脚仍保持原来的部位和距离。

（六）前交叉步与后交叉步

前交叉步：左实战姿势站立，右脚向前交叉，落于左脚前，同时左脚立即跟上，即两脚先后向前交叉走一步，保持左实战基本姿势站立。

后交叉步：左实战姿势站立，左脚向后交叉迈步，后脚跟上，保持左实战姿势。

（七）左移步与右移步。

左移步：左实战姿势站立，右脚蹬地，重心左移，左脚向左跨出一小步，随后右脚向左方向跨出同样距离，保持左实战姿势。

右移步：左实战姿势站立，左脚蹬地，重心右移，右脚向右跨出一小步，随后左脚向右方向跨出同样距离，保持左实战姿势。

（八）垫步

左实战姿势站立，随后右脚向前脚靠上一大步，同时左脚提膝。

二、竞技跆拳道的踢法技术

跆拳道以其变幻莫测、优美潇洒的腿法著称于世，被世人称为踢的艺术。竞技跆拳道的腿法讲究快速灵活和变化多样。下面介绍竞技跆拳道踢法技术和拿靶练习的方法。

（一）正面踢法

正面踢法主要分为前踢、推踢、下劈踢。

1. 前踢

动作说明：右脚蹬地屈膝提起，大小腿折叠，送髋、顶髋，小腿快速向前踢出并迅速放松弹回，回实战势。

动作要领：一是膝关节夹紧，小腿放松，有弹性；二是髋往前送，高踢时髋往上送；三是小腿回收与前踢的速度一样快。

膝关节的夹紧可以保证动作的稳定性和力量，而小腿的放松则有助于提高动作的灵活性和速度。需要注意的是，膝关节夹紧不是指过度用力，而是要保持一种适度的紧张状态，以保证动作的流畅进行。

髋往前送，高踢时髋往上送，是在做腿部动作时需要注意的另一个要点。这种动作可以更好地发挥腿部力量，提高动作的效果。需要注意的是，髋部的向前送出的动作应该是一个自然的流畅动作，而不是生硬的拉动。

小腿回收与前踢的速度一样快，是做腿部动作时需要掌握的另一个技巧。这种动作可以更好地保持动作的平衡，提高动作的效果。在这里，需要注意的是，小腿的回收动作应该是一个快速、有力的动作，以保证动作的完整性和效果。

易犯错误：一是直腿踢；二是小腿、大腿不折叠，膝关节不夹紧；三是顺髋、转髋。

这些错误不仅会影响动作的效果，还可能对身体健康造成伤害。因此，需要通过反复练习，逐步提高动作的质量，达到预期的训练效果。

纠正方法：采用坐姿势弹踢或扶墙弹膝练习。多做弹腿练习，提膝时大小腿应充分折叠夹紧。

拿靶方法：握靶柄的前端部位，靶面分别在水平位置，靶柄后端与靶前边缘在拿靶人的左、右方。

实战运用：此技法主要攻击部位有面部、下颏、腹部、裆部。前踢也可用于防守。将前踢发力部位由脚尖改换为脚跟时，前踢动作就变为前蹬动作，动作方法要点相同，只是脚的形状发生了变化。前踢主要是辅助性的练习腿法，但在自卫中，可踢击对手裆部、下颌，达到出奇制胜的效果。

2. 下劈踢

动作说明：左实战姿势站立，右脚蹬地起动，重心稍前移，尽量上举至头部上方，放松下落，以脚掌击打目标，轻落地。

动作要领：一是踢腿时，脚应尽量抬高并向后伸展，同时提升身体重心；二是落地时需保持控制，避免用力过猛；三是起脚动作应迅速而坚定；四是踝关节应保持放松状态，避免过度用力下压。

易犯错误：一是起脚时高度不足，动作不充分，身体重心未有效提升；二是踝关节过于紧张，用力过度向下压缩；三是身体重心的控制和腿部力量掌控不当，导致落地时用力过猛；四是上身过度后仰，随重心前移而前倾，应保持身体直立姿势。

纠正方法：一是支撑多练习前后摆腿；二是反复做正上踢，收腿时脚掌做下压动作，力达前脚掌。

拿靶方法：靶柄向正上方，靶前边缘向下方，与水平面成垂直方向。

实战运用：正劈腿用于攻击对手的正面部位，是跆拳道技术中重要的进攻手段之一，击打部位主要是头部和面部。

（二）侧面踢法

侧面踢法主要有三种：横踢、侧踢、前旋踢。

1. 横踢

动作说明：左实战姿势，右脚用力蹬地，同时夹紧膝关节并向前提起左腿。接着，以左脚掌为轴心旋转180°，将右腿的膝关节抬至水平位置，然后迅速向前踢出小腿，力量要集中于脚背。在击中目标后，立即放松，回收小腿，并将重心前移，随后落下。

动作要领：一是保持膝关节紧闭，向前提起膝盖，并尽量使动作呈直线；二是支撑脚需要旋转180°；三是髋关节向前顺滑移动，确保身体、大腿和小腿呈一条直线；四是确保击打的力点准确落在脚背上；五是击打时踝关节要放松，以确保击打的感觉犹如"鞭梢"。

易犯错误：一是膝关节放松，导致大小腿未能有效折叠；二是外摆动作形成过多弧线；三是上半身过于挺直、前倾，造成重心前移；四是踝关节紧张，未能放松，导致使用脚内侧而非脚背进行击打。

纠正方法：一是扶墙多做提膝转体展髋弹膝练习；二是练习中多注意脚跟要前转，侧身弹踢不要超过身体正中线。

拿靶方法：握靶柄的前端，靶柄与水平面成 15°～45° 间夹角，靶的两面在拿靶人的左、右，靶前边缘在斜上方。

实战运用：横踢也称为抡踢，横踢在跆拳道实战中可根据与对手的对峙距离、攻击角度而不断产生各种远近距离的横踢技术，能曲伸有度、打高踢低，令对手防不胜防。

2. 侧踢

动作说明：左实战姿势，右脚向后蹬地并屈膝提起。随后，左脚以脚掌为轴外旋 180°。此时，右脚迅速向右前方直线踢出，力点位于脚跟。在完成踢出动作后，收腿并放松，同时身体重心向前落下。

动作要领：一是起腿后，大小腿、膝关节需保持夹紧状态；二是头部、肩膀、腰部、髋部、膝盖、腿部、踝部需保持一条直线；三是大小腿在踢出和收回过程中需保持直线运动，即直线踢出，直线收回。

易犯错误：一是小腿折叠不够；二是收髋、夹腿不成直线，伸展不够；三是缺乏弹性不收腿。

纠正方法：一是侧卧于地做侧踢动作；二是扶墙做侧踢练习。

拿靶方法：握靶柄的前端，靶柄、靶前边缘与水平面成垂直方向，靶面微往内侧倾斜。

实战运用：后踢和侧踢是跆拳道实战中较少使用的腿法，但它们具有显著的攻击力。这些技巧主要需与步法结合使用，以发起攻击，击打部位有头部、胸部、腹部和肋部。

3. 前旋踢（也称勾踢）

动作说明：右脚蹬地屈膝提起，左脚以脚掌为轴外旋 180°，右脚向左前方伸出，用力向右侧屈膝鞭打，重心向前落下。

动作要领：一是右脚应先向外有一定幅度的摆动；二是击打时小腿尽量横着鞭打；三是用脚掌的部位击打；四是调整好身体重心，髋部配合转动。

易犯错误：一是右腿没有一定幅度的摆动和横着鞭打；二是小腿过于

紧张，没有用脚掌的部位击打；三是没有调整好身体重心，髋部没有配合转动。

纠正方法：扶墙多做侧踢、回勾踢练习。

拿靶方法：握靶柄的前端，靶柄与水平面成 15°～45°间夹角，靶的两面在拿靶人的左、右，靶前边缘朝斜上方。

实战运用：前旋踢用于踢击对手的脸部，具有启动突然、快速的特点，是反击术中有效的攻击手段。

（三）转身踢法

转身踢法主要有后踢、后旋踢两种方式。

1. 后踢

动作说明：首先，左实战姿势站立，左脚以脚掌为轴内旋约 180°；其次，身体上部跟随旋转，并将重心移至右脚；再次，左腿屈膝并向回收；最后，直线向后上方踢出，用脚跟发力，并在踢击后迅速将重心前移并落下。

动作要领：一是起腿后，将上身与大小腿紧密折叠；二是向后用力，延伸踢腿；三是转身、提腿、出腿应一气呵成，无停顿；四是确保击打目标在正前方稍偏右。

易犯错误：一是大小腿未正确折叠，而是直腿往上踢；二是转身与踢腿动作不连贯，出现停顿；三是踢击动作成弧线而非直线，且旋转发力（应采用直线发力）；四是肩、上体跟着旋转。

纠正方法：一是双手扶住桌椅、人的双肩或扶横杆多做后旋踢练习，形成正确动作的动力定型；二是双膝跪地或双手扶地，屈膝贴胸，向后上方蹬出，力达脚跟，多体会后踢要领。

拿靶方法：双手握靶柄的前端，两个靶心紧贴，位置在胸线以下、腰带以上，靶在拿靶人的正前方。

实战运用：后踢在实战中对于进攻者具有一定的威胁作用，常用于反击中，攻击目标主要是胸腹部和头部。

2. 后旋踢

动作说明：左脚以脚掌为轴内旋约 180°，上身旋转，重心前移至右脚，屈膝收腿，右腿向右后方伸出并用力向右屈膝鞭打，力达交给整个脚掌，同时上体向右转，带动右腿弧形摆至身体右侧，右腿屈脸回收，放松、脚落下。

动作要领：一是转身、旋转、踢腿连贯，一气呵成，中间微有停顿；二是应在正前方，呈水平弧线；三是屈膝提腿的旋转速度更快；四是重心在原地旋转360°。

以防错误：一是转身、踢腿中有停顿，二次发力；二是起腿太早，最高点不在正前方；三是上体过于往前、往侧、往下，失去平衡。

纠正方法：一是多做同时转头、转身、转脚练习，再做勾踢动作，最后把两个动作连贯起来练习，形成正确动作的动力定型；二是先练习低后旋踢，逐步提高后旋踢高度。

拿靶方法：双手握靶柄的前端，两个靶心紧贴，位置在头部高度，靶在拿靶人的正前方。

实战运用：后旋踢在实战中对于进攻者具有一定的威胁作用，常用于反击中，攻击目标主要是头部。

（四）踢法延伸技术

延伸技术是跆拳道踢法中常用的技术，主要包括360°横踢、双飞踢。

1. 360°横踢

动作说明：右实战姿势站立，以左脚掌为轴脚后跟外旋，重心移到左脚；身体后旋360°右腿随后转动，右腿下落的同时左脚蹬地使用横踢；击打后两脚自然落下成右架。

动作要领：一是提起右脚向后旋转以左腿前脚掌为轴，两大腿之间的距离不应过大；二是击打时左脚脚面要绷直，髋关节要放松；三是左小腿蹬出后要有一个制动过程，使脚产生鞭打的效果。

易犯错误：一是身体重心没有跟上；二是左脚没有配合身体转动，左脚太死；三是左脚击打时脚面没有绷直。

纠正方法：一是多做转身上步横踢练习，最后把两个动作连贯起来练习，形成正确动作的动力定型；二是多提膝向后转身，提膝腿不落地，靠支撑腿起跳横踢练习。

拿靶方法：握靶柄的前端，靶柄与水平面成15°～45°间夹角，靶的两面在拿靶人的左、右，靶前边缘在斜上方。

实战运用：360°横踢是属于腾空转身性腿法，可以用于进攻，也可以用于反击目标，依据攻击目标可高可低。

2. 双飞踢

动作说明：右实战姿势站立，重心移至左腿，提起右大腿使用横踢，然后在右脚未下落时立即提左腿使用横踢，也就是连续使用两个横踢。

动作要领：一是踢第一个横踢时，身体可稍后倾，以利于第二个横踢；二是两小腿交换髋部要快速扭转。

易犯错误：一是第一个横踢动作没有完全做出来；二是两腿交换之时，髋部扭转过慢；三是身体过仰。

纠正方法：一是先辅助做左右脚腾空提膝动作，再由慢到快做完整动作；二是多练习一腿横踢后收腿屈膝不落地，靠支撑腿起跳横踢的动作。

拿靶方法：左右手各拿一个靶，握靶柄的前端，靶柄与水平面成15°~45°间夹角，靶的两面在拿靶人的左、右，靶前边缘在斜上方。

实战运用：双飞踢在国内外各类比赛中是最为常见的一个腿法，具有连续性、快速的特点。双飞踢主要攻击对方的胸腹部、两肋部和面部。

第三节　竞技跆拳道战术训练

在竞技跆拳道中，战术抉择体现为运动员在复杂且多变的比赛中，依据比赛规律和实况，灵活调整策略。这要求运动员具备判断力、目标意识和预见性，以确定有效的对敌策略。简而言之，跆拳道战术即运动员的打法和策略的应用。运动员必须熟知战术的利弊和对手的适应性，发掘与个人特点相匹配的战术，旨在提升战术效能。此外，运动员应探索具有潜力的战术，以创新并形成个性化的得意战术。各种战术之间存在矛盾和克制，正如每种进攻方式都有其对应的反制手段。鉴于跆拳道比赛情境复杂且对手各异，运动员需根据比赛中的动态变化，灵活地运用单一或融合多种战术，以实现比赛目标①。

一、竞技跆拳道各种比赛战术

跆拳道比赛战术可分为：进攻战术、防守战术、对峙调整战术、边角战术等。下面简单介绍几种竞技跆拳比赛战术。

（一）直接式进攻战术

直接式进攻战术依托个人技术优势，通过确保成功的技术动作直接对

---

① 高志红，艾康伟，王志杰. 韩国跆拳道运动员防守技战术应用特点分析［J］. 中国体育科技，2008（1）：135-139.

敌方发起攻击。这种战术强调主动寻找并创造利用个人特长的条件，一旦有机会就迅速施展，同时在不得不采取守势时，同样依赖特长技术进行反击。实施该战术时，要求动作迅速，并能迅速捕捉战机，围绕个人特长技术构建一整套应对对手防御的手段。

运用这种战术的较好时机一般应具备下列条件：一是对方的反应速度、动作速度和位移速度不及自己；二是对方攻防转换动作不够纯熟；三是对方体力下降；四是对方防守出现破绽；五是自身能利用与对方的距离优势实施有效进攻。

（二）压迫式强攻战术

压迫式强攻战术，又称猛攻，是一种主动的、先发制人的战术。这种战术行动是有计划和准备的，旨在比赛一开始就发起猛烈进攻，通过连续的技术动作，在对手尚未察觉之际，出其不意地攻击。这样能够扰乱对方心理平衡、破坏战术准备和距离感，迫使对手忙于防守，疲于应对，消耗其大量体力。在短时间内，这种战术可能带来绝对的胜利或掌控比赛主动权。

使用压迫式强攻战术的优点在于直接夺取比赛主动权，使对手陷入被动招架的境地，而没有还击的机会。通常，这种战术在以下情况下使用：一是为了尽快了解对手；二是在比赛初始阶段就判断出对手在技术、体力、经验等方面不占优势，自己有胜利的底气，于是立即发起压迫式进攻，力求快速取胜。面对技战术优秀的对手，在体力不足的时候，可以通过猛攻不让对手有休息和调整的机会，使其始终处于被动状态；而对于经验不足的对手，压迫式进攻可以剥夺其冷静思考的时间，使其处于被动。

使用这种战术的缺点在于它快速消耗体力，容易暴露弱点，给对手提供机会；而经验丰富者可能会利用这一战术，或者通过以逸待劳的方式克制使用者。

适宜运用此战术的情况包括：力量、速度、耐力素质占优，即便整体水平不如对手；身体素质优越、技术全面，但比赛经验不足；对手近战能力较弱；对手耐力不足；对手心理素质较差。

（三）引诱式进攻战术

随着运动员技术水平的普遍提升，特别是面对反应敏捷、防守严密的对手时，直接进攻往往容易被反击；而经验丰富的选手通常会运用如"声东击西"和"指上打下"等战术，通过左右、前后、上下的缓慢动作以及上下、左右等方向的虚晃来迷惑对手。他们可能会故意露出破绽，制造进攻的假象以引诱对手，等对手失衡时再发起真正的进攻。这样做的目的是吸引对手的注意力，诱导他们对自己的虚晃动作做出反应，进而改变防守姿势，然后利用这一瞬间的机会进行攻击。

这种战术是跆拳道比赛中常用的基本战术之一，它有效地结合了假动作和真动作。例如，当实施后旋踢攻击头部时，可以先进行横踢假进攻，然后迅速后撤；一旦对手追逐，便可以实施后旋踢。在跆拳道训练和比赛中，常用的诱导式进攻包括上下、左右和前后动作的结合。

通常面对体力充沛但技术不全面、方法单一、战术不够灵活的对手时，这种战术尤为有效。实施诱导进攻时，关键是动作迅速，保持速度优势以超过对手，这样才更容易成功。若对手擅长前横踢，可以故意采用紧密站姿诱使其发动前横踢，接着趁机用后踢进行反击。

（四）防守式反击战术

面对对手的强烈攻势，灵活步移至关重要。向不同方向巧妙调整步伐，不仅可化解对方的攻势，还能创造反击机会。在防守中寻找时机反击，往往能在对手不备时取得成效。进攻时，姿势的转换在所难免，这自然会产生一些防守缺口；迅速抓住这些瞬间空档进行反击，往往能让对手措手不及。面对身材高大、腿长具有横踢优势的对手时，若直接反击可能效果不佳，此时主动接近对方，缩短距离，再施展近身战术。在步法移动上，既要把握反击的时机，也要展现步法的灵活及身位的突然变化。与性格急躁、缺少经验、倾向于猛烈攻击的对手交手时，应以反击战术为主，辅以主动进攻。通过主动攻击掩盖反击意图，同时激怒对手，进一步为反击创造有利条件。

（五）克制对手长处的战术

运动员通常具备各自的特长技术。例如，某些擅长以横踢发起攻击，随后用后踢进行反击；而其他运动员则善于先施展劈腿，再以后旋踢进行阻挡。在比赛过程中，运动员需迅速识别对手的拿手技巧，并据此调整自己的战术，运用适当的策略来限制对方的技术优势，确保对方无法充分发挥。

采用这种战术的方法有：一是在与擅长近身战的对手对峙时，保持距离是关键，运用侧踢等技术避免贴身肉搏；二是面对喜欢远距离攻击的对手，待其贴近后实施战术，或利用首次进攻后的近距离机会发动突袭；三是对付主动出击的对手，采取先发制人的策略，迫使对方转入防守；四是对付擅长防守反击的对手，诱导其主动攻击，并使用难以被反击的技术进行进攻；五是对那些擅长劈腿、后踢等技术的人，比赛中应用相应的对策技术来压制其优势。

（六）集中打击对方短处的战术

每位运动员都存在弱点，有的运动员防守不足，有的不擅长应对后旋踢，还有的耐力不足。分析对手以往比赛录像，观察对手与其他选手比赛，或在比赛中观察，都能帮助我们识别这些弱点。在比赛初期的试探性进攻中，迅速判断对手弱点并调整战术，集中攻击这些弱点，同时运动员需不断变换策略，避免对手识破战术意图。

（七）利用对方习惯性动作的进攻战术

对手的自然习惯动作可用于制定有效的进攻策略。运动员在比赛中常有一些无意识的习惯性动作，比如进攻前会身体晃动几下，或者在准备后踢反击时，会先向前迈一步再后退一步。因此，运动员需学会观察并迅速抓住这些时机，一旦发现对方出现习惯性动作，就应立刻发起进攻。

（八）身体战术

1. 体格战术

在相同水平比赛中，运动员存在身高和体型的差异。这些差异可成为优势：高大的运动员可以使用身高进行攻击，而矮小的运动员则可以借助敏捷性和速度。通过这种方式，他们可以利用自身特点对抗对手，取得比赛胜利。

2. 体力战术

体力战术关注的是如何在比赛中合理分配体力以赢得胜利。跆拳道比赛包括 3 局，每局 2 min，运动员需要承受较大的体力消耗。在实施体力战术时，意味着要根据对手的情况来分配自己的体力，如果对手技术水平较低，可以保留体力以技术取胜；若对手技术精湛，则应采取耗尽对手体力的策略；面对实力相当的对手时，要有持久战的准备；如果了解到对手耐力不足，则应利用体力优势，持续攻势，使对手无喘息之机，从而快速消耗其体力，取得胜利。

（九）心理战术

比赛中，要通过威慑对手、以勇气压倒对方，或利用规则和基本允许的手段干扰对手情绪，给对手造成心理压力，导致其技能和战术发挥失误，削弱对手的士气，同时发挥自身优势，以气势战胜对手。

（十）规则战术

1. 利用规则战术

在竞赛中，虽然存在对攻击部位和攻击方法的限制，但规则某些模糊之处却为我们提供了利用的空间。可以采用那些规则所允许或未明确禁止的策略来对付对手，甚至可以探索规则中的模糊之处来为己方制造优势。实战时，通过巧妙的规则应用设置陷阱，从而增加对方犯规并失分的机会。

2. 优势战术

当比赛分数相同时，胜负往往取决于哪个选手能更积极地发动进攻并频繁使用高难度技术。因此，进攻频率和技术难度的高低，成为评判胜者的关键标准。

（十一）边界战术

边界战术是依据跆拳道竞赛规则的一种战术，旨在迫使对手出线。这种战术的实施方式是积极进攻，有意将对手推至边线，引发其心理恐慌和担心违规，从而动作失误，或是频繁将其逼出界外。当自己被对手逼至边线时，应及时转身贴近对手，使其无法调整姿态，进而被迫出界。

二、战术训练方法

运动员需精通各种技术动作，并能在比赛中不假思索地执行，以实现动作的流畅与自然，尽量避免在比赛时还要思考技术细节。这就要求运动员注重培养理解能力，充分理解跆拳道战术的基本原理，在比赛环境中才能卓有成效地运用战术。

（一）实战演练

与一名消极对抗的对手练习。这是战术练习的第一阶段，由一名教练或同伴充当陪练对手（不进行激烈对抗），陪练者应为主要练习者提供运用战术的机会。

与一名积极对抗的对手练习。陪练对手以事先商定好的某种类型的风格和打法迎战，以便为主要练习者提供运用某一特定战术的机会模拟比赛训练。

（二）运用战术能力训练

1. 规则战术

在竞赛中，有对攻击部位和攻击方法的限制，但也有规则限制模糊的地方，可以利用规则允许或基本允许使用的各种制胜的办法攻击对手。

规则战术是指利用比赛规则的"漏洞"，合理利用规则迫使对手犯规，如在进攻后，主动向前进步，给对手造成继续进攻的假象，逼迫对手后撤犯规；或者在进攻后，快速靠近对手，使对手无法抬腿进攻或者抬腿高度无法达到腰部以上位置，不能进行进攻等。但是利用规则战术需要运动员有较强的心理素质，在比赛中主动压迫对手，才能取得好的战术效果，否则很容易被对手抓住破绽，进行防守反击，而失去主动机会，因此在日常训练中要注重对规则的掌握，防止造成"被动犯规"。

2. 战术设计

（1）经验法

教练员以前当过运动员，所以往往经验丰富，具备各种战术知识。但由于大多数运动项目都在不断发展变化，教练员也必须不断更新知识，通晓自己所执教项目的发展情况，设计出各种新的战术。

（2）观察法

作为一名教练员，应该尽可能地经常观摩最高水平的跆拳道比赛，认真观察优秀运动员的进攻和防守，以及战术运用。如果没有可能亲临赛场观看最高水平的比赛，起码也应设法仔细观看比赛影片或录像带。

（3）统计法

对比赛的统计分析可为战术设计提供有益的指导。教练员可将比赛场地分为几个不同的区域，然后分别统计对方在各个区域的得分；还可以统计对方使用某一特定打法的失误次数，或者测定对方完成一次战术行动所需要的时间。这类统计工作可以由教练员自己完成。

（4）实验法

将实验法、观察法和统计法结合在一起，就可以构想出新的战术，但是真正运用于比赛还应先进行实验。对于新设计的战术，可以在训练和友谊比赛中试用，也可以组织一些专门用以检验新战术效果的比赛。完成这类实验时，应该用审慎和挑剔的眼光进行观察和分析，以便根据实际效果对战术进行修改，决定取舍。

第四节　竞技跆拳道常见的辅助训练

通过一定的辅助训练，可以大大提高跆拳道竞技水平。常见的竞技跆拳道辅助训练方法包括：组合踢法训练、脚靶训练、沙袋训练、条件实战训练。

一、组合踢法训练

跆拳道以变化多端的腿法著称于世，由于腿的打击距离远、隐蔽性好、攻击威力大，技术高超者能抢攻快发、连环出击、迅速势猛、势不可挡，在发展过程中形成了自身组合眼法的技击技术。跆拳道腿法技术主要包括横踢、下劈踢、双飞踢、后踢、后旋踢、侧踢、推踢、360°横踢等技术。它们之间相生、相克、相化，可衍变出三千多种腿法。如今在实战比赛中，单一的攻击技术很难奏效，所以必须有良好的组合技术，根据实战中的不同距离、角度、得分部位，战术上指上打下、声东击西变化，才能让对手措手不及、防不胜防。

（一）步法与踢法组合

上步+横踢：右脚上步成左实战势，紧接着快脚横踢。

撤步+横踢：右脚撤步成左实战势，紧接着右脚快速横踢。

后滑步+后横踢：双脚同时向后滑步，紧接着左脚快速横踢。

垫步+横踢：左脚向前垫步，右脚快速横踢。

垫步+侧踢：右脚向前垫步，左脚快速侧踢。

交叉步+侧踢：右脚向后前方交叉垫步，左脚快速提膝侧踢。

上步+下劈：右脚上步成左实战势，紧接着右脚快速下劈。

（二）两个踢法技术组合

前脚横踢+后脚高横踢：右脚横踢后形成右实战势，紧接着左脚快速横踢。

横踢+下劈踢：右脚横踢后形成右实战势，紧接着左脚快速下劈踢。

直拳+横踢：左实战势站立，左手下格挡，同时左脚快速横踢。

横踢+后踢：右实战势站立，左脚横踢，右脚也连贯迅速后踢。

横踢+双飞：右实战势站立，左脚先横踢，紧接着连贯双飞踢。

下劈+双飞：右实战势站立，左脚先下劈，紧接着连贯双飞踢。

横踢+360°横踢：右实战势站立，左脚先横踢，紧接着连贯做360°横踢。

（三）多种踢法技术组合

跆拳道同其他技艺一样，踢法技术经过自由组合，可以衍生出多种踢法技术组合。

二、脚靶训练

脚靶用以磨炼攻击的力度、速度与准确性及连续攻击能力。脚靶还可以使练习者逐步熟悉动作之间的连接，懂得队友之间要相互帮助及尊重，在进行需要两人合作的训练，如脚靶训练和实战训练时，双方需在开始和结束时相互行鞠躬礼。在整个训练过程中，双方必须认真负责、互相协助，确保每个动作都准确完成。交换脚靶或任何训练用品时，双方要用双手接送，并在交换过程中行鞠躬礼。

（一）脚靶训练的概念

1. 跆拳道靶构造

跆拳道靶主要由靶心、靶身、靶边和靶柄四部分构成，是跆拳道训练的重要工具。

2. 拿靶方法

不同技术动作的练习采用各种不同的拿靶方法。踢靶时要踢靶的中心，也称靶心位置；拿靶时得拿靶柄的中间稍前端的部位。

3. 踢靶方法指导

踢靶训练的要点：踢靶的中心位置；力量要击透靶面往后延伸；拿靶时手不要太放松；脚面或脚跟与靶面完全接触；脚靶前身要放松。

（二）脚靶训练的形式

1. 固定靶训练

固定靶训练主要让练习者与陪练者相距约一米，练习者以预备姿势站立，无须移动，以便进行多种姿态的练习。这种训练对于跆拳道初学者来说非常基础且重要，有利于其掌握基础动作。

固定靶训练旨在培养运动员正确的攻击节奏和动作。由于练习者与陪练者之间距离固定、无干扰，故能高度集中精神，熟练掌握动作与节奏。此外，此训练还能提升战术素养和意识，培养练习者的距离感，以便更好地控制距离并精准判断出击时机。

2. 喂靶训练

喂靶训练要求一名同伴或教练手持靶子，不断地调整其方向与位置，促使练习者迅速做出反应并进行打击。这种训练方法旨在提升练习者的反应速度、适应能力以及进攻和防守动作的精确度，并能熟练地执行不同情境下的打击技巧。

3. 移动靶训练

移动靶训练是基于固定手靶的训练，本质上是一种让训练者击打移动靶的练习。在进行这种训练时，参与者需要遵循持靶者的移动路径和节拍来击打目标。由于实战中对手不会静止不动，因此通过移动靶训练来提升打击的准确性就显得尤为关键。这种训练有助于锻炼练习者快速适应在移动中出拳的能力。

三、沙袋训练

在训练中常采取有计划、有步骤地进行击打沙袋的练习，来提高跆拳道运动员的出腿速度、力量和击打准确度等性能。它不仅对改进、提高技术动作的质量，掌握击打的时机和距离感，增强腿部力量，锻炼耐力，发展身体的灵敏性和协调性有良好的效果，而且培养练习者吃苦精神和顽强的意志品质等的重要的训练手段和措施。击打沙袋练习是跆拳道运动员不可缺少的一项专门性练习，是每个跆拳道运动员都应重视的训练内容。因此，为提高练习效果应了解沙袋结构。

在进行踢沙袋的训练时，可以选择原地单一腿法练习，也可以融入步伐移动进行综合性进攻步法训练，包括但不限于横踢、双飞踢、后踢和后旋踢等。此外，训练可以融合攻守元素，如迎击、闪避反击以及真假轻重腿法的混合运用。

下面介绍五种沙袋训练方法：

推踢沙袋：测量好人的站位与沙袋的距离，左实战势站立，提膝推踢沙袋（可左右势交换推踢沙袋）。

侧踢沙袋：测量好人的站位与沙袋的距离，左实战势站立，提膝侧踢沙袋（可左右势交换侧踢沙袋）。

横踢沙袋：测量好人的站位与沙袋的距离，左实战势站立，横踢沙袋（可左右脚连贯组合踢击沙袋）。

下劈踢沙袋：测量出人的站位与沙袋的距离，右实战势站立，下劈踢击沙袋（可左右势交换下劈踢击沙袋）。

后踢沙袋：测量出人的站位与沙袋的距离，左实战势站立，转身右脚后旋踢击沙袋（可左右势交换后踢击沙袋）。

练习击打沙袋时，动作的正确性是关键。开始时，应以慢动作和轻微的力量来练习，随后逐步增加速度和强度。同时，练习时必须结合步法，确保整体技术的协调性，不仅要锻炼腿法，还要重视步伐与身体力量的配合。在打沙袋时，要不断学习沙袋摇摆的节奏，掌握出腿的力度、距离和角度，特别是在进行摆腿打击时，更应该注意，以避免受伤。此外，练习应有目标和计划，包括设定每组的次数、时长和具体要求，同时注意控制出腿的频率和轻重腿的节奏，这些练习安排应根据个人技术水平和体力状况来调整，以优化训练效果。

四、条件实战训练

（一）两人攻防练习

训练中可以互相交替进攻与防守反攻。攻防练习一般由两人配合进行，双方保持一定的距离以避免接触，模拟实战中的攻击和防御技巧。起初，练习可以只专注于单一的攻击动作，随后逐步引入复合的连续攻击。同样，战术训练也是从简单的基础动作逐步发展到复杂的联动战术。

这种训练方法不仅能显著提升练习者对技术的掌握和应用，还能增强他们的攻防意识，丰富战术感知。此外，它还有助于缓解初学者的焦虑情绪，以及减少运动损伤的风险。

常见的攻防练习主要有：横踢进攻—撤步横踢反击；横踢进攻—后踢迎击；双飞进攻—下劈反击；横踢进攻—后旋反击；劈腿进攻—双飞反击；横踢进攻—旋风踢反击；横踢进攻—直拳反击；上步横踢—横踢迎击；推踢进攻—双飞反击；旋风踢进攻—横踢反击。

（二）模拟实战

跆拳道运动是激烈的身体对抗性项目，是对跆拳道练习者基本技术的检验，是战术、技能、耐力、心理及智能的综合考验，是检验跆拳道练习者平日的训练效果的重要途径。实战正是检验自己所达到的技艺水平。比赛场上，双方实力相当，不仅限于技战术的交锋，更重要的是意志品质、赛场作风的较量。要想在比赛中战胜对手，就必须充分利用好自己的身体与精神，把自身掌握的技术行云流水地发挥出来。常言道"台上一分钟，台下十年功"，练习者遵循"训练—实战—反思""再训练—再实战—再反思"，在三者的不断循环反复中，逐渐形成个人的技战术，从而不断地提高自己的比赛能力。

第五章　跆拳道品势

第一节　跆拳道品势概述

品势是跆拳道的基本技术，是进攻和防守动作的组合，包括基本步法、格档、踢腿与拳击。要想成为高手，必须经过跆拳道品势练习，这样才可以正确掌握攻防基本技术，熟悉手、脚和身体各部位动作的力度，提高速度、力量，增强柔韧性和灵敏度等，进而树立信心。

品势属于跆拳道段位考试内容，但不同的段位有不同的品势，即太极一章至八章、高丽、金刚、太白、平原、十进、地跆、天拳、汉水、一如。品势是跆拳道体系中一个特有的表现形式，不少动作在技术规格、运动幅度、速度、力度等方面与技击的原型动作有所区别，但动作仍保留了技击的特性。为了连接贯穿及演练技巧的需要，穿插了一些不一定具备攻防含义的动作，但就整套技术而言，主要的动作仍然是以踢击、拳打、抓摔、反关节等技法为主，通过一招一式表现出跆拳道攻防技击的特点、风格。品势中的技击方法极其丰富，在竞技比赛中禁止使用的技术方法，品势中仍会有所体现。

竞技跆拳道的实战意识同品势是大不相同的，练习竞技跆拳道的基本技术，是为了得分，移动、反击，击倒对手取胜。而品势中许多技术动作是为了掐断对手的脖子或折断对手的胳膊，是要置对手于死地的，培养的是一种摄取提炼潜隐于动物猛兽之中，而人类早已退化的各种特殊的意念与身体的机能。品势"天拳"中就有模仿老鹰展翅、向下俯冲的姿势，演练时劲力的变化、节奏、缓急同大自然相合；品势"金刚"，象征金刚山威武崇高的气象，代表有段位者金刚护法般的威严，有山形防御的动作。太极八章的演练路线，分别是代表八种自然现象、事物属性的符号，即八卦，"乾为天，坤为地，震为雷，巽为风，坎为水，离为火，艮为山，兑为泽①。"　"乾，健也。坤，顺也。震，动也。巽，人也。坎，陷也。离，丽也。艮，止也。兑，说也②。"

品势中高丽的演练路线是"士"、金刚"山"、汉水"水"、平原"一"的演练路线图。由此可见，品势融合了中国传统文化。

有人认为品势毫无实用价值，但它对体验武学之道很重要。跆拳道的内在精神、民族精神、民族文化、徒手技击风格等都体现在品势之中。竞技跆拳道就是品势中精华部分再创新的产物③。

一、跆拳道品势的发展

跆拳道 2000 年正式成为悉尼奥运会的比赛项目，随后发展成了一项世界综合武术运动，但是跆拳道品势项目直到近年才引起人们的注意。早在 1992 年韩国跆拳道协会通过举办 Han-madang 大会，引入了跆拳道品势比赛，此后类似的品势比赛一个接一个举办，而且形式从规定品势、自创品势发展到有氧品势、健身品势。欧洲跆拳道协会于 1985 年在土耳其举办的欧洲跆拳道锦标赛第一次采用跆拳道品势作为表演项目，此后品势比赛作为该项比赛的正式项目一直举办到现在。美国跆拳道协会在 20 世纪 90 年代将跆拳道品势设立为美国国际比赛的正式项目。2006 年世界跆拳道联盟将跆拳道品势作为世界比赛的正式比赛项目，第一届跆拳道品势世界锦标赛在首尔奥林匹克公园成功举行。2009 年跆拳道品势正式成为世界大学生跆拳道锦标赛的正式比赛项目。跆拳道品势正在逐步发展中，展现了跆拳道平和、健康的形象。跆拳道品势是动与静的结合，表现了内在能量与精神的统一。

我国从 2006 年开始举办全国大众跆拳道比赛，每年举办两次比赛，锦标赛和冠军赛各一次。每个项目的前几名都有机会入选国家品势队，代表中国参加世界品势锦标赛。目前全国各省市、自治区、直辖市都有相应的品势比赛，而且越来越多的练习者意识到品势的重要性，积极投入品势的练习。经过五届跆拳道世锦赛，中国队每次都有收获，这对成长中的中国跆拳道来说是好事，是经过长期积淀的升华。近几年，国内大众跆拳道规

---

① 出自《周易·说封传》第十一章。
② 出自《周易·说卦传》第七章。
③ 李俊帛，隋东旭. 跆拳道品势的美学特征及审美价值研究 ［J］. 当代体育科技，2021，11（26）：231-236.

范化发展程度加快，加上赛前的强化集训，参赛选手水平得到迅速提高，具备了冲金的条件。跆拳道品势不光是技术和运气的较量，更是综合素养的较量。

自创品势对于跆拳道品势发展有着举足轻重的作用。自创品势是把跆拳道技术按照自己的想法改编的品势。自创品势可以划分为基本自创品势、跆拳操、跆拳道舞蹈（体操品势、有氧品势、搏击品势、韵律品势）等几类。

跆拳道自创品势相较规定品势来说，避免了因规定品势训练带来的伤害，又对人体有益，所以日益成为很多跆拳道品势练习者钟爱的项目。有氧自创品势对加强人体的心肺功能有一定作用。通过补充大量的氧气可以提高心脏血管的机能。跆拳舞（跆拳操）也是自创品势的一种，是借助典雅古朴的品势形态编排成体操或舞蹈的形式，通过自由的动作和轻快的节奏激起练习者的兴致。目前多数的跆拳舞更具流行气息，与时下最劲爆的街舞相融合。

近年来，国内外举办的跆拳道大赛中自创品势有着非常高的人气。中国跆拳道协会也推出了一套全国大众跆拳道比赛规定动作标准操，为广大跆拳道练习者提供了更加丰富的训练内容。

二、跆拳道品势的特点

（一）动作简练，招式工整

跆拳道品势的动作比较简单，往往是将单个技术动作加以提炼后编排在整套品势中加以演练。跆拳道品势的技击属性相对较弱，而表演属性较强，因此要求动作工整、方正，循规求矩，招法清楚、准确，动作过程要顺达自然、潇洒自如，绝不可潦草。

（二）左右对称，阴阳合宜

跆拳道品势的每一章、每一套在动作数量上是左右对等的，在技术动作上也是左右对称的，这种阴阳合宜体现出跆拳道品势的变化。阴阳既是矛盾双方的对立，又是统一和转化。

跆拳道品势在技术上讲求出有回势、回有出势，实出而骤回、疾入而闪打，使人防不胜防。

（三）以气促力，刚柔相济

无论品势还是竞技跆拳道，都要求练习者在气势上胜出，多以发出洪亮并带威慑力的声音来显示自己的能力。跆拳道品势技术动作的起落、转换都要求配合呼吸，随着动作的变化自如运行，不能强作吞吐；各个动作之间不能有间歇的空隙，练习者要做到"形断意连""势断气连"，善于运用内在的心志活动，通过眼神把前后动作的意向连接起来，使动作贯穿一气。练习者在发力上既不可纯柔，也不可纯刚，要刚柔相济。正所谓"纯柔纯弱，其势必削；纯刚纯强，其势必亡；不柔不刚，合道之常①。"

（四）归原还位，礼始礼终

以准备势开始，又以准备势结束，是自然界回归现象在跆拳道品势中的体现，反映了跆拳道运动"始终归一，循环往复"的精神哲理。练习跆拳道的人非常讲究礼仪精神，在训练中礼节贯穿课堂的始终。跆拳道要求练习者练习技术的同时，在道德修养方面也要不断提高自己。练习者通过不断向长辈、教练、老师、队友鞠躬施礼，养成发自内心的行礼习惯，树立恭敬谦虚、友好忍让的态度和互相学习的作风，并培养其坚韧不拔的意志品质。

三、跆拳道品势的作用

（一）修炼意志，培养品德

"为武之道，以德为本，练武习德"②，这是修炼跆拳道的规矩。"教家立范，品行为先③""人之立身，所贵者惟在德行"④，培养品德是跆拳道教育的必修课。通过跆拳道礼仪教育，培养练习者尊师重道、讲礼仪、守信用、见义勇为的品质。

（二）身心双修，增强体质

跆拳道素以"身心双修"为终极目标。通过外练可以利关节、强筋骨、壮体魄；通过内修可以理脏腑、通经络、调精神，使跆拳道练习者身心得到全面的锻炼。尤其是跆拳道的功法，注意静心守神、调气治身，对调节身体的阴阳平衡、和顺气血、改善身体机能和精神状态起到了"心身交益"的作用。

---

① 出自诸葛亮《蒋范·卷一·将刚》。
② 可追溯至《左传》的"武德"定义。
③ 出自孙奇逢《孝友堂家规》。
④ 出自吴兢《贞观政要·教戒太子诸王》。

（三）掌握技击，提高防身自卫的能力

跆拳道是格斗类项目，具有技击的特点。通过跆拳道练习，练习者可以掌握技击方法，锻炼身体的灵活性和协调性。如果练习者坚持练习，还能增劲力、抗踢打，在身体素质和专项技术上都能得到全面的发展，从而提高克敌制胜、防身自卫的能力。

（四）交流技艺，丰富生活

品势修炼，是跆拳道爱好者以武会友、切磋技艺、交流思想、增进友谊的一种方式。同时，跆拳道品势作为跆拳道的一个重要组成部分，具有极高的观赏价值，也是运动员提高竞技水平的一种方式。跆拳道品势的精彩演练，会给观众带来健康与美的感受，丰富人们的业余文化生活。

第二节　跆拳道的品势练习方法

一、练习者注意事项

（一）树立信心

常有人说"跆拳道品势深奥，其意境的修炼需要长期的领悟"，这是忠告练习者"艺无止境"的一种说法。其实从另一方面说，跆拳道品势动作简单，左右对称，只要认真学习，任何年龄、任何体质的人，都可以掌握它。初学者最大的困难是品势动作重复较多，转向复杂，容易顾前忘后、记手忘脚，但只要在老师的指导下，练习者树立信心、勤学多练，避免贪多求快、马虎草率，花上几个月的时间，摸清基本规律，就能打得很好。

（二）持之以恒

练习跆拳道品势不能"三天打鱼，两天晒网"，其对人体生理机能的提高，对疾病抵抗力的增强，都需要经过一定时期的系统锻炼，不是练几下就能见效的。有些人因为暂时没有见到效果，或是没掌握动作要领，就感到枯燥、困难，半途而废；也有些人在锻炼过程中感到腰酸腿痛、畏难而退。对那些体质较弱和不经常运动的人来说，这是为适应锻炼需要的增强过程。在发生这种情况时，不要怕，只需适当减少运动量，或者是练习时姿势放高一些，经过一段时间，酸痛现象就会自然消失。

（三）循序渐进

有些人学习跆拳道贪多求快，想先把动作比划下来，以后再注意改进；也有人以多为胜、见异思迁，结果费劲不小、会的不少，可惜质量不高、收效不大，徒有一副空架子。我们知道，跆拳道品势锻炼的效果和质量密切相关；没有正确的姿势和动作，就收不到健身和医疗的功效，一旦形成错误定型，纠正起来比学习新的动作更困难；而且学的草率马虎，一味贪多求快，几天不练也容易忘掉。所以，学习跆拳道品势要循序渐进、脚踏实地，宁要少，但要好，从而打好基础，这样才能收效大、进步快。

（四）重视基本功

打好基础包含两方面意思：一是姿势（型）和动作（法）规范正确，做到"势正招圆"；二是基本功扎实，有良好的身体素质和专项素质。有人认为基本功训练是提高技术水平的需要，初学者不必急于投入，其实不然。学跆拳道品势先从套路入手，还是先从练基本功开始？这个问题我们不必强求千篇一律，重要的是两者不能脱节。脱离了基本功，套路不会正确，质量不能保证；没有套路，基本功也会失去方向，无的放矢。初学跆拳道品势阶段就把两者结合起来，练习套路的同时进行必要的专门训练，如马步冲拳、弓步下截、压腿以及手法、腿法的单独操练，这样练习者就能较早、较快地把握跆拳道品势要领，较好地掌握套路，减少错误，正确入门，避免走弯路。

（五）适当掌握运动量

运动量大小与练习时间的长短、动作的准确程度相关。适宜的运动量，要根据个人的体质条件来定。一般来说，练完以后，感到轻松舒服，情绪很高，说明运动量大小合适。运动量过小，身体活动不足，收不到锻炼效果；运动量过大，容易产生疲劳和运动伤害。一般健康的人练到身体出汗即可，体弱和病患者要根据医生和教练员的指导进行锻炼。下肢不能活动的患者，也可以只做上肢和腰部的基础练习，只要按照要领，坚持训练，同样会收获成果[①]。

（六）选好练习的时间和场地

练习的时间最好安排在清晨或傍晚。清晨练习，可以帮助练习者摆脱睡眠的抑制状态，使头脑清醒，为工作和学习做好准备；傍晚练习，可以

---

① 厉建志. 身体实践视角下跆拳道品势文化的研究［D］. 西安：陕西师范大学，2021.

帮助练习者消除疲劳，起到促进休息的作用。清晨和傍晚，环境都较安静，便于练习者集中思想。练习之后，不要马上吃饭或睡觉，最好平静一会儿，使运动时的兴奋状态逐渐消失。此外，工间和课余时间也是进行跆拳道品势锻炼的好时光。

练习者最好找空气新鲜和安静的环境，避免风沙和烟雾。公园、河岸、树林和庭院都是很好的练习地方。如果在室内，最好在空气流通和有阳光的地方练习。练习时，练习者最好穿宽大柔软的便服或运动服，以免妨碍动作。天太冷时，可戴上帽子和手套。在练完以后要把汗擦干，以免感冒。

（七）做好准备活动和整理活动

跆拳道品势动作刚劲有力，因此练习前的准备活动和练习后的整理活动非常重要。准备活动是使身体进入运动状态的必要手段。如果身体肌肉、关节没有摆脱僵滞，大脑处于紧张思维之中，练习时就难以入静和入境，这是练习者的共同体会。

跆拳道品势的准备活动包括两个方面：一是生理准备。目的是克服人体惰性和肌肉粘滞性，使运动器官从相对静止状态进入工作状态，相关的肌肉、关节、韧带活动开，运动中枢走向兴奋，以便更准确地支配动作；二是心内准备。目的是消除思维的紧张状态，使心里平静，精神集中。准备活动可选择慢跑、体操、站桩、压腿、活腰等内容。活动强度要小，但要充分和认真。

整理活动可以使运动器官恢复平静，消除疲劳。练习者多采取放松操、散步、活动性游戏、按摩等方式，以避免肌肉持续紧张，防止膝关节过度疲劳。有的人在练习以后，习惯马上坐下来休息，这是很不好的习惯，应该改正。

二、练习步骤

一般说来，跆拳道品势的学练提高可以分成以下阶段。

（一）基础阶段

写字要先保证字形准确，练习跆拳道品势要先打好形体基础。形体基础指身型、手型、步型、身法、手法、步法、腿法、眼法等型与法符合规格，避免错误定型。中国武术家说"学拳容易改拳难"，一旦形成错误习惯，纠正会更困难，所以从学练之初就要十分注意对型和法力求规范。体的基础指体力、素质和基本功的训练，要为技术提高打好物质基础。

1. 体松心静

品势修炼要求练习者身体放松，内心安静，精神集中，呼吸自然。练习者要学会调整自己的身体，消除紧张。有些初学者，尤其是青年人，误认为认真就要多用力气，导致周身紧张僵硬，面红气喘，不符合跆拳道品势的特点；也有人边练边思考问题，精神处于紧张之中，影响了锻炼效果。体松和心静是跆拳道品势的基本修养。因此，只有消除身体的紧张和思想的杂念，不断调整、控制自己的身心状态，才能进入跆拳道品势的修炼境界。

2. 立身中正

练习跆拳道品势要求：中正安舒、端正自然，与坐禅、气功的立身要领完全一致。有的人长期形成了不良习惯，练习时拱肩驼背、低头弯腰；也有人动作紧张生硬，造成身体前俯后仰、摆臂扭胯。这些都要认真纠正，在练习中应努力保持良好的体型、体态。

3. 型法准确

对每种型法的规格、要领都要清楚，一招一式力求准确。初学者不要贪多求快、囫囵吞枣，更忌照猫画虎、似是而非。实践证明，改正错误习惯比学习新动作更困难。因此，从一开始就要力求准确，宁可学得少一点，也要努力做得好一点，这是最扎实、最有效的途径。

（二）熟练阶段

这一阶段要求动作完整协调、连贯圆活，如行云流水、和谐流畅，不发生"断劲"现象。这是衡量一个人技术熟练与否的重要标志。

1. 上下相随

任何跆拳道品势都要求手、眼、身、步协调配合，周身形成一个整体。初学者往往顾此失彼、手脚脱节，四肢与躯干分家，以至运动中转折生硬、忽轻忽重。随着品势技术的提高和熟练，练习者就会表现出运动的协调性和完整性。

2. 运转圆活

动作运转圆活也是技术熟练的具体表现。就好像优秀司机驾驶车辆时，尽量平稳柔和，避免冲击摇晃一样，跆拳道品势动作也要力求圆活和顺、转接自然。要做到这一点，练习者需要特别重视腰和臂的旋转：以腰为轴带动四肢，以臂为轴牵引两手，使手脚动作和躯干连成一体。

3. 动作连贯

跆拳道品势动作之间要前后衔接，不允许有明显的停顿。在教学中，为使初学者便于对照检查，常采用分解教学的方法。但是动作熟练以后，一定要消除割裂痕迹。前一动作的完成即为后一动作的开始，要做到"势断劲木断，劲断意还连"。两个动作之间，先由意念和气势衔接转换，再由腰带动四肢，由内而外，由微渐著地发生形变。

(三) 自如阶段

这一阶段的重点是意念引导和呼吸配合，力求内外相合，气势统一，意领身随，得心应手。

1. 以意导体，分清虚实

练习跆拳道品势自始至终要求练习者思想专一。初学时，练习者的思想只能集中于记忆动作和规格要领，其表现是精力用在手脚上。动作熟练以后，思想集中于周身协调，精力重点用在腰腿上。随着技术的提高，思想就会转入动作的虚实和劲力的刚柔运用方面，表现为精力放在意念引导动作上。就像演员最终要以情感人，塑造角色内心世界，而不能停留在形体外表上一样，跆拳道品势最终也要求"重意不重形""不在形式在气势"。

跆拳道品势表面平淡，实际上充满了变化。其表现在动作的虚实、劲力的刚柔、拳法的蓄发、身法的开合等方面。一般来说，品势中每个动作都有起、转、蓄、发等不同的阶段。起和转的过程属虚的阶段，劲力要轻柔，身法要舒松；蓄的过程为由虚转实阶段，劲力要轻灵收缩，身法要内开外合；发的过程为实的阶段，劲力要沉稳充实，充满张力，身法要内合外开，对拉互拔。这些变化和运用，都要以意念为主导，"先在心，后在身"，意动身随，气势相合，才能得到完美体现。所以说，跆拳道品势绝不是死水一潭，而是充满着生机和变化。

2. 以气运身，气力相合

跆拳道品势初学者只要求自然呼吸，当吸则吸，当呼则呼，通畅自然，不必受动作约束。在技术提高以后，练习者应该有意识地引导呼吸与动作配合，使动作和劲力得到更好地发挥，这种呼吸叫做"拳势呼吸"。一般来说，当动作转实时，应该有意识地呼气，以气助力；当动作转虚时，有意识地吸气，以利于动作转换。所以，跆拳道品势经典理论说"能呼吸然后能灵活"。实际上，无论意识与否，我们日常的呼吸总是与劲力运用和身体动作相配合的。随着动作的起、升、伸、开，胸腔舒张而吸气；随着动作的落、降、缩、合，胸腔收缩而呼气。随劲力蓄收而吸气，随劲力发放而呼气。拳势呼吸只是把这种自发的配合转成自觉的引导，因此它是积极的，超乎自然的。

那么，是否有了拳势呼吸就不要自然呼吸了呢？不是。因为跆拳道品势，不是呼吸体操，它的动作变化不是根据呼吸节奏编定的，不同的跆拳道品势套路，其呼吸次数、节奏不相同，就是同一套跆拳道品势，不同体质、年龄、技术水平的人练起来呼吸也不一致。可以这样说，练习时拳势呼吸只能要求在主要动作和开合鲜明的动作上，其比重应该因人而异。在一些过渡动作及感到呼吸难以适应的时候，练习者仍需要自然呼吸，或采用辅助性的短暂呼吸进行调整。所以，跆拳道品势总是拳势呼吸和自然呼吸两者并用，同时辅以联系两者的调整呼吸作为过渡。

三、练习方法

根据跆拳道品势练习内容的组合特点，我们可以采用分解练习法和完整练习法来练习品势。

（一）分解练习法

在品势练习中，分解练习法主要是将完整的一套品势合理地分成若干个环节或部分，然后按照环节或部分分别练习的方法。分解练习法主要针对初学者，它可将复杂的动作套路分解成若干个练习者可以接受的易于练习的简单动作环节，从而降低了学习难度，可以给练习者带来学习的信心。

分解练习法可分为单纯分解练习法、递进分解练习法、顺进分解练习法。下面针对跆拳道品势练习的特点我们依次进行分析。

1. 单纯分解练习法

单纯分解练习法，即将一套完整的动作分解成若干个环节或部分。在练习者掌握各个环节或部分后再将各个部分或环节串联起来。此练习方法对所练习的各个环节或部分的顺序不作要求，主要用于高难度品势套路的学习。例如，本书将品势高丽根据图片划分为 90 个环节，依据动作的难易程度和动作之间的衔接程度把这 90 个环节分为 4 个部分：1~26，27~45，46~71，72~90，然后分别练习这 4 个部分。当练习者可独立地完成每一个部分时，再要求练习者将这 4 个部分的动作按照一定的顺序串联起来。

2. 递进分解练习法

应用此方法练习品势时，同样需要将整套的品势分解成难度相对较低的若干环节或部分。此练习方法先练习第一部分然后再练习第二部分，之后再将第一、第二部分合练，再练习第三部分，之后再将第一、第二、第三部分合练。以此类推下去，直至完成整套品势动作。对于跆拳道品势这样的套路练习，此方法对各部分或环节先后练习的顺序有一定的要求。此方法的优点在于每次学习新的部分时可对前面所学的动作进行巩固，遵循由简单到复杂、由少到多循序渐进的原则，因而被各种培训班和道馆普遍应用于教学之中。

3. 顺进分解练习法

顺进分解练习法，顾名思义，是将品势套路分解成若干个环节或部分，先练习第一部分，掌握后再练习第一部分和第二部分。练习者掌握第一、第二部分后，可再将第一、第二、第三部分一起练习，以此类推直至完成整套的动作。此练习方法也是练习跆拳道品势的好方法，因此也经常被培训班和道馆采用。

（二）完整练习法

对品势套路练习而言，完整练习方法主要是为那些已经初步掌握某一套品势动作，但还需要提高这套动作质量的练习者而设计的。此方法根据目的不同可以分为两类：一类是从整体上对品势的把握，主要注重整体的效果；另一类则着重提高动作的质量。在训练中，我们可以要求练习者在训练过程中停止练习，指出其错误，这样可以加深练习者对该环节的印象。

使用此方法需要注意以下几点。

1. 注重动作的力度

要求练习者能表现出跆拳道品势动作中所特有的硬朗、大方、干脆的特点。

2. 注重动作的节奏

对于跆拳道品势练习者来说，速度不是越快越好，而是要用心去领悟每一个动作的攻防含义，从整体上把握，表现出跆拳道品势所特有的节奏。

3. 协调手法腿法

将各种手法腿法融会贯通，理解每个动作在实战中的含义，这样可以加强练习者的身体协调性，从而达到事半功倍的效果。

4. 精气神的表现力

当练习者的水平达到一定程度时，他所练的不单是身体机能，更是一种精神的升华和气质的培养。什么可以表现出这种精神上的东西呢？眼睛！目可传神。所以，每做一个动作时我们的目光为先，来表现出品势套路所特有的味道。

5. 注意动作的标准

这是最基本的也是最容易忽视的。根据运动训练学我们可将动作分为身体姿势、动作轨迹、动作时间、动作速度、动作速率、动作力量和动作节奏节七个要素，但品势动作中我们主要注意动作的起点、止点、动作的轨迹、节奏和身体姿势。只有从整体上把握，加上细节的推敲，我们才能打出品势所特有的那种连续的阳刚的节奏。

四、练习手段

跆拳道品势的练习手段有许多种。按照练习者身体的姿势可分为原地站立练习、原地坐式练习、行进间的练习等手段。根据动作的结构又可分为单一的周期练习手段和混合型多元练习手段等。本书主要谈一下平时品势练习中常用的原地站立练习、原地坐式练习和行进间的练习。

（一）原地站立练习

此手段主要适用于初学者。由于初学者对各种步法和手法的空间感觉、发力的大小和角度、动作的路线缺乏正确认识，所以需要利用这种原地练习的手段。同时，此手段简单易行，对场地的要求也不是很严格。

按照动作的运动状态，原地站立练习可分为静力性练习和动力性练习。前者主要是指摆正确的动作姿势后全身静止不动，主要是使练习者对各个动作的空间位置有一个正确的认识；后者是在前者的基础上进一步加大难度，要求练习者重复完成某一个动作或某组组合动作，主要是使练习者掌握动作发力的大小、角度和动作的路线。

根据动作的部位，原地站立练习可分为手法的练习和步法的练习。前者如上、中、下格挡动作，后者如马步、三七步、猫步、弓步等。

根据参与人的数量，原地站立练习可以分为单人、双人和多人练习。在多人练习中，正确的发声配合发力，可以提高训练的气势，从而达到事半功倍的效果。

（二）原地坐式练习

此手段主要是上体动作的练习。由于坐式不便于发力，所以练习者可以更好地练习上体动作，增加上体的协调性。此手段主要用于巩固上体的手法和动作。

（三）行进间的练习

此手段可分为步法练习和组合练习。

此手段是练习步法最有效的方式，是建立在各种步法腿法有一定基础上的练习手段。组合练习手段主要锻炼手法和腿法的配合，是在能正确完成单个动作基础上进行的。根据练习者的水平可以相应地编排行进间的练习组合套路，如前踢成行走步接下格挡接冲拳、侧踢成三七步接双手刀外格挡、上步成弓步接翻背拳等。

第三节　品势的教学原则与教学方法

一、教学原则

教学原则体现了教学活动的内在逻辑和客观规律，这些原则是通过长期的教学实践积累而成的，它概括了普遍有效的经验和策略。运用和贯彻教学原则，能使教师正确地选用教学方法，不断提高教学质量。

（一）教拳育人原则

跆拳道品势，这一韩国传统体育项目，承载着丰富的历史底蕴，是韩国劳动者在漫长的社会实践过程中创造的一项宝贵文化遗产。它不仅是一项对体力和毅力要求极高的运动，更是一种挑战极限、超越自我的修炼方式。因此，在进行跆拳道品势教学时，教师应充分结合其独特性，引导学生在继承民族文化的同时，培育他们坚韧不拔、勇于克服困难的精神品质。

贯彻教拳育人原则，要在教学中加强思想教育。传统练习中一贯注重武道教育，把武道列为学习跆拳道的先决条件。如今，在跆拳道教学中，更应发扬礼始礼终的优良传统，讲道德、讲文明、讲礼貌，造就一代新人。

（二）自觉积极性原则

自觉积极性原则，指的是培养学生把努力学习作为自觉的行动。学生不仅认真学、刻苦练，还要积极思考、反复琢磨、深入理解。

贯彻自觉积极性原则，首先要使学生明确学习目的，有了正确的方向，学起品势才会有动力；其次是教师应致力营造一个充满激励的学习环境，让学生能够主动地发挥自己的潜能。通过促进学生之间的相互教学和共同探究，鼓励他们大胆思考与创新，我们可以将教师的引导作用与学生的自主性相协调，从而激发学生的学习兴趣与热情。

（三）严格耐心，教学相长原则

人们常说，"严师出高徒"，这句话揭示了教师严格要求对于学生成长的重要性。在任何教育环境中，教师的严谨态度、专业敬业和无私奉献构成了优质教学成果的基石。教师的严格性不仅体现在对自我的严格要求上—认真准备每一课，不断提升自身的知识与技能水平；同时也反映在对学生的高标准要求上，展现出对职责的忠诚和对细节的关注。然而，教育并非仅有严格的维度，热情与耐心同样是不可或缺的元素。面对基础薄弱、年龄较大或学习进展缓慢的学生，教师更应展现出无限的热忱与耐心，平等对待每一位学员，避免任何形式的冷漠和歧视。正如古人所言，"闻道有先后，术业有专攻"，教师也应从学生身上学习，互相启发，实现教学与学习的双向成长。在这种教学模式下，尊重和理解每个学生的独特性成为关键。教师不仅是知识的传递者，也是引导者和榜样，通过自己的行为示范，激励学生追求卓越。因此，一个优秀的教师，是那些能够在严格与关怀之间找到平衡，既能激发学生的潜能，又能培养他们独立思考能力的人。这样的教师，才能真正促成学生的全面发展，培养出真正的"高徒"。

（四）直观与思维相结合原则

在教学过程中，通过多样化的感知活动如模仿、观察和实际操作来丰富学生的感性认识，这种教学方法称为直观性教学。它使学生能够直接接触学习内容，并通过实践加深对技术动作或概念的理解。另外，思维性教学鼓励学生深入思考、分析问题、做出判断并总结知识，以此来揭示事物的内在本质和规律，从而增强学生的理性认知。正如俗语所说，"光说不练嘴把式，光练不想傻把式"指出，只有将直观体验与思维训练相结合，才能达到最佳的学习效果。

在跆拳道训练中，鉴于其包含众多品势且动作之间具有较高的相似性和重复性，掌握精确技术要求大量的重复练习。这种训练方式强调了直观学习的重要性。因此，教练不仅要通过亲身示范、口头解释、发出指令和个别指导来传授技巧，还应积极采用多媒体教学资源，如视频教程、图像资料、现场展示和观察学习等多样化方法，以促进学生形成清晰且准确的动作形象概念。

（五）区别对待原则

虽然人体的生理构造大体相似，但个体之间在年龄、性别、体质和活动能力方面存在显著差异。因此，在跆拳道品势的教学中，应该根据每个人的具体情况调整教学方法和运动量，以实现个性化的教学方案。

一般而言，年轻学生由于体格健壮和较高的适应能力，能够应对较大的运动量；相对而言，老年学生由于身体状况通常不如年轻人，恢复力也较为缓慢，因此他们适合较小的运动。在教学方法上，年轻学生由于模仿能力强，更适合采用直观的示范教学法，强调实践与反复练习；而年长的学生由于积累了丰富的生活经验，教学中应多运用生动的比喻和逻辑推理，帮助他们深入理解动作的精髓。在面对学习有障碍或接受能力较低的学生时，教师需展现更多耐心并给予鼓励，采用分步骤教学和适当的辅助训练，确保他们能够带着信心完成学习挑战。

（六）循序渐进原则

教学应该遵循循序渐进的原则，即从简单的内容开始，逐渐过渡到复杂的主题，从容易理解的概念扩展到更具挑战性的问题。这样的安排有助于学生在稳固已有知识的基础上，探索未知领域并不断加深理解。同时，在运动训练中，运动量也应逐步增强，以小幅度的增量促进体能的提升。

难与易、简与繁、深与浅的概念是相对的。跆拳道品势的学习，对一些人来说可能轻而易举，而对另一些人则可能颇具挑战性。在学习初期，可能会感到困难重重，但随着时间的推移和技巧的提升，原本的难度可能会逐渐降低。因此，在教学过程中，教师应当不断关注学生的反馈，以便及时调整教学方法，确保教学内容既不过于简单也不过于复杂。

在遵循逐步提升的教学理念下，跆拳道品势的培训通常从基础着手。教练会先教授学员正确的手部姿势和技巧、步伐形态及移动方式，随后指导他们如何将这些基本元素流畅地结合成完整的动作。此外，面对较为复杂的技术动作时，我们会采取分步骤的教学方法，先独立练习每个分解动作，最终再将它们顺畅地串联起来。这种分解教学是解决跆拳道品势初学者顾手顾不了脚的一个有效方法。

（七）合理安全原则

在制订跆拳道品势的教学方案时，必须精心设计教学内容和步骤，合理规划进度。教学手段要灵活多样，运动量要适中，既要满足学生的实际需求和潜能开发，又要确保学生的安全，尽可能减少运动损伤的风险。跆拳道品势作为一项优雅且柔和的运动，有些教练可能会忽视热身和放松环节的重要性，对学员的技术要求过高过急，超出了他们的当前水平。同时，一些学员可能因急于求成，不合理地增加训练强度，这种"恨病吃药"的心态和行为，可能会导致不良的训练效果，甚至伤害身体。因此，在教学过程中，教练应该根据学生的实际情况来调整教学计划和方法，确保每个学生都能在安全的环境下，逐步提升自己的技能水平。

二、教学方法

在教育实践中，教学方法扮演了关键角色，它涵盖了为达成教学目标所实施的策略与技巧。这些方法的精心选择和恰当运用对提高学习效果至关重要。

在挑选适宜的教学方法时，必须细致考量课程的具体教学目标、所使用的教材内容、学生的知识水平及接受能力，以及可用的教学资源等关键因素。选用的教学方法应针对性强，注重实际成效，并能根据实际情况灵活调整[①]。

在跆拳道品势教学中，我们常采用下列教学方法。

（一）语言法

在跆拳道品势的教学过程中，语言法是不可或缺的教学手段。它包括讲解、口令、提示、讲评和暗示等多种方式。其中，讲解作为语言法的核心环节，扮演着至关重要的角色，是教练传授知识、引导学生学习并确保技术准确掌握的有效途径。

1. 目的明确，重点突出

在教学过程中，应当依据课程安排和目标来组织内容，集中讨论一到两个关键点；确保学生对这些要点有了充分的理解之后，再继续介绍下一个概念。若一次性提供过多信息，可能会导致学生困惑，从而降低学习

---

① 刘志鹏. 分层教学法在跆拳道品势教学中的实验研究［D］. 秦皇岛：河北科技师范学院，2021.

成效。

2. 符合学生的水平和能力

只有当学生听懂老师讲的内容时，才可能引起他们的反应，起到讲解的作用。同样，只有当学生感到老师的讲解有用和必要时，才会引起他们的学习兴趣。因此，教师讲解的深度和广度都要适合学生的水平和能力。

3. 通俗易懂，生动形象

在教学过程中，教师应当在确保使用专业术语的同时，尽可能采用简单明了的语言进行授课。表达时需追求语言的精确性和生动性，避免无谓的复杂化。例如，为了让学生更好地掌握技能要点，运用形象比喻如"步伐轻盈如同猫步"或者"用力要像抽丝般均匀"，通常能够取得良好的教学效果。

4. 注意讲解的时机和效果

教师的讲解通常在直接面对学生时进行，特别是在学生的注意力集中的情况下。然而，当学生忙于练习或者教师背对学生指导操作时，除了必要的简短指令和提示外，应避免过多的解释。

口令和提示是一种简洁而有效的方式，通过简短的语言传达教师的指导意图，它不仅在指挥学生进行各种活动过程中扮演着核心角色，还能加强技能训练的关键要点练习。这些口头指令经常被应用于基础技术练习、团体训练中，以及队伍调动。

在教学过程中，讲评作为一种评价手段，依据既定的标准来对学生进行鼓励、认可以及提供指导和纠正。这一过程有助于学生明确未来的努力方向，增强他们的学习信念，点燃他们对知识的渴望，并提升他们学习的主动性。而暗示则是一种心理技巧，通过正面的心理建议，激励和支持学生完成各项任务，帮助他们建立坚定的自信心。例如，在开始动作前，教练会轻声提醒"放松全身，保持内心平静"，以帮助学生缓解紧张情绪。在做提膝动作时，教练会通过鼓励性的话语如"保持稳定""坚持住"来强化学生的信心，从而帮助他们顺利完成各项动作。

（二）示范法

在跆拳道品势的教授过程中，动作示范被视为最直接有效的传授方式。通过这种方式，教师或选定的学生将具体动作展现给学习者，帮助他们把握动作的外观、风格和技巧要点。动作示范展示得当不仅能帮助学生正确地理解动作，还能激发他们的学习热情，因此成为教学环节中至关重要的一环。

1. 示范要有明确的目的

教师的每次示范都应目的明确，是让学生看动作的全貌，还是看某个局部；是重点看手法，还是看步法；是为了使学生建立初步概念，还是使学生深入理解，教师应该做到心中有数，重点突出。在教学中，示范常常伴随讲解，可以先讲解后示范，也可以先示范后讲解。不管怎样，讲解与示范的内容要一致，重点要突出。

2. 示范动作要正确

教师应是学生模仿的标杆。因此教师应务必确保每一个动作都准确无误、流畅娴熟并且富有美感，这样才能让学生在接触之初就形成准确的动作理解。为此，教师必须在上课之前精心准备课程，持续提升自己示范的水平。

3. 正确的示范位置和示范面

为了确保每位学生都能清楚地观察到教师的示范，教师在准备教学活动时必须细致考虑示范的具体位置和展示面。选择适当的示范位置通常依据学生的排列、移动方向及动作的特性进行。至于示范面的选择，则应根据每个动作的结构特点和需要学生重点观察的身体部位来决定。这样精心的安排能最大化学生的学习效率和动作理解。

在跆拳道品势的教授过程中，教师通常会运用几种不同的示范方式来指导学生，包括正面、侧面、镜面和背面示范。这些方法各具特色，旨在帮助学生更好地理解和掌握技术。

正面示范是向学生展示动作时面向他们，这种方式特别适合展示需要明确左右空间距离的技巧，如基本准备姿势和手法练习。通过这种直观的展示，学生能够清楚地看到动作的正确形态和空间分布。

当教学目标是强调动作的前后移动和步伐调整时，教师会选择侧面示范。这种方式让学生能够观察到动作在垂直面上的延伸和深度，有助于他们理解和学习如何控制身体在空间中的前进与后退。

镜面示范则是一种独特的方法，教师在示范时面对学生，但动作方向与学生相反。这种方法通常用于教授简单的定位技巧和基础训练，因为它可以帮助学生通过模仿教师的动作自然而然地调整自己的方向感。

对于动作的复习和整套品势的连贯演练，背面示范成为首选方法。

在这种示范中，教师背对学生执行动作，学生则跟随着教师的背影进行模仿学习，这种方式尤其适合复杂或连贯性要求高的动作序列，因为它允许学生直接观察到动作的每一个细节，并实时跟随教练的节奏和风格。

示范的位置，要视具体情况而定。一般定位讲解时，站在队伍前面正中的位置，与排面成等腰三角形。背面领做时，如果是向前移动，要站在排面的正前方；在向左移动的过程中，应站在队列的左侧前端；相应地，当向右侧移动时，应位于队伍的右侧前端。

总之，必须确保所有学生都能够清楚地看见。此外，还应避免安排学生的位置正对着阳光或者直接面对风口。

随着电视教学的普遍使用，录像也是一种极好的示范方法，可以弥补教师示范的某些不足。比如，画面定格就具有一般示范难以达到的效果，有利于学生更加仔细地观察动作要领。同时，电视录像可以多次重复，能够大大减轻和弥补教师的体力消耗。

（三）练习法

在跆拳道品势的教学中，学生对技术的理解必须通过亲身实践和重复练习才能逐渐掌握，因此练习法成为教学过程中经常且大量使用的教学方法。具体来说，这种练习法可以根据内容的不同分为分解练习、完整练习和组合练习三种方式；从形式上看，练习法又可以划分为个人练习、分组（或分排）练习以及集体练习等多种形式。

1. 分解练习

分解练习将一个完整的动作合理地分成几个部分，分别进行学习，最终达到完全掌握的目的。这种方法通常用于学习较难掌握的动作或纠正动作的中间环节。分解练习的优势在于它简化了复杂的教学过程，使其更加清晰明了、突出重点，使学生能够更加顺利地掌握难点动作。

在运用分解法进行训练时，需要注意以下几个关键点：首先，当把一个动作拆分成多个部分时，必须考虑到这些部分之间的内在联系，避免将动作切割得过细，导致无法看到整体的动作连贯性。其次，需要确保学生能够清楚地了解每个部分在整个动作中的具体位置和作用。同时，分解法应该与完整法结合使用，这是因为采用分解法的目的主要是帮助学生更好地掌握整个动作的流畅性和完整性。因此，分解练习的时间不应该过长，以防止破坏动作的整体感和连贯性，这样学生可以在分解练习的基础上，更好地整合和执行完整的动作。

2．完整练习

完整练习涉及一个动作或一系列动作的连贯执行，确保从起始到终止的整个过程都得到充分的训练。这种练习方式的主要优势在于能够保持动作的完整性和流畅性，避免破坏各个动作之间的自然过渡，通常这种练习方式被应用于较为简单的单个动作或是需要完整执行的一系列动作组合中。

3．组合练习

进行组合练习时，我们结合多个动作或在不同方向上连续执行同一动作来进行训练。这种练习方式通常应用于基础技能的提高以及教学计划中特定模块的学习。

4．个人练习

个人练习是让学生在原地或分散状态下进行练习或个人体会。在基本功训练环节，安排学生轮流依次进行个人练习，确保场地得到最大化利用并维持合适的运动密度。

5．分组练习

一般在教完本课内容后，教师提出要求，由组长带领本组学生进行练习。这样可以发挥学生之间互教互学、取长补短的作用，培养学生团结互助的精神。分排练习也属分组练习，因此在教师指挥下，学生逐排轮换练习也可以节省时间，保证一定的练习量和运动负荷。

6．集体练习

这是一种学生在教师的统一指导或领导下进行集体实践的模式。这种练习方式可以确保最大程度地优化时间和场所的使用，同时也便于教师对整体教学成果进行监控和评估。

（四）比赛法

比赛法相较于其他练习方法，巧妙地利用了竞争的方法，能够激发学生极高的专注度和兴奋状态。这种练习方式对学生的身体和心理承受力都提出了更高的挑战，不仅促进了学生身体素质的提升，也锻炼其在压力环境下保持冷静、果断和自律的能力。通过强调团队协作，集体主义的理念得到了强化。在教学实践中，运用分组竞技、代表选拔赛及个人挑战等多种形式，提升学习动力和优化教学成果。

（五）预防与纠正错误法

在教学过程中，学生因多种原因可能会出现不恰当的动作。若这些错误动作未被及时纠正，可能会演变为错误的技术习惯，导致"学拳容易改拳难"的困境，进而影响学习成效。因此，教师需要在教学中采取积极和有效的策略来预防及纠正这些错误。

1. 产生错误动作的原因

在避免及纠正不恰当的行为模式时，关键在于诊断导致错误的根本因素。通常，这些不当动作可以归咎于几个核心原因：缺乏明确的学习目标以及参与的动力，伴随着对困难和劳累的恐惧；身体状况不佳，学习接受能力受限，难以实现流畅的动作协调性；学习进度设置或教学方法与学生的当前能力和个性特征不相符，阻碍了他们正确理解动作技巧；教学环境和外部干扰因素影响学生的情绪，从而影响学习成效。

2. 预防和纠正错误动作

针对上述问题，教师们需要采取具体措施进行预防和纠正：一是强化思想品德教育，塑造学生坚韧不拔、勇于面对挑战的性格。通过教学活动，激发学生的主观能动性，让学习成为一种自发行为。二是加强基础技能和核心动作的训练，以提升学生的专业技能和身体协调性。重视发展学生的协调操作能力以及神经系统对肌肉的精准控制。三是准确评估学生的学习水平，合理安排课程内容与教学策略，确保讲解与示范达到高标准。积极采用直观教学手段，聚焦教学中的关键部分和主要概念。四是考虑环境因素对学生的影响，选择适宜的教学场所，尽量减少外界干扰对学生注意力的分散。

在预防和纠正学生错误的过程中，教师的角色至关重要。他们需要先对每个动作的常见失误进行详细阐述，通过重点讲解和明确提示来防止错误的发生。然而，一旦错误真的出现，教师需要立即采取针对性的措施，确保问题得到及时的解决。在这个过程中，教师的态度应热情而耐心，避免全面否定学生的表现，以免伤害他们的自尊和信心。与此同时，教师应当专注于识别并解决那些普遍存在且关键性的误差，采用以点带面的策略，而不是不分轻重缓急地处理所有问题，急于求成只会事倍功半。此外，教师还应培养学生自我识别、分析错误原因及自我纠正的能力。

第四节　跆拳道品势基本动作

一、跆拳道品势的基本步型

（一）准备姿势

规定动作：双脚分开，保持与一只脚的长度相等的距离，确保两脚内侧彼此平行。同时，双腿的膝盖应该挺直。

扣分事项：两脚尖应保持平行，既不应向内倾斜，也不应向外展开。

（二）并步

规定动作：确保双脚的内侧紧密贴合在一起，同时将双腿的膝盖完全展开并伸直。

扣分事项：双脚尖没有并拢。

（三）马步

规定动作：站立时，双脚间宽度应与两脚距离相等；两腿膝盖需弯曲；上体保持直立，双膝弯曲，当低头向下看时，膝关节和脚尖应在一条直线上；膝盖要紧靠在一起，不能向外张开。

扣分事项：在行走或站立时，膝关节过度外翻或内收，足尖明显外展或内指，以及上半身过度前倾或者臀部过度后凸。

（四）行走步

规定动作：在自然行走中，当需要进行暂停时，应将双腿伸直，确保体重平均分布在两只脚上。同时，保持前后脚步之间的距离相当于一脚的长度。保持背部直立，让身体与前方形成约30°的夹角。

扣分事项：双脚间距不当，或过宽或过于紧凑；身体上半部不直立，有倾斜现象。

（五）弓步

规定动作：两脚之间的宽度应为一步半，相当于四个脚长。前脚的脚尖要直指前方，身体保持直立，前膝微曲；当你低头时，应能看到膝盖与脚尖成一直线；身体上半部应保持挺直，后脚与前进方向形成30°的夹角，同时后腿要保持伸直；身体的重心大约有2/3分布在前腿上，整体上身也应与正前方自然形成约30°的倾斜角。

扣分事项：步伐过大；后脚跟抬起或后膝关节弯曲；后脚尖与正前方

形成大于 30° 的夹角；重心的 2/3 没有放在前腿。

（六）三七步

规定动作：在并拢双脚时，脚尖之间应形成一个直角。同时，前后脚跟的间距应当是一步的距离或相当于一脚半的长度。

扣分事项：在双脚并拢站立时，脚尖没有达到完全垂直的状态；身体的平衡点偏前，导致身体重心不是均匀分布。同时，前脚跟未能稳固地接触地面，使得上身出现倾斜，或者臀部位置过于向后突出。

（七）虎步

规定动作：在站立时，身体应与正前方形成 30° 的夹角，同时后脚尖也需要指向这一方向；主要的重量支撑点位于后面的腿，前腿的膝盖和脚趾头保持在同一直线上。前脚跟稍微抬起，只用脚掌轻触地面，双膝都保持轻微的弯曲，因此身体的重心主要集中在后腿上。

扣分事项：后脚尖与正前方大于 30°；点地的脚前掌与后脚尖的距离大或小于半脚距离；上身向前倾斜或臀部过于向后。

二、跆拳道品势的基本手法

从准备姿势开始，接马步抱拳，重心移自右腿，双拳胸前交叉，再左右冲拳。

（一）马步冲拳

挺胸抬头，左脚向左方迈出一角半的距离，左手握拳抬起肩高，右手握拳收于腰间。全身放松，两拳用力，挺胸抬头，目视前方。

（二）下格挡

身体直立，左臂经右肩下格挡，右手握拳在腰间，拳心朝上。反之亦然。

（三）中格挡

身体直立，双臂屈肘，拳心朝外，置于左耳侧，左高右低，目视前方；左拳向内中段格挡，与肩同高，力点在前臂；右手握拳在腰间，拳心朝上。反之亦然。

（四）上格挡

身体保持直立姿势，双臂交叉在胸前，形成十字状；左手位于内侧，右手则在外；右臂上格挡，手腕正好位于额头上方，力点集中在前臂的上端；左拳则收于腰间，拳心朝上；反之亦然。

（五）双手刀外截

三七步站立，右手刀举至头后，确保掌心是朝下的。同时，左手刀抬到右肩的下方，保持手心向上。接着，两手同时向外转动，用手刀阻挡来自左侧中部的攻击。最后，将右手刀横放于胸前，此时掌心应转向上方。反之亦然。

（六）双手刀下截

三七步站立，右手刀上举至头部后方，手心朝下；左手刀上举至右肩下方，手心朝上。随后，双手刀向下截击至左侧下段，左手刀最终停在胸前，手心朝上。反之亦然。

（七）单手刀外截

站立时，保持三七步的姿势，右手成拳与左手成掌在胸前交叉。左手刀一般外截，防御中间区域，而右拳则收回至腰侧。反之亦然。

（八）双拳外截

三七步站立，双手握拳后举，左手从耳边向外格挡；右拳放在胸前，拳心朝上。反之亦然。

三、跆拳道品势的基本防守方法

（一）下格挡

规定动作：在训练中，拳与大腿的间隔应维持在两拳或者一掌的宽度；辅助拳则应置于髋部，同时确保手臂紧贴身体向后。

扣分事项：格挡动作的起始点并不在肩膀；在整个动作中，双手相互交叉时，辅助手并没有伸直；用于格挡的手臂也未完全展开。

（二）中位内格挡

规定动作：格挡的拳应保持在身体中线的正上方；确保格挡用的手臂与地面保持 90°～120° 的角度。同时，格挡的手臂位置应该与肩部平齐；另一只手臂则作为辅助，它应该置于髋关节处，并把手臂向后拉紧。

扣分事项：格挡拳的位置并未对准身体的中心线，其高度不是高于就是低于肩关节。

（三）中位外格挡

规定动作：在练习格挡技巧时，应将阻挡用的拳头朝外，保持其中心与肩部处于同一水平线。同时，格挡用的手臂应该弯曲成一个 90°～120° 的角度；确保用来格挡的拳头位置与肩膀保持一致的高度。至于辅助的拳头，它应该被放置在髋关节上方，而这只手臂则紧贴身体向后拉紧。

扣分事项：拳头的位置超出了双肩连线之外或是未能到达这一线。

（四）上格挡

规定动作：格挡的手臂，从肘关节延伸到人体中心线；保持格挡的手臂与前额之间的距离为一拳；辅助拳则放置在髋关节处，同时将手臂向后夹紧。

扣分事项：格挡手臂肘关节的位置应避免偏离身体的中轴线，既不能太靠前或后，也不能过高或低。同时，开始的动作不宜过于夸张，以免动作过大或过小。

（五）手刀格挡

规定动作：格挡的手掌应向外展开，与肩膀保持同一高度。格挡手臂的弯曲角度应在 $90° \sim 120°$。格挡时，手刀的位置需与穿过两肩的轴线保持平行；辅助手掌朝上，其腕部位于心胸前，且与格挡手掌之间的距离相当于一个立掌的宽度。

扣分事项：格挡手的刀起始动作与肩膀和头部脱离，同时辅助手刀也脱离了躯干；格挡的手刀位置或高或低于肩膀。在高度上，格挡手刀低于或高于双肩，而辅助手的肘部呈翘起状态。

四、跆拳道品势的基本攻击方法

（一）击

以攻击方法得分：正拳攻击，反拳攻击，立拳攻击；以攻击目标得分：上-中-下段攻击；以攻击方向得分：侧拳、锤拳、旋转拳、勾拳。

扣分事项：腕关节弯曲；利用反作用力不当，导致出拳幅度过大或过小。

（二）打

在肘部弯曲或伸直的状态下，通过身体扭转产生的力量，用手或拳头对目标实施打击。

扣分事项：在攻击过程中，攻击手以辅助手的外侧为轴进行旋转，同时肘关节并非沿着直线移动，而是呈现出上下摆动的运动轨迹。

（三）刺

跟"击"的动作相似，与使用拳头打击相比，不同之处在于用手指尖进行攻击动作虽然能达到更远的距离，但由于手指关节较多，如果使用不当，容易导致脱臼或骨折。

（四）踢

使用腿部进攻部位，借助于膝关节的活动范围，对准目标进行打击。

扣分事项：踢腿动作不连贯，出现停顿；踢腿高度不符合各品势的要求；攻击腿与上身应没有形成恰当的角度，整个踢腿过程中身体重心不稳定或动作不协调。

第六章　跆拳道战术训练与教学

在跆拳道竞赛过程中，选手们会根据实时的对局情况，利用自己的技术优势去克制对方，采取各种策略和方法以图击败对手。本章论述跆拳道战术的内容与形式，对跆拳道战术训练的方法与要求进行了阐述，并分析了跆拳道的比赛战术种类及运用以及跆拳道比赛信息的采集与处理。

第一节　跆拳道战术的内容与形式

在跆拳道的竞技场上，一对一对决始终充满了紧张和激烈的气氛。比赛双方在争夺主动和胜利的过程中，不断地进行着发挥与反发挥、限制与反限制的较量。为了取得胜利，他们总是通过合理而有效的战术行动来实现目标。一方面，选手们会充分发挥自己的优点和特长，同时弥补自己的不足和短处。他们会在比赛中展现出自己的最佳水平，尽可能地发挥出自己的潜力。他们会利用自己的长处来攻击对手的弱点，从而获得优势。另一方面，选手们也会努力限制对方的长处，扩大并利用其弱点。他们会通过观察和分析对手的战术和技巧，找出对手的短板，并针对性地进行攻击。他们会利用自己的技术和经验来克制对手的优势，使对手无法发挥出最佳水平。跆拳道战术就是跆拳道运动的灵魂。

战术的实质就是一种谋略。在跆拳道对决中，选手们不断施展各种技巧和战术，旨在混淆对手的感知，诱导对手犯错并露出缺陷。一旦发现机会，他们便会迅猛地发动攻击以获取优势。

跆拳道战术的核心目标是确保选手能够将他们在体能、技巧和心态上的优势，在对抗中以一种最高效的方式展现出来。这种战术的精髓可以概括为"制人而不制于人"。在与对手身体、技术、心理等能力旗鼓相当、势均力敌的情况下，战术常常是取得比赛胜利的重要保证。采用一种高效的策略，能够最大限度地挖掘和利用个人在体能、技巧和心态上的优势，同时有效抑制对手的技术展示，扰乱其心理平衡，分散对手的集中力，破坏其战术布局，消减其斗争意志，降低其战斗能力，引发错误并最终导致其失利。

一、跆拳道战术的内容

（一）跆拳道战术的组成

跆拳道战术内容是由战术指导思想、战术知识、战术意识和战术行动四个方面紧密联系而共同组成的。因此，跆拳道战术构建在一套既定的策略原则之上，运用已经掌握的战术理论，根据比赛实时动态变化来调整战术思维，按照特定的技术规范有计划、有针对性地进行操作①。

1. 战术指导思想

战术指导思想是基于比赛中两支队伍的具体状况来确定的战术方向和策略，它是制定各种战术措施的基础和整体战术结构的关键所在。比赛中所采用的战术是否奏效，能否战胜对手，关键在于指导思想是否正确；而正确的指导思想来自赛前、赛中对对手真实情况的充分全面的了解。只有赛前充分了解对手，找出制胜的道理与原因，才能制订出合理、完善、有针对性的战术计划方案。

战术的制定在于以己之长制彼之短，要战胜对手，就必须了解对手；否则，制定的战术就是盲目的，没有针对性，也就谈不上战术的实效性。确立战术指导思想前，应对对手的技术状况、攻防类型、擅长战术、身体能力、心理素质等各方面的情况做深入细致的了解，甄别其真假，针对这些情况做出合理正确的判断，再来确定自己应该制定何种战术方案更符合彼此的技战术水平与能力。

2. 战术知识

战术知识涉及对战术核心原理的应用，包括多样的攻防手段、各自的效益与局限。它还包含了战术如何随时间演进和预测其发展方向。此外，战术知识指导如何应对不同的战术挑战，指出各种对策的适用场景。它进一步讲述了实施战术时所需满足的先决条件和遵循的规则，同时考虑到规则对策略选择的指导和约束作用。最后，这一领域还涵盖了分析对手在技术层面、战术布局、体能状况、心理状态、习惯性动作以及训练和比赛的

---

① 方伟．跆拳道技战术发展趋势研究［D］．北京：北京体育大学，2011.

特殊风格等方面的理论知识。

理论是行动的指南。掌握丰富的跆拳道战术理论知识，是制定跆拳道合理战术的需要。对战术理论的深入理解可以显著提升战术洞察力，加速掌握多样的战术技巧并优化战术实施的精准度。这种知识还有助于在实战中更智慧地挑选战术，以灵活、敏捷且高效的方式应用这些战术，同时培养出个人专属的创新战术和策略。战术知识越丰富，战术意识越强，在比赛中越能心明眼亮、成竹在胸，这样才不会被对手所蒙骗，误入歧途、陷入圈套。

3. 战术意识

战术意识，这一术语描述的是运动员在竞技体育的激烈对战中，能够敏锐地捕捉并解析对手的策略和动态，以及比赛的情况。这种能力使得运动员能够即兴调整自己的应对策略，通过迅速而深思熟虑的决策来应对各种复杂的挑战。这种思维过程不仅仅局限于对当前局势的分析，它还包括对未来可能发生的情况进行预判和准备。在实践中，战术意识和战术执行是密不可分的。一方面，运动员的战术意识引导他们在比赛中采取行动；另一方面，这些行动的结果又直接反映了运动员的战术意识水平。通过不断的实战经验，运动员在反复的实践、评估和调整中，逐渐精炼自己的战术理解与执行能力。进一步，拥有深厚的战术知识库对于增强战术意识至关重要。这种知识不仅来自理论学习，更源于对过去比赛经验的总结和反思。因此，不断丰富和更新自己的战术知识，将有助于运动员在赛场上做出更加精准和高效的决策，从而在激烈的竞赛中脱颖而出。战术意识是表达战术能力的最基础、最重要的内容。战术意识是其他方法不能代替和弥补的，只有随着运动员对跆拳道运动理论知识的丰富完善，比赛经验的不断积累，才能逐渐提高。

战术意识展现在对不同状况的精准评估和即时反应上；它涵盖了对各种战术选项的周密考量，并能预测由此产生的多样化策略与成果。为了实施特定的战术任务，需有意识地进行隐秘操作并采用迷惑性策略，同时引入那些他人尚未想到或采取过的新颖措施、方法和手段。简言之，战术意识在多个维度得以体现：行动的先见之明、决策的精确度、进攻与防守的主导性、技巧的目标导向、行为的隐秘性、团队协作的统一性，以及战术运用的灵活度。

4. 战术行动

战术行动是指为完成预定的战术计划和意图，取得最佳攻击效果的一种活动；或者说是战术的具体动作、打法，是与对手交锋中的具体内容手段。战术行动的有效执行深受多种因素的影响，其中包括战术指导思想、战术知识、战术意识、技术能力、身体素质和心理状态等关键要素。它绝非简单的体能表现，而是一种蕴含着明确目标与高度针对性的实践活动，涉及特定的技术运用、身体协调和心理准备等多个方面。这种行动不仅要求参与者具备全面的战术理解和应用能力，还要求他们在技术、体能和心理上都能达到相应的标准，以确保能够准确、有效地完成预定任务。

首先，选择与个人特点相匹配的策略，这不仅使得策略易于掌握，而且能够确保其得到有效执行。精通所选战术是提升战术效果和确保战术行动得以顺利完成的关键因素。随着对各种战术的熟练掌握，比赛中的应对将更加灵活自如，能够根据比赛情况随心所欲地运用战术。其次，战术有相对的先进和落后之分，而且战术的先进程度也不是一成不变的，同时对手在比赛中也会不断变化战术形式。因此，要不断学习、研究，提高战术的质量，不断赋予战术新的内容，更多地掌握先进程度高的战术，提高应变能力，争取战术行动的主动权，从而拥有更多、更新的战术，这样在比赛中选择的机会就越多。再次，要拥有战术上的绝招，包括别人没有的新的战术或在某种共有的战术打法上比别人有独到之处，能够使对手难以应付，成为自己取胜的有力武器。最后，战术的创新可以提高战术能力，在比赛中以其突然性而造成对手一时束手无策，不能适应而陷入被动。

（二）跆拳道战术的特点

1. 独立性

跆拳道是一项一对一的格斗运动，其战术是个人战术，是由个人战胜对手而采取的各种计谋与行动。与其他项目不同，它具有独特性，需要运动员运用自己的智慧、强烈的战术意识、审时度势的判断和顽强的拼搏精神，结合身体、技术和心理等多方面能力，快速有效地攻击对手才能获得胜利。比赛中，个人的一切行动必然受到对手的抵抗与制约。因此，进攻与防守要积极主动，攻防转换要快速敏捷，在整体攻防上要有预见性，知己知彼，判断准确，善于谋略，善于应变，方能克敌制胜。

2. 应变性

在体育竞技中，战术规划需考虑到队伍与对手的具体条件来定制。在实际比赛中，执行这些战术时需要根据实时的赛场动态进行灵活调整。若比赛情况出现变动，必须迅速做出相应的战术调整，以体现出策略的适应性和灵活性。任何机械地去执行赛前拟定的战术计划而不加区别地照搬运用，都是不可靠和不可取的，不但不能取得预期的攻击效果，而且适得其反，极易造成被动而使自己无所适从。这就要求运动员必须持续地分析对手的不足之处，寻找新的可利用突破口，并在适当的时机精准出击。通过运用有效的技术手段进行快速进攻，他们才能在比赛中夺取控制权并最终获得胜利。任何迟疑与犹豫，都将贻误战机，失去极好的攻击时机，甚至可能因一时大意而导致失败。

3. 预见性

跆拳道比赛中，战术扮演了至关重要的角色，是比赛的中枢与精髓所在。它依托对对手行为的深入分析，进而形成对未来发展的合理预判和决策。通过精心策划的策略和举措，选手们展开了一场以智慧为武装的较量。预测和判断的准确性直接影响到战术计划的执行成效，一切战术行动必须立足于事先的正确预见和判断，这样的战术行动才能真正做到有的放矢，一击必中。但这种预见与判断不是凭空的，是依赖于对跆拳道运动规律、比赛特点、双方技战术优劣、临场情势变化的充分了解等诸多方面，进行预测、判断而得出的，见微知著，才能做出有效的攻防及应变的行动。

4. 隐蔽性

在策略的运用中，关键在于巧妙地遮掩真实的战略目标、动机、步骤和模式。通过这种方式，防止这些要素被对手发现，同时采用误导的手段，确保对手无法准确预测到你的实际战术计划，总是以诡诈的打法和假动作去扰乱、迷惑、欺骗对手，给对手制造假象与错觉，令其真假不辨，防不胜防；一旦对手受骗上当，迅速给予打击，不给对手任何喘息的机会，当对手醒悟时，已无法组织有效的防守而被击中。

（三）跆拳道战术的关系分析

1. 战术与技术的关系分析

在跆拳道这项运动中，战术和技术是紧密相连的。技术作为实施战术行动的工具，所有战术的实施都依赖具体的技术动作。技术定义了运动员如何执行动作，而战术则指导这些技术动作的恰当应用。换句话说，战术为运动员提供了关于在何种情况使用特定技术以及如何有效使用这些技术的指引。因此，战术和技术是互相补充的。技术构成了战术的基础，在制定战术时必须以技术为出发点。实施某一战术需要相应的技术技能，二者相互依存，缺乏技术，战术便无从谈起；反之，没有战术，技术就失去了其活力和实际价值。这表明战术是技术的生命，是充分发挥技术实效性的保证。

战术的运用必须与运动员的技术能力相匹配。如果一名选手对某一技术动作尚未精通或者掌握不足，那么与这项技术相关的战术就无法被有效执行。随着战术需求的不断提升，对运动员技术的要求也越来越高；只有当运动员能够全面、多样、精细且熟练地掌握各项技艺，他们才能施展多变的战术。

战术的掌握远比技术要困难许多，它需要根据本人特点和对手特点因势而变，可以说技术是个人行为，具有主观性；而战术则相反，在比赛中它将受到来自自身与对手各方面的制约。因此，要提高战术能力，就必须在技术动作的练习中，对每一个技术动作的要素进行精雕细琢，特别是每个技术动作所包含的使用意图。相同的技术动作，在不同的情势下，其使用目的会有所不同，任何技术动作只有变化（因比赛情势而变化），才能发挥出其应有的攻击作用。通过结合策略性知识与技术动作的练习，可以加速运动员掌握含有策略性的技能。这不仅有助于提升他们的技术水平，也能增强其策略性理解。因此，进行技术训练时，应鼓励运动员深入思考，细致评估所练习技术的效果及优劣，确保技术训练与策略需求相结合；在进行策略训练的过程中，应根据实时情况对采用的技术进行有针对性的调整。这样，战术和技术的发展就能够相互促进。

2. 战术与体能的关系分析

跆拳道竞赛对选手的身体条件和技能提出了极高的要求，优异的体格状态是赢得高水平比赛胜利的关键，也是掌握、提高技战术和实施战术的物质基础。战术动作的选择是否恰当，在一定程度上会限制运动员身体条件与能力的发挥和无谓的体能消耗；而没有具备相应的身体条件与能力，技战术就得不到应有的实施和发挥。

跆拳道是一种需要近距离肢体对抗的运动，比赛过程中需不断在静止与迅速激活之间切换，以此展现技术和策略。这要求运动员们拥有迅捷的反应能力和高度的灵活性，以及快速移动的能力。因此，速度是跆拳道运动员不可或缺的关键素质，尤其是在短时爆发力上的迅速移动和行动能力。步法移动迅捷灵活，击打快速准确，才能在瞬息万变的比赛中真正做到攻防兼顾，以快制胜，在对手还没有反应时就击中对方。击打的力量是决定运动员在比赛中是否能得分的关键因素，其强大的击打力不仅能有效地阻止对手的进攻，使他们在行动前需谨慎考虑；还能对对手造成一定的心理压力和恐惧感。

跆拳道比赛规定必须在单日内结束一个级别的所有轮次比赛，直至决出冠军和亚军。这种赛制对选手们提出了极高的耐力要求：一方面表现在心血管及物质代谢系统的持久工作能力和身体在连续的高温下持久的运动能力；另一方面是能在长时间的非周期的运动中，保持四肢的耐久负荷能力（肌肉的力量耐力）；特别是在高水平的决赛中，临场紧张激烈的氛围，巨大的心理压力，特别是经过多轮次的角逐，体能的大量消耗，无疑要求运动员有着良好的耐力素质，才能完成如此艰辛的比赛直至最终取得比赛的胜利。

灵敏是跆拳道运动员在比赛、训练中必须重视的素质之一。在跆拳道这项对腿部技巧要求极高的格斗运动中，选手们展现出的步伐既灵活又迅速，他们的每一次前进与后退都显得无比自如。动作之间的衔接和转换流畅无阻，这背后是他们全身发力的和谐统一，这种力量的协调释放与运动员的敏锐反应能力息息相关。正是这种灵敏素质，确保了运动员在紧张激烈的比赛中能迅速、准确地应用各种技巧和战术，进行快速流畅的动作变换。

跆拳道以其独特的腿法闻名于世，动作幅度大，并强调四肢的伸展。这就要求运动员的肢体不仅需要柔软，还需要具有很好的弹性。因此，柔韧性成为跆拳道运动员必须拥有的一项重要素质。

运动员的体能训练水平在很大程度上决定了技战术的执行效力。缺乏充分的体能，难以在连续且激烈的比赛中确保技巧和策略动作的有效实施。以上所有的素质对跆拳道战术的实施有着举足轻重的影响，是提高技战术能力的重要先决条件和物质基础。

3. 战术与心理的关系分析

心理素质是战术洞察力的核心，构成了战术形成的基本要素之一，并确保技能、战术和身体素质能够完全展现出来。此外，心理也是一种独特的战术。在节奏快速且不断演变的跆拳道竞技场上，如果对手们在技巧、战术布置以及身体条件方面势均力敌，那么心理强度就成为左右比赛结果的关键因子。对于顶尖运动员而言，在关键的比赛中，往往是心理状态决定了最终的胜负走向。

从某种意义上讲，跆拳道比赛更是心理水平的大比拼。在跆拳道比赛中，赛场上的任何情势变化都会引起运动员的心理变化，使之产生心理波动。因此，运动员要善于自我调控，排除干扰，才能保持最佳心理状态，形成最佳竞技状态，保证技战术得到充分发挥。

心理素质是一个内涵丰富的概念，在现代体育竞技运动中，其主要表现为运动员的意志和在紧张激烈的对抗中心理的承受能力和控制能力。一个运动员具备良好的技战术能力，并不表明在赛场上就一定是比赛的主宰者。在高水平比赛中，运动员可能会遇到对手的顽强抵抗或技战术的剧烈变化。在这种情况下，他们可能会产生恐惧、焦虑、恐慌和厌战等心理障碍，导致无法充分展现自己的技能和战术水平，进而使比赛失利。然而，具备出色的心理自控能力的运动员能够在任何情况下保持冷静，并应对各种局势变化，无所畏惧、敢打敢拼，表现出良好的心理承受能力、调控能力，以及灵活多变的技战术能力，从而使自己立于不败之地。

因此，战术的制定要全面考虑双方运动员彼此不同的心理素质，有针对性地制定出合理、正确、完善的战术预案，并在比赛实践中不断修正，使之更加符合比赛双方的临场情势。

二、跆拳道战术的形式

(一) 进攻战术

1. 技术战术

技术战术在体育竞技中具有至关重要的作用，它涉及直接利用动作方法对对手发起攻势，而不是依赖假动作或虚晃来掩护。这种策略要求运动员具备全面的技战术素养，能够熟练、灵活地施展各种技术动作，从而不给对手留下任何喘息的空间，确保牢牢掌控比赛的节奏和主导权。技术战术的应用时机和条件包括但不限于以下情景：当运动员的反应速度、动作执行速度以及位移速度超过对手时；对手的防守反击技术不足，或者其技术运用不够熟练时；对手体力显著下降，特别是在比赛接近尾声时（如最后几轮的比赛）；对手在防守或动作转换过程中出现空隙或破绽时；当自己的比分落后且比赛时间所剩无几，需要采取果断行动时。

2. 强攻战术

强攻战术涉及通过强硬的动作直接穿透对手的防守进行攻击。这种战术的核心在于打乱对方的心理和战略准备，利用混乱来实现得分并最终赢得比赛。然而，强攻并非无目的的粗暴行为，而是需要运用这一策略来优化自身的优点，有效地打击对方。实施强攻时，重要的是要自我评估，确保在体能如力量、速度和耐力方面超越对手，即便技术水平略逊一筹。同时，当缺乏足够的比赛经验而无法在技术层面上与对手匹敌时，应依靠自身的身体或技术优势来弥补不足。对于那些心理承受能力较弱的对手，强攻策略尤其具有强大的震慑力，能有效抑制他们发起攻势的意愿。这实际上起到了一种防御效果，减轻了压力，放缓了比赛的节奏，从而使选手能够有更多时间和机会去思考更有效的战术和进攻方法，以期达到攻防技巧上的最大成效。

（二）假动作战术

假动作战术旨在通过故意误导对手来制造机会，进而实施实际的进攻。这种战术的核心在于运用身体移动、步伐调整和面部表情的变化，以迷惑对方，从而控制对手的行动方向。在对手因为这些误导而改变位置或姿态时，寻找并利用他们的弱点进行攻击。这种战术可以被细分为几个类别：身体假动作、步法假动作、表情假动作。

1. 身体假动作

身体假动作，指运用身体的假动作来诱导、混淆并操纵对手的一种策略。举例来说，故意展示身体的某个部分，吸引对手发起进攻，同时执行事先策划的快速还击动作；通过在身体四周做出假动作，操纵对手，导致他们做出特定的反应，从而改变他们原有的防守姿态，以便抓住机会进行坚决的反击。

2. 步法假动作

通过灵活运用步法的假动作来操控对手的位置，从而有效地分散对手的注意力。例如，可以先采取后退步伐诱使对手前进攻击，随后迅速用后踢反击。

3. 表情假动作

在比赛中，以眼神或面部表情的假动作误导对手，制造混淆。例如，他们可能会故意注视一个方向，而实际上却打算攻击另一个方向，如假装注视左侧然后迅速向右发起攻势，或是装作要向上进攻但实际上向下突击。此外，有的选手会巧妙地触碰自己身体的某个部位，伪装出受伤的样子，诱使对手放松警惕或改变战术，从而在其不备之时发动反击。这种策略的成功在于根据对手的不同反应快速调整自己的行动，并立即执行反击。

在执行假动作时，首先必须深入分析对手的习惯性动作或对某一种进攻动作的习惯性反应。基于对手的实际情况来选择合适的策略，这样能够提升假动作战术的效果。其次，确保假动作本身极具迷惑性，假动作的"假"应视为一个未完成的真动作（一个完整的真实的击打动作，在完成一半后转换成另一个击打动作），目的在于使假动作更具真实性，以达到调动对手、迷惑对手、扰乱对手的目的。只有这样才能使对手相信并上当，如果假动作不逼真，让人一看就知道是假的，不但不能起到假动作的作用，反而会招致对手将计就计地一番穷追猛打。因此，假动作必须真真假假，真假难辨。要做到这一点，必须分散、转移对手的注意力，让对手束手无策，无计可施，这时的突然攻击就能取得意想不到的效果。再次，随着技战术水平的提高，特别是在高水平运动员之间进行的高水平比赛，双方的辨伪能力都很强，不会轻易上当受骗，单一的假动作已不容易引起对手的关注。因此，要有效地迷惑对手并打乱他们的判断，必须运用一系列连贯且多变的假动作。这样不仅可以吸引对手的注意力，还能在他们试图分辨真假动作时，找到合适的时机进行有效的攻击。最后，假动作到真动作的转换速度要迅速快捷，动作之间的衔接要流畅无滞，并在连续组合动作后使对手无暇辨清真假就已被击中。

（三）反击战术

反击战术是一种在格斗比赛中常用的策略，它的核心在于等待对手发起攻击，然后在防守过程中或之后进行有效的还击。这种战术不仅包括在防御后迅速反击，还可以选择放弃防守直接进行攻势，以此来打乱对手的节奏和计划。在多种格斗竞技中，反击战术被广泛采用，因为它强调"以静制动"的战术智慧。通过这种方式，运动员可以在对方发动攻势时，利用其动作中的短暂破绽进行有效打击。相比之下，主动进攻往往需要调整自己的战斗姿态，这样的调整有时会无意间展示出身体的薄弱环节，从而为对手提供可利用的突破口。因此，通过在防守时刻同时发起攻势，或者通过快速抢攻和迎击的方式，运动员可以最大限度地减少因改变战斗姿态带来的风险。这种策略不仅可以避免暴露自身的弱点，还可以有效地控制比赛的节奏，从而增加获胜的概率，确保比赛的主动权。在应对有急躁情绪的对手时，反击战术无疑是最佳选择，可以采用各种技术动作来挑逗、刺激对手，使其更加急躁，自乱阵脚，为反击创造有利条件，而在对峙局面中采取反击策略，要求具备深思熟虑的准备、精准的决策能力、迅速的反应速度以及迅猛而坚定的攻击行动。通过以上因素共同作用，才能保障反击动作的高效并显著提高成功的可能性。

（四）特殊战术

1. 限制战术

限制战术是指采用相应的技战术方法，限制对手技战术特长的发挥。每一个运动员都拥有自己的技术特长和具备身体某一方面的优势。这种技术特长或身体优势是运动员得分取胜所依靠的主要手段。在比赛中要针对对手的特长优势制定相应的限制战术，使其特长和优势不能正常发挥，被迫改用其他技战术动作，这无疑将对手置于一个完全"陌生"的比赛情势中，它能够打乱其阵脚，干扰其心智，破坏其技战术意图，使其无法组织有效的进攻与防守。在使用这种战术时，要求运动员本身具有较全面的技战术能力，有足够多的技战术动作储备以应对不同类型运动员的不同技战术风格，并能在瞬息万变的比赛中视情况运用，视情况变化。

2. 击弱战术

击弱战术是指集中力量专门针对对手的技战术弱点或身体部位的薄弱环节进行重点攻击的战术行动。每个运动员既有自己的特长与优势，也存在着不同程度的弱点与劣势。即使是一名最优秀的运动员，也是如此，只不过因他的特长与优势太突出，弥补了自己的不足；或是善于利用自己的特长与优势来隐藏弱点与劣势而不易被人发现而已。因此，在比赛中要善于透过现象看本质，从对手的行为中发现其弱点与劣势，采取相应的技战术手段，抑其长、攻其弱，迫使对手处于想打无法打、想防又防不住的无奈中而束手无策。寻找对手的弱点与劣势，有赖于赛前对对手的充分了解和赛中的仔细观察。可以在赛前对对手的各种信息，如技战术特点与风格、擅长动作、习惯动作、体能如何、是否受伤、心理素质、情绪状态等进行详细了解；可以通过以往比赛的录像或回忆来分析比较；可以通过对手与他人的比赛来观察对照；可以通过对收集到的各类信息进行综合分析，更为重要的是在临场比赛中对对手的直接观察、亲身体验，迅速对对手的优缺点做出判断，及时调整自己的技战术手段，攻击对手的弱点，并在不断变化中实现自己的技战术意图，确保比赛胜利。

3. KO 战术

KO 战术是指在规则允许的范围内，使用合理的技术动作和较大力量击打对手，令其丧失继续比赛能力的战术行动。它能使对手在身体上、心理上产生巨大的威慑力，也能给对手身体予以重创而使之产生畏惧心理，从心理上丧失比赛信心。实施 KO 战术，要求运动员具有较高的身体体能水平和全面的技战术能力，不但要求击打力量大，而且击打要快速、准确、果断。因为在跆拳道比赛中，KO 击打的主要部位是头部，它的攻击路线长且有一定高度，需要快速的击打速度来减少动作的运行时间，不给对手防范的机会；在防守上，头部由于目标小、灵活且移动迅速，在运动中不易捕捉，被击中的机会概率较小。因此，在比赛中要善于寻找、创造这种机会，一旦抓住这种瞬间即逝的时机，就要毫不犹豫地击打，并且一定要准确到位，一击成功（攻击路线长，收回或转换动作的路线必然也长，击打落空的后果不难想象）。当然，击打身体躯干也同样可以取得 KO 效果，只不过需要更大的击打力量而已。所以，加强击打的速度、力量及准确性的训练必然是 KO 战术行动中的重中之重。

4. 边角战术

边角战术是在比赛中，当对手靠近比赛区域的边界时，通过强制对方出界来获得优势。这种策略主要有两种执行方式：首先是运用规则，迫使对手越过边界线，导致对手因违规而受到裁判的警告；其次是利用对手对出界的担忧，心理上占据上风。在实施过程中，运动员会封锁前方空间，同时守住两侧，迫使对手不得不向前移动或进行攻势。此时，运动员可以灵活运用各种技巧和战术，无论是直接进攻、反击，还是采取围而不攻的策略，逐步施压。这样不仅能增强对手的心理压力，还可能使其技战术执行出现混乱，增加失误率。在对手心理和动作均受干扰的情况下，运动员应该迅速把握机会，果断且迅速地发动攻击，以期获得更多得分。

5. 得意技战术

得意技是指自己掌握熟练、运用自如、成功率高且新颖独特的攻击技术动作；而得意技战术是指充分利用自己的得意技不断进攻而得分获胜的手段。运用得意技战术首先要通过不断变化、更新来丰富自己的得意技术动作，避免单一、重复使用某一种技术，而使对手摸清自己的规律。其次要不断提高得意技的动作质量和在不同情况下正常发挥的能力，确保成功率。只有这样才能使得意技名副其实，才能让对手产生畏惧心理且防不胜防。最后是得意技的组合搭配要合理，对不同的击打部位、目标要有几种不同类型的动作表现形式，以适应不同击打目的的需要，这也是针对不同技战术风格特点对手的需要，更是技战术变化的需要，其目的是让对手捉摸不透自己的技战术规律、意图，无法跟进与变化，总是使对手在自己的不断变化中无所适从而陷于被动，失去比赛的主动权。

6. 心理战术

心理战术是指通过某些特定的方式、措施，造成对手心理上的压力进而引发其技战术思维紊乱，最终取得比赛胜利的方法。心理战术形式多样且富于变化。例如，赛前隐瞒实力而麻痹对手；故意露出破绽而给对手造成错觉；激怒对手以扰乱其心智；示弱或伪装受伤以松懈其斗志等。这些都是从心理上干扰对手心智的有效方法。同样，所有的战术形式或多或少都在不同程度上具有心理战术的因素，其目的就是在比赛中迫使对手产生紧张、急躁、恐惧、慌乱、气馁等不利于比赛的心理情绪，使之失去比赛信心，最终导致比赛失败。

跆拳道的战术策略极为多样，比赛中可能呈现单一策略的应用，也可能见到多种策略的综合执行。不论采用哪种策略，都应强调其实用性、有效性和灵活性，并严格遵守跆拳道的技术战术规范与比赛规则。同时，战术的灵活多变要有针对性，否则形式再多，也不能取得实际的攻击效果，也就无法取得比赛胜利。

第二节　跆拳道战术训练的方法与要求

一、跆拳道战术训练的方法

（一）假设性空击训练

在运动员的训练过程中，应当模拟真实比赛的场景，将每一次练习都当作是与对手的直接较量。通过设想比赛中可能遇到的各种情况，运动员可以执行想象中的空击练习，或者将沙袋、假人等设备作为实战对象。在这个过程中，运动员可以尝试不同的战术，如发起强力攻击、施展迷惑性的招式或灵活地躲避并还击。这种结合想象力和实际操作的训练方法，旨在加深运动员对战术应用的理解，同时增强其战术意识，确保他们能够在真正的比赛中有效运用所学到的各种策略。

（二）战例分析训练

从实战比赛中或比赛录像中选择一些有代表性的实战范例，组织运动员观看，筛选出一些战术进行反复研究，通过教练的讲解、分析、提问和跟运动员一起讨论等方法，找出正确的答案，找出比赛胜利与失败的原因。

（三）模拟训练

模拟训练是一种针对性的练习方法，由教练或同伴根据不同对手的情况来模仿。它旨在提升运动员的战术适应力和灵活应用技巧。例如，如果模拟的对手倾向于主动进攻或采取防守反击策略，就会运用能够制胜的战术来应对，从而不断增强运动员的适应力和战术运用能力。

二、跆拳道战术训练的要求

在训练的日常过程中，应当着重提升运动员的战术洞察能力，同时加强他们在专业理论方面的知识学习和探讨。这包括增进运动员对跆拳道运动的最新动态、未来发展方向以及比赛规则的理解。这样做可以持续提高运动员在技术和战术应用方面的技能。

在跆拳道练习的过程中，除了强化基础技巧训练之外，还应当注重实践对抗和观摩赛事。通过不断地积累实战经验，并从成功与挫折中汲取教训，增加知识储备。同时，要着力提高选手的即时应变能力。

在策略性训练环节，强调运动员必须深入理解和熟练运用各项战术技巧。同时，他们需按照实际比赛的规定和标准进行练习，确保训练的品质与实战环境紧密相连，展现出卓越的训练效果。

在精通各类战术之后，挑选并深化几种特定的技巧至关重要，这一过程应当与组合技能的练习相协调，以实现更高效的训练成果。

战术的制定和运用深受运动员的身体状况、技术程度、心理状态及智慧的影响，并且与赛事规则紧密相连。因此，在培养战术思维时，应将其与身体训练、技能提升、心理强化等方面融合。这要求我们在掌握基础技术之后，将这些技术的复习与战术演练结合起来进行，以此提高实战能力。例如，当运动员在回顾横踢技巧时，可以模拟对手发起进攻的场景，先使用劈腿动作来阻挡对方的攻势，随后用横踢技术进行反击①。

第三节　跆拳道专项素质训练

一、身体素质训练的基本要求

（一）身体素质训练的安排

在长期的、持续的训练过程中，必须科学地、综合地、有序地进行身体素质的提升。这要求针对每个运动员的特定情况、不同的训练阶段以及各种训练目标做出差异化的安排。特别是在青少年时期，身体素质成长遵循一定的自然规律，因此应充分利用这一关键期进行适宜的身体训练，确保运动能力得到及时而有效的提升。

（二）明确训练目的，结合意志品质的培养

身体素质训练往往因其单一性而显得乏味，参训者可能会迅速感到疲劳。有鉴于此，教练应当向运动员清晰地阐述锻炼的目标，并借此机会培育他们不畏艰辛、锲而不舍的坚强意志。

（三）做好准备活动，尽量避免损伤的发生

在投身于身体锻炼活动前，确保进行彻底的热身是至关重要的。这涉及对即将使用的肌肉群进行特定的预热动作，以促进血液循环并提高肌肉弹性。同时，在锻炼过程中应灵活地交替不同的训练内容，这样可以防止特定区域承受连续的压力，从而降低过度使用的伤害风险。锻炼结束后，适当的放松活动也同样重要。这包括但不限于缓慢的拉伸练习和深呼吸技巧，有助于缓解肌肉紧张，减少因训练强度过大而产生肌肉酸痛或损伤的可能性。在各种锻炼中，存在不同的受伤风险点。例如，进行力量训练时，如果选用了超出个人承受能力的重量或者训练量太大，就可能导致肌肉拉伤或其他相关伤害。在速度和敏捷性训练中，若热身不充分，可能会导致肌肉或韧带扭伤。类似地，柔韧性训练如果助力太猛或未做适当热身，同样会引致肌肉或韧带的伤害。至于灵敏度训练，如果休息时间设置得过短，使得某些肌群过度劳累，也容易引起损伤情况的发生②。

---

① 谢晓艳. 对竞技跆拳道主动进攻技术的研究［D］. 武汉：武汉体育学院，2008.
② 孙浩策. 功能性训练视角下跆拳道体能训练手段和内容的设计研究［D］. 武汉：武汉体育学院，2014.

（四）经常进行检查和评定

对运动员的各项身体素质训练应定期进行细致的检查与评估，以掌握训练成效。基于评估结果，应及时更新和微调训练计划，确保各项能力能够全面、均衡且适度地提升。

二、力量素质训练

力量是人体运动的基本素质之一，其优劣直接影响其他运动能力的培养。通常而言，力量可分为最大力量、快速力量和持久力量三类。在跆拳道训练中，这三种力量相互促进、相互作用，其中，快速力量尤为关键，成为练习重点。进行力量训练能够优化神经中枢对肌肉的控制，提升神经兴奋性，增强神经冲动的传递效果，进而改善神经系统的调节能力。为了发展力量，可以通过克服外部阻力和自身重量的练习来实现，这两种方式都包含动力性练习和静力性练习。在跆拳道运动中，大部分动作需要快速的反应和爆发式的完成，同时还需要高度的机动性和灵活性，因此更多的是采用动力性练习方式。

三、速度素质训练

在跆拳道运动中，速度被定义为人体进行迅速运动的能力。这种速度在跆拳道运动员身上体现为以下三种：反应速度、动作速度以及步法移动速度。在这些表现形式中，反应速度和动作速度尤为关键。具体来说，反应速度涉及运动员根据对手的动作迅速做出判断并做出回应的能力。遗传因素在个体的反应潜力中起着重要作用，但训练可以显著地提升运动员将这一潜能转化为实际表现的能力。提高反应速度的关键在于增强对对手行为的快速识别和响应，这通常依赖视觉观察，因此加强视觉训练对于提高反应能力至关重要。动作速度，指的是运动员执行单个或连续技术动作的效率。这涉及准备姿态的选取、动作的熟练度、身体的柔韧性、协调能力以及快速发力的技巧等多个方面。为了提升打击动作的速度，运动员需要通过专门训练来优化这些因素的综合效果。

步伐移动速度主要依赖爆发力和奔跑能力以及步法训练的实用性，提高运动员的步伐移动速度，要加强腿部力量训练，运动员可以进行深蹲练习和跳绳训练，还要提升身体协调性，进行一些针对跆拳道步伐的协调性练习，如交叉步跑、侧身跑、滑步练习等。在练习过程中，注意身体各部位的配合，保持动作的流畅性。

四、耐力素质训练

耐力是人体在延长时段内持续执行活动的能力。跆拳道比赛的持续时间相对较长，每个回合 3 min，总共有 3 个回合，这就要求跆拳道运动员需要有较高的耐力水平。在针对跆拳道的训练中，耐力能力通常被分为两类：一类是一般耐力，另一类是专项耐力。

一般耐力，也被称作有氧耐力，其训练核心在于增强身体输送氧气的能力。这种训练方法能够激活并加速新陈代谢的过程，为后续增加训练的强度提供必要的身体条件。

专项耐力在跆拳道的练习和比赛里体现为运动员应对特定体育活动带来的疲惫的能力。具体来说，这种训练旨在增强运动员在经历持续供氧不足的状态下，仍能持续进行长时间运动的能力。

五、柔韧素质训练

柔韧性是衡量人体关节的活动范围以及肌肉和韧带伸展性的一个标准。对于跆拳道运动员来说，这是关键能力之一，直接决定他们动作的准确性及对高级技术的掌握水平。拥有高超的柔韧性可以使运动员执行技巧更加精准，同时降低运动伤害的风险；特别是对于跆拳道运动员而言，腿部的灵活度显得尤为关键。

柔韧素质的训练主要包括两种方法，即动力拉伸和静力拉伸。这两种拉伸方式各自分为主动和被动两种不同的训练模式。动力拉伸是通过连续重复同一动作进行拉伸练习，这种方式通常具有一定的节奏感；而静力拉伸则是通过缓慢地拉伸肌肉、韧带以及其他软组织，达到一定长度后保持静止状态，从而使这些组织持续地保持在拉伸状态。

主动拉伸涉及运动员利用自身的力量来延伸肌肉和其他柔软的组织；相对地，被动拉伸则是通过外部力量来实现对运动员的肌肉和软组织的伸展。

在跆拳道的练习过程中，通常会结合多种伸展技巧来提升训练效果。这些方法主要针对目标是提高腿部前侧、后侧和侧面肌肉的柔韧性以及增强髋部与踝关节的活动范围。为了达到这一目标，训练中会频繁运用向前、向侧和向后的多种动作，如压力施加、关节扭转、控制动作、踢击和劈腿等，以全方位地锻炼和提升身体的灵活性与肌肉的伸展能力。

六、灵敏素质训练

灵敏素质训练是培养运动员在多变的环境中快速、协调、精准且灵活地执行动作的能力。在跆拳道训练中，运动员需要频繁地变换身体姿态和方向，如进行横踢紧接着后旋踢，或是连续执行横踢等高难度动作。这要求运动员不仅要具备卓越的灵活性，还需拥有敏锐的判断力、迅速的反应能力，并且能够根据比赛的实时情况调整自己的身体姿态和位置①。

---

① 陈雪珂. 功能性力量训练对高校跆拳道运动员灵敏素质的影响研究［D］. 上海：上海体育学院，2022.

第七章　跆拳道教学程序与方法研究

　　教学是在教师的指导下，学生积极配合教师完成教学计划，掌握运动技术和技能的一个训练过程。科学的教学组织与实施对于学生正确认识知识、掌握技能具有重要的作用。教学内容与方法的科学选择、教学程序和教学组织的科学安排及教学文件的设计都会影响教学的质量，具体来说，教学应根据教学文件制定的规律，采用研究的方法对教学过程进行指导，并结合具体的教学任务有目的、有步骤、有组织地开展教学内容，包括教学大纲、教学进度和课时计划在内的教学文件的制定与实施是完成教学任务的硬性指标，是顺利进行教学工作的重要保障。本章主要就上述内容进行系统研究，以为跆拳道教学的科学开展提供必要的理论指导。

第一节　跆拳道教学的内容与方法

一、跆拳道教学内容

（一）教学内容的概念

　　所谓的跆拳道教学内容，涵盖了一系列经过精心设计的课堂活动，这些活动主要包括各类身体锻炼、运动技巧的掌握以及模拟比赛等。现代跆拳道教学内容主要包括跆拳道基本知识和身体练习两个部分。

（二）跆拳道教学内容层次划分

　　体育教学内容有宏观层次和微观层次之分，跆拳道作为学校体育教学的一个分支，对其教学内容层次的划分主要集中在微观层面。具体来说，跆拳道教学内容按照具体化的程度，可以分为四个层次：第一层次、第二层次、第三层次、第四层次。

　　1. 第一层次

　　在探讨跆拳道教学内容的微观层面时，首先涉及的就是依据跆拳道课程标准所设定的学习内容。以"跆拳道与健康"的课程标准为例证，其分析基于五个核心学习领域：积极参与体育活动、掌握运动技巧、促进身体健康、维持心理健康以及培养社会适应能力。这一分析方法实际上代表了将活动领域具体化的一种方式，并非传统意义上的跆拳道教学素材的直接阐述。

2. 第二层次

跆拳道教学内容的第二层次是第一层次形式上的具体化，它是指跆拳道课程标准所示的水平目标。跆拳道教学内容的第二层次主要侧重于能力目标分析。具体如：获得运动的基础知识，说出所做简单运动动作的术语（左直拳、转体、横踢、旋踢等）。

3. 第三层次

跆拳道教学内容的第三层次是指跆拳道教学的硬件与软件设施。教学中所要用到的硬件设施，即经常听到的"教学教具"，如保护垫、护具、木板等教学用具器材，以及与之相配套的场地器材等。

4. 第四层次

跆拳道教学内容的第四个层次是具体的练习方法和手段。在跆拳道教学中，练习教学内容、游戏教学内容、认知教学内容等都属于这一层次。

（三）跆拳道教学的具体内容

跆拳道教学内容的选择主要以教学对象的层次和教学目标为依据，具体包括以下三个方面。

1. 跆拳道理论知识

跆拳道理论知识的教学对学生学习跆拳道技能和进行跆拳道活动实践有重要的指导作用。

以我国高校跆拳道教学为例，课堂教学中，跆拳道理论知识教学内容主要包括跆拳道技战术分析、跆拳道教学训练理论、跆拳道竞赛的组织、跆拳道竞赛的规则、跆拳道竞赛的裁判法、跆拳道礼仪等，这些都是跆拳道运动教学最基本的内容。

2. 跆拳道技术

技术动作是跆拳道运动技能中最基础的内容。跆拳道技术动作的主要内容包括技术规格、动作方法要领和技术的运用等。在进行跆拳道技术动作的教学时，教师应注意动作技术的详细讲解和动作的科学示范，为学生掌握正确的技术动作奠定基础。

3. 跆拳道战术

跆拳道战术教学的内容主要是通过特定的战术布阵和两人对抗练习来进行的。

跆拳道战术教学过程中，教师应通过合理有效的教学方法使学生对对手的观察、攻击点、战术运用时机及其变化等内容有正确的了解和认识，同时还要注意学生的良好战术心理的培养，使学生能在跆拳道实战中科学运用直攻战术、强攻战术、反击战术、迁回战术、KO战术等。

二、跆拳道教学方法

（一）教学方法的概念

教学方法是一种行为或操作体系，广义的教学方法包括教师的教和学生的学两个层面的具体方法。它是指师生为实现课堂教学目标和完成教学任务而采用的所有方法。

跆拳道教学多进行身体练习，在教学中，教学方法的运用与其他科目（如语数外）的教学不同，与物理、化学的实验教学也有重要区别。跆拳道教学方法是在跆拳道教学中，所采用的教学方法，可以从以下几个方面进行深入理解：

①跆拳道教学方法是服务于跆拳道教学目标和跆拳道教学任务的，同时又受跆拳道教学内容的制约。跆拳道教学的方法必须与其目的紧密相连，确保这些方法能有效推进教学目标与责任的达成。有鉴于此，作为跆拳道教学中不可或缺的一环，所采用的教学策略应致力于支持和实现教学的综合目标①。

②跆拳道教学重视教师与学生的互动（尤其是身体互动），教师"教的方法"与学生"学的方法"联系密切，这是跆拳道教学方法最主要的本质。跆拳道的教授过程是教育与吸收知识的过程，只有教师和学生之间建立起有效的互动关系，才能最大化地利用教学策略。我们可以粗略地将跆拳道的学习活动概括为两个层面："教师的教"和"学生的学"。

③跆拳道教学方法是跆拳道教学中师生双方行为动作的体系、是有计划的外部行为或操作体系。其教学方法在师生互动中得到贯彻和实施，与

---

① 刘少辉，申龙泽，李艳. 体育院校跆拳道课程设置的现状调查与分析［J］. 成都体育学院学报，2007（5）：123-126.

其他学科的教学方法不同，跆拳道教学方法不仅关注语言要素，更注重动作元素。

（二）跆拳道教学方法选择依据

1. 教学目标

跆拳道教学课的目标是确定跆拳道教学方法的依据之一，跆拳道教学的目的、任务不同，教师选择的教学方法也应相应不同。例如，如果跆拳道教学的目的是让学生巩固技能，教师应多采用练习法、比赛法等；如果跆拳道教学的目的是教会学生学习新技能，教师应采用讲解、示范、分解、模仿练习等教学方法。

2. 教学内容特点

教学内容与教学方法是跆拳道教学系统的两个重要构成因素，二者之间具有密切的关系，如对一些技术动作教学内容应采用主观的示范操作的方法，而对一些原理和知识结构方面的内容则应注重运用语言法进行讲解。针对不同性质的跆拳道教学内容，教学方法选用也不同。

3. 教学对象特点

学生是跆拳道教学的主体，是教学方法的实施对象，跆拳道教学方法选用的最终目的是促进学生更好地学习。学生的实际情况包括多方面的内容，如学生的年龄特点、性别特征、身心发育状况以及相应的知识储备和学习能力等。教师在组织跆拳道教学时，要根据学生的特点，从学生的具体实际出发，有针对性地选择相应的教学方法。

4. 教师自身条件

在跆拳道教学实践中，体育教师是教学方法的实施者，其自身的素质对于教学活动的效果具有重要的影响。跆拳道教学如果能力和素质有限，则不能发挥相应教学方法的作用，从而对教学活动产生消极的影响。因此，教师在选择相应的教学活动时，应对自身的专业素养、能力水平以及教学特点有客观的理解，选择最适合自己教学风格和教学特点的教学方法，以便于学生迅速、准确掌握跆拳道相关理论知识与实操技能。

5. 教学环境与条件

跆拳道教学中，教学环境与条件对教学方法的选择具有重要的影响。教学环境包括场地器材、班级人数课时数等，不同的教学环境与条件会对教学方法产生制约作用。因此，跆拳道教学环境与条件也是跆拳道教学方法选择需要重点考虑的因素之一。

（三）跆拳道教学的常用方法

1. 语言教学法

语言教学法即为在教学活动中，教师通过对学生进行语言指导，从而达到相应的教学效果的方法。在跆拳道教学过程中，一般跆拳道教学中语言教学法的形式有：讲解、口令与指示、口头评价与口头汇报等，具体分析如下。

（1）讲解法

讲解法是较为常用的教学方法，在教学中，教师给学生进行相应的动作要领、方法和规则要求等方面的说明，其目的在于更好地指导学生进行相应的运动技能的学习和掌握。

讲解法在跆拳道教学中的应用，应注意以下几点：

①明确讲解目的。在讲解过程中，应具有一定的目的性和针对性，根据教学的目标、教学内容和学生特点进行讲解。对自身的语速、语气进行调节，并抓住教学内容的重点和难点。

②讲解内容正确。注重讲解内容的正确性，不管是具体的工作原理还是相关的基本知识，都应做到准确无误，使学生明白动作关键之处，如后踢动作讲解：转身—夹腿—压肩—转头—动作走直线—回收快速落点。

③讲解要生动形象、简明扼要。注重将新的技术动作和知识内容与学生已经了解和熟悉的内容联系起来，使学生更好地理解相应的动作技术。另外，由于教学时间有限，学生的注意力集中程度也会随着学习时间的延长而有所下降，因此要抓住重点，简明扼要地讲解。

④动作规格讲解到位。通过让学生明白不同跆拳道动作的质量标准，击打的力点和不同部位、实战中的时机与价值运用等，要求学生注意动作规范、发力合理。

（2）口令与指示

在跆拳道教学过程中，需要借助多种口令和指示，如"立正""跑""转体"等。这些语言简短有力，能够很好地指导学生进行相应技术动作的学与练。口令与指示法在跆拳道教学中的应用，应注意以下几点：

①注意把握时机和节奏，以免造成学生动作不协调和出错。

②注重发音洪亮有力，不仅要使学生能够清楚地听到，还应给学生以势在必行之感。

（3）口头评价与口头汇报

口头评价可分为两种，一种为积极的评价，另一种则是消极的评价。积极的评价即为对学生的正面鼓励；消极评价则是否定性的评价。口头汇报要求学生根据教学需要，向教师表述学习心得和对教学内容、方式等相关方面的问题，以便于教师发现教学中的不足。

口头评价和口头汇报在跆拳道教学中的应用，应注意以下几点：

①积极评价能够在一定程度上激发学生的积极性，促进教学活动的更好开展，但要重视避免夸大学生成绩。

②消极评价能指出学生的不足，明确其提高的方法和努力的方向，但要注重语气和口气，以免伤害学生的自尊心和自信心。

③口头汇报应建立在学生有一定的跆拳道学习基础和知识储备的基础上，对于初学者不适宜用此教学方法。

2. 直观法

直观法是跆拳道教学中较为常用的一种教学方法。跆拳道教学通过相应的直观方式作用于人体的感觉器官，引起相应的感知，从而实现相应的教学目的。一般常用的直观教学法有：动作示范、直观教具与模型演示、多媒体技术等形式。

（1）动作示范

动作示范是教师向学生展示技术动作的形态、构造和关键步骤的有效教学策略。该方法在跆拳道教学中的应用，应注意以下几点：

①明确示范目的。动作示范应具有一定的目的性：如果是为了使学生了解动作的基本形象，示范动作可稍快；如果是为了使学生了解相应的动作结构，并引导学生进行学习，则动作应稍慢，可略夸张；如果是为了使学生了解相应的重点和难点动作，可多示范几次。

②示范动作规范熟练。教师的跆拳道动作示范要从动作的运行轨迹、发力顺序、全身配合等方面进行，并且示范动作要正确，避免对学生形成误导。

③注意示范的角度和难度，进行动作示范时应使得全体学生都能够看到。此外，动作示范要与学生的学习能力相适应，便于学生模仿学习。

④示范和讲解结合进行，二者互为补充、相得益彰。

（2）直观教具与模型演示

直观教具与模型演示是采用图表、照片和模型等直观方法进行跆拳道的辅助教学，以便学生更加理解相应的技术结构和动作形象。运用这些教学工具能够使学生更加易于理解相应的跆拳道技术结构和动作形象。在跆拳道教学中，直观教具与模型演示应注意与讲解法结合起来使用。

（3）多媒体技术

多媒体技术主要包括电影、幻灯片、录像等。在跆拳道教学中，应充分利用电影、电视和录像资源，并根据教学目标精心挑选合适的播放内容，将这些视听材料与讲解、示范和实践练习紧密融合，以实现教学的最佳效果。

3. 完整法

完整法是指完整地进行整个技术动作的教学和练习的方法。一般在技术动作的难度不是很高，或技术动作不可进行分解时，会采用完整法进行教学。另外，在首次进行动作示范时，也会采用完整法来进行动作技术形象的示范。

在跆拳道教学中，完整教学法的科学应用应注意以下几点：

①在技术动作无法分解时，采用完整法教学前，应对其中的各项要素进行必要的分析，如动作的用力、动作转变的时机等。但是，不能拘泥于动作的细节，要从整体上进行把握，确保动作的完整和流畅。

②对于技术难度较大的技术动作，应适当降低其难度，可先通过降低难度或是徒手完成相应的动作，在此基础上逐渐增加难度。需要注意的是，降低难度时，不能使技术动作出现错误，这是其基本要求。

通过完整教学法，教师适时调整周边的环境条件，借助外部力量的辅助，引导学生亲身体验并顺利完成整个动作过程。

4. 分解法

分解法是一种教学方法，通过把一个复杂的技能拆分成几个简单的步骤，帮助学生逐渐学习和掌握整个技能。该教学法适用于难度相对较高，并且动作可分解的跆拳道战术组合教学。

在跆拳道教学中，分解法科学应用应注意以下几点：

①应仔细分析动作技术的特点，采用合理的方式对其进行分解，注重时间、空间等方面的有序性和统一性。

②将完整的技术动作分为多个环节时，应注重各个环节之间的联系，以及动作结构之间的联系。

③在熟练掌握各阶段的动作之后，要注重各个环节之间动作的衔接，

要保证其过渡的流畅，形成有机的整体。

由于分解法注重对于局部动作的分解把握，可能导致学生对于整体的理解不全面。因此，分解法和完整法应结合使用。

5. 预防与纠错法

在跆拳道教学中，教师发现与纠正错误动作是教学的重要任务，也是跆拳道教学中不可缺少的重要环节。预防与纠错法是指，教师通过有意识地引导、提醒，指出、纠正学生认识和练习中错误的教学方法，旨在帮助学生避免和改正在练习过程中可能出现的错误动作。

预防与纠错法在跆拳道教学中的应用，应注意以下几点：

①讲解：运用语言和直观演示预防和纠正错误，应注重动作和描述语言的准确性。

②限制：运用限制练习法预防和纠正错误，应注意限制条件设置的科学性与合理性。

③诱导：通过语言诱导、模仿诱导、外力诱导等，帮助学生建立正确跆拳道技术的动作感觉。

④鼓励：通过自我暗示预防和纠正错误，把握不同学生的心理和性格特征，并确保学生掌握了正确的动作要领。

对于跆拳道教学来讲，预防具有一定的超前性，要求对可能的错误动作进行积极的引导，并对其出错的原因进行分析；纠错具有鲜明的针对性，应针对学生的错误动作采取相应的纠正措施，并分析出错的原因。因此，预防和纠错是相互联系的。

6. 游戏法

游戏法是跆拳道教学的一个重要教学方法，它是指教师组织学生通过做游戏的方式来完成相应教学任务的方法。开展相应的游戏，使学生通过竞争和合作提高逻辑思维能力和判断能力。游戏教学法的趣味性强，有助于提高学生的学习积极性，培养学生学习跆拳道的兴趣。

游戏法在跆拳道教学中的应用，应注意以下几点：

①根据教学目标和教学内容采取合适的游戏规则和游戏要求，确保游戏内容与教学内容相契合。

②强调学生遵守游戏规则的重要性，同时注重鼓励学生充分发挥主动性和创造性，引发和启迪学生思考。

③游戏过程中和结束后，教师的评判要公正、客观，避免挫伤学生参

与的积极性。

7. 竞赛法

训练是为了实战，竞赛法运用的目的在于检验跆拳道教学效果和学生的跆拳道实战对抗水平。竞赛法将所学的技术动作应用于实践，能够使得学生更好地掌握跆拳道技术和技能。

竞赛法在跆拳道教学中的应用，应注意以下几点：

①开展竞赛时，应进行合理的组织，无论是个人赛还是小组之间的比赛，其实力应相对均衡。

②开展相应的竞赛时，学生应熟练地掌握相应的技术动作，能够在比赛中很好地运用。教师注意及时点评，让学生明白不同技术在跆拳道实战中的作用。

③跆拳道强调尊重对手，但实战中难免会造成损伤，因此，实战对抗中，教师要随时注意学生的安全。

第二节 跆拳道教学的基本程序

一、教学程序的概念

教学程序涉及的是课程进展的步骤和结构，它包括三个核心要素：教学内容的顺序、教师的教学活动安排以及学生活动的组织。这些组成部分相互依存、共同协调，并需要作为一个整体来规划。在这一过程中，确定教学内容的呈现顺序是核心环节。在设计这一顺序时，首先，基于跆拳道课程的教学目标进行细致分析；其次，通过学习任务的分析，从学生已有的基础能力出发，逐步引导他们掌握必要的前置技能，直至实现最终的学习目标。

二、跆拳道教学程序设计原则

（一）教师主导性原则

在跆拳道教学中，体育教师是教学信息的传递者，所以在跆拳道课堂教学中起主导作用。教师引导学生掌握知识内容，培养学生自行获取知识的能力。

（二）学生主体性原则

遵循学生主体性原则应充分发挥学生的学习积极性，让学生在跆拳道教学过程中有更多的参与机会，使他们主动获取知识。

（三）遵循学生认知规律原则

跆拳道教学过程的设计必须遵循学生的认知规律，符合学生的认知要求，循序渐进地提高学生的认知。

（四）体现教学方法原则

教学方法在跆拳道教学过程中非常重要，是体育教师和学生在教学活动中的行为方式，应结合跆拳道特点、教学内容、目标等合理选择。

（五）教学媒体优化原则

跆拳道教学过程的设计应充分发挥教学媒体的作用，使各种教学媒体各施所长，互为补充，相辅相成。

三、跆拳道教学程序的设计

在跆拳道教学程序的设计过程中，可以采用流程图的形式准确、简洁地反映和分析不同教学阶段，表达教学过程，直观地描述跆拳道教学过程中教师、学生、学习内容之间的关系。

具体来说，采用流程图方式表示课堂教学流程，可以直观地展示整个跆拳道课堂活动中各个要素之间的关系、比重；教师可以根据学习者的不同反应做出相应的教学处理，灵活性大、目的性强、层次清楚、简明扼要、一目了然。

在跆拳道教学中，几乎所有的跆拳道教学内容，都可以采用流程图来表示其操作过程。这样表示的教学过程不仅简单、易于修改，也便于交流。在使用流程图表示跆拳道教学过程要注意以下内容：

①在方框内，简要说明此步的内容。

②在框图上可注明需了解的信息。

③反馈回路应是闭路循环。

（一）示范型教学

示范型教学流程是跆拳道教学中应用最为广泛的教学方法，是跆拳道教学以身体活动为主要形式的学科特征的主要体现。在跆拳道技术教学中，示范是跆拳道教学程序设计的必要手段和重要途径。

（二）练习型教学

在以跆拳道技术练习为主的跆拳道课堂教学中，运用媒体或教师的示范为学生提供跆拳道动作的路线、结构等主要动作要领，以及动作的变化发展过程等，使学生能够观察并模仿动作练习。

（三）探究发现型教学

探究发现型教学是指在跆拳道教学中组织学生观察、思考，探究原因、寻找规律等，是教学生学会跆拳道的主要教学方法。某一动作技能的结构或原理的探究，可以有效地激发学生学习的主动性，对学生发现问题、探究问题、解决问题等能力的培养具有重要意义。

第三节　跆拳道教学的组织

一、跆拳道教学课的类型

课的类型具体是指课的种类，从本质上讲，跆拳道教学课的类型直接决定着课的功能，即课的类型不同，其功能也不尽相同。

深入认识课的分类，恰当选择课的类型，对教师了解各类课的性能有很大的帮助。教学目标要贯彻在每一节课上，这样才能够使各类课的功能得到充分发挥，使教学过程的完整性得以保证，从而使教学效率和教学质量得以提高。

根据课的性质进行划分，可以把跆拳道教学课主要分为两种，即教学课和训练课。这两种课的类型具体分析如下。

（一）教学课

现阶段，我国跆拳道教学课的类型主要有四种，即理论课、实践课、考试和考查课、实习课。

1. 理论课

传授跆拳道理论知识是跆拳道理论课的主要任务。该类型的教学课可以采取的教学形式主要有讲授课、自学答疑课和讨论课等，具体可根据实际情况进行有针对性的选择。

2. 实践课

跆拳道课程主要聚焦于教授跆拳道的技术、战术以及实战比赛技巧。这种教学通常包括技术指导课、战术训练课和模拟比赛等多种形式，也可以根据实际情况进行其他类型教学课的选择和运用。

3. 考试和考查课

跆拳道考试和考查课的目的在于对学生的理论知识与实践知识进行考核和评价。常见的教学形式主要有口试、笔试、技评、达标与比赛和作业等。

4. 实习课

跆拳道实习课主要是针对学生所学的有关教学以及比赛的相关知识进行实习的教学课。该类型教学课可采取的教学形式是教学实习、竞赛组织和裁判实习等，也可以根据实际情况选用其他教学形式进行。

（二）训练课

结合不同的训练目的和任务，可以将跆拳道训练课的类型大致分为身体训练课，技战术训练课，比赛训练课，综合训练课，调整、恢复训练课，测验课。

1. 身体训练课

体能是跆拳道技能的重要基础。跆拳道身体训练课的主要任务是对学生的一般身体素质和跆拳道专项身体素质进行训练。其主要目的是发展运动素质，使身体机能水平有一定的提高，从而适应较高强度的训练和比赛。

2. 技战术训练课

技战术训练课是跆拳道训练课最重要的内容，跆拳道技术、战术训练课的主要任务是对学生的跆拳道技术和战术进行训练。其主要目的是提高技术、战术水平，以及技战术的综合运用能力。

3. 比赛训练课

跆拳道比赛训练课的主要任务是对学生在跆拳道训练和比赛中的各项能力进行训练的课程。其主要目的是提高运动员技战术的灵活运用能力和比赛适应能力。

4. 综合训练课

跆拳道综合训练课是将跆拳道体能、技能、比赛训练课内容加以综合的课程，即将几种训练课的形式结合起来进行。具体来讲，跆拳道综合训练课的任务是将不同的内容交替安排进行，以利于促进学生各项运动素质与跆拳道运动技能的积极转移。其主要目的是使学生身体素质、技战术以及实战能力等得到综合提高。

5. 调整、恢复训练课

跆拳道调整、恢复训练课的主要任务是对学生在跆拳道训练过后身体机能加以恢复和调整。这一训练课类型主要用于过渡期,用来帮助学生消除疲劳、恢复体力,使学生保持良好的技能水平。

6. 测验课

跆拳道测验课的主要任务是对学生的身体素质指标以及运动水平指标进行检测的课程。其主要目的是通过对各种指标的测验来对训练水平进行评定,以便于教师更加有针对性地开展下一个阶段的跆拳道教学工作。

二、跆拳道教学课的组织

(一)理论课的组织

1. 教学任务

跆拳道理论课教学的主要任务是让学生掌握基本的跆拳道理论知识,主要包括跆拳道的技术基本理论和战术基本理论,跆拳道运动的发展趋势,跆拳道运动的教学、训练、裁判、组织竞赛等。

2. 教学目标

跆拳道教学课的教学目标是:通过跆拳道理论知识的学习,学生能够理论联系实际和用理论指导实践。当前跆拳道理论教学现代化的发展趋势之一为启发式教学,即教师充分利用学校的现代教学设备,如幻灯、投影、录像等多媒体教学手段,充分发挥学生学习的积极性和能动性,培养学生分析问题和解决问题的能力。

3. 教学步骤

跆拳道理论课教学一般采取课堂教学的形式来完成,即以教师讲授为主,并配以适当的课堂讨论,引发学生学习的兴趣。具体实施步骤如下:首先,在课堂的开端,教师通过提问或回顾的方式激活学生对上一节课跆拳道技术的记忆,为新课程的引入奠定基础。其次,教师展开本次课的主题,细致教授新的跆拳道技巧与知识。在整个教学过程中,应特别强调并多次练习那些关键且具有挑战性的动作,确保学生能够深刻理解并熟练运用本节课的核心技巧。最后,当理论讲解完毕,教师会清晰而精准地概括课程要点,布置相关的课后练习,并预告下一节课程涉及的内容。

(二)实践课的组织

跆拳道实践课的组织一般可以分为三个部分,即准备部分、基本部分和结束部分，各部分组织具体如下。

1. 准备部分

（1）主要任务

教师通过组织一系列身体活动，使学生的身体从静止状态逐渐过渡到活跃状态，从而在生理和心理两方面为跆拳道课程的学习做好全面准备。此阶段的教学可采用与跆拳道教学内容和任务相呼应的，有引导性、针对性和激励性的运动进行身体活动。

（2）主要目的

使学生从生理和心理上做好承受较大和最大运动负荷的准备，以避免运动损伤的发生。

（3）主要内容

首先，由班长、队长或值日生整队并清点出席人数，向教师报告；其次，教师进行考勤检查，并将本次课的任务与要求向学生进行较为简要的说明。准备部分的训练内容主要取决于基本部分教学、训练内容，换句话说，就是根据基本部分的教学、训练内容的需要，选择准备活动的练习。

一般的，准备部分的活动多是进行一些慢跑、徒手操（跆拳道操）以及游戏性练习，准备活动的具体内容不仅能够使学生集中注意力，充分放松身体，而且能够为基本部分的活动打下一定的基础。在结合不同课的总教学任务时，不仅要做一般准备活动，而且还要根据实际需要做专门的准备活动。

（4）时间安排

准备部分的主要目的是在教师的组织下做好进入训练状态的准备，其中身体准备活动是一堂训练课中不可缺少的重要部分之一，这部分的时间通常会安排 $15 \sim 20$ min。

2. 基本部分

（1）主要任务

根据高校教学进度的内容安排，进行跆拳道技战术的教学和练习，全面发展学生的身体素质，培养学生良好的心理品质和跆拳道意识。

（2）主要目的

本次跆拳道教学课的主要目的是使学生健身防身，塑造坚强的意志品质，提高学生的综合素质和现代意识，养成良好的锻炼习惯。

在实现本次跆拳道教学课主要目的的同时，还致力提高比赛能力和适应能力。

（3）主要内容

跆拳道训练课的主要内容是以训练计划的安排为主要依据，通过各种各样的练习和比赛，如个人的、小组的、全队的身体练习、技术和战术练习、教学比赛、对外比赛等，来发展各项素质和能力，以提高实践能力。此外，还要根据各个时期的具体任务，循序渐进地增加运动负荷量和运动强度，更大程度地提高运动员的各项素质和能力。在教学过程中，我们可以通过讲解与示范、实践练习和错误纠正等多种教学方法来帮助学生巩固已掌握的知识，同时让他们探索和实践新的学习内容。具体的教学步骤包括：首先引入新的教学内容，其次加强对已有知识的巩固和提升，最后通过组织跆拳道比赛和身体素质训练来进一步提高学生的学习效果。

在跆拳道实践课堂中，教练应聚焦于传授跆拳道的核心技术与理念。根据学员的年龄、体能和经验差异，定制个性化的教学计划。精心挑选适合的教学方式和工具，以确保训练效果最大化。课后，布置合适的练习作业，以帮助学员巩固所学技能并促进个人进步。在组织教法上，要以能充分发挥教师的主导地位为主，教师要注重调动学生的积极性，注重对学生组织、分析问题和解决问题能力的培养，做到教学相长、取长补短。

（4）时间安排

教学课（两节课连上的）的时间安排一般在 70 min 左右，训练课的时间安排通常占全课时的 70% 左右。

3. 结束部分

（1）主要任务

教师采用集体活动形式，使学生逐步恢复到课前相对安静的状态。

（2）主要目的

通过整理运动，学生们体内的乳酸水平得到有效降低，加速了其清除过程。这样的活动促进了氧气债务的偿还，帮助运动中使用的肌肉迅速回归至原始状态，最终使学生从生理上逐渐由运动状态平复下来，从心理上由运动状态逐渐恢复到平静状态。

（3）主要内容

首先，在跆拳道实践课的收尾阶段，教师会根据课程的基本内容、练习的强度和密集度等因素，挑选一些可以降低运动负荷的练习，如慢跑或活动。其次，教练会简明扼要地总结本节课的整体表现，评估教学目标达成的情况，赞扬学生的学习成效，并指出需改进之处，确立未来的学习方向。最后，布置家庭作业，并预告下一节课将要学习的教学内容。

（4）时间安排

一般情况下，教学课结束部分的时间为 5~10 min，训练课结束部分的时间是 15 min 左右。

（三）讨论课的组织

跆拳道观摩讨论课的形式和其他类型的跆拳道课程相比比较自由灵活，主要教学任务和目的是提高学生的表达能力，发展学生的观察与分析能力，激发学生的创造性思维。讨论课多在进行跆拳道技战术分析、规则裁判法等的教学时采用。

讨论课开始前，教师要提前宣布讨论内容、需要解决的问题及课堂纪律等方面的要求；可以采用观摩对象的手段，对某次跆拳道课、跆拳道比赛、关于跆拳道技战术的电影等进行观摩；要求学生在观摩中做好笔记，记下自己的感想、体会和疑问等，为之后的讨论做好准备。

讨论课中，教师作引导性发言，然后组织学生围绕本次课的议题进行民主式的发言，鼓励学生发表不同的意见，同时展开激烈的争论。

讨论课结束后，教师针对讨论作总结性发言，评述讨论的问题和学生的讨论情况，未能得出结论的问题可以留待日后或下次课上继续进行探讨。

（四）实习课的组织

跆拳道实习课的目的和教学任务是提高学生的跆拳道教学训练能力、裁判水平和组织竞赛能力等。

在实习课开始前，教师确定好实习学生的人数，指导学生做好充分的准备工作。

在实习课过程中，教师要及时做好观察和记录。

在实习课结束后，教师对学生的实习情况及时进行评价，也可以鼓励学生参与实习课的讲评与讨论。参加实习的学生要写出实习总结，为学习能力的提高打好基础。

三、跆拳道教学过程控制

跆拳道课堂教学活动的顺利开展是跆拳道教学目标实现的重要前提，也是完成整个跆拳道教学计划的重要基础。因此，跆拳道教学工作者，尤其是体育教师，要在课堂教学的控制方面引起高度重视①。

（一）课前备课

备课管理是跆拳道课堂管理的重要内容，体育教师进行跆拳道教学，必须课前备课。体育教师在备课时，要仔细钻研教材，深入了解学生，合理组织教法，认真编写教案，充分准备场地和器材。

1. 仔细钻研教材

教材是体育教师上课的主要依据。体育教师仔细钻研教材包括以下两个方面内容：一方面，教师要研究跆拳道教学大纲（课程标准），以本学科总的教学目标及各单元、本节课的具体教学目标为依据来领会教学的基本要求，对教材的体系范围与深度进行准确把握；另一方面，体育教师应对不同的教学内容进行筛选，同时针对选定的多项教材的重点与难点，以及其前后的联系进行研究，并加以总结。

2. 深入了解学生

跆拳道课堂教学的目的是促进学生身体素质的发展。要实现这一目的，跆拳道课堂教学活动必须切合学生的实际，因而体育教师要全面了解学生的知识基础、身体健康状况、认知能力、运动能力水平，以及学习态度、兴趣需要、个性特征。

3. 合理组织教法

教学方法是体育教师完成课堂教学任务的重要途径，在跆拳道课堂教学过程中，体育教师要根据教材性质、教学任务的要求，以及学生的情况、场地、器材条件，确定跆拳道教学活动的类型和结构，并据此选择和设计合理的课堂教学方法。

4. 认真编写教案

教案，即课时计划，它是教师进行课堂教学的直接依据。教师在编写教案时，为了保证教案的质量和可行性，需要注意以下几点：一是应根据教学大纲的要求和学校的有关规定编写。体育教师应根据学生的实际情况，如跆拳道基础、跆拳道骨干、伤病情况等备课，同时要考虑到场地、器材的实际情况等，并如实详细记录。二是编写教案要规范，备课的详略程度应当合理。三是备课文字精练、准确，教法

---

① 黄鹤，王琦. 北京市部分跆拳道俱乐部教学现状分析及发展对策［J］. 北京工业职业技术学院学报，2008（3）：134-138.

运用正确。

5. 充分准备场地和器材

跆拳道教学离不开场地和器材支持，这些物质条件是上好跆拳道课的物质保证。在跆拳道课教学前，教师要自己或组织学生帮忙准备好场地、器材，并合理规划场地和布置器材。

（二）课堂管理

在跆拳道课堂教学中，教师既是跆拳道课的教学者，又是管理者，因而教师的上课管理直接决定跆拳道课的质量。跆拳道课堂教学以集中教学为主要方式，每一堂教学课的开展，都是在体育教师的组织安排下对学生进行传授和学习的，因而对教学课的组织管理有一定的要求①。

具体来说，在跆拳道课堂教学中，为保障课堂质量，对于教学课的组织与实施，体育教师应做好以下工作：

①明确教学目的。跆拳道教学目的既是课堂教学的出发点，也是教学活动的最终归宿，因而体育教师必须明确教学目的，同时使学生对教学目的有一定的了解，以便使教学活动能有序展开。

②科学选择教学内容。教学内容是跆拳道课堂教学的载体，是圆满完成教学任务的重要保障；正确的教学内容，应该体现科学性与思想性的统一。

③正确选择教学方法。跆拳道教学应遵循学生认知和身心发展的基本规律。通常，教学应以启发式教学为主，教学方式应该具有灵活性，可以充分调动学生学习的积极性，将传授知识与发展智力、教书与育人、统一要求与因材施教结合起来。

④严密组织课堂教学。课堂教学就是要实现"教"与"学"的密切配合，因此教学活动要结构紧凑，科学地分配时间，以提高教学效率和优化教学效果。

此外，跆拳道教学中，教师对课堂教学的管理还包括以下内容：课堂常规②的建立、课的合理分组、场地器材的运用、安全措施的运用、思想政治工作、教学方法手段的运用、调动学生积极性，以及教师本人和学生

---

① 邱丽妍. 视频反馈教学法在普通高校跆拳道教学中的实验研究 [D]. 广州：广州体育学院，2022.

② 课堂常规是指教学过程中教师与学生遵循的基本规范和行为准则，以确保教学活动的顺利进行，提高教学质量。

的服装要求等。

（三）课后总结

1. 课堂总结

在跆拳道教学课结束后，应及时进行课后总结，具体应包括以下内容：

①总结本次跆拳道教学课的任务完成情况、教学内容完成情况、课堂组织的合理性、内容安排的合理性、时间分配的可行性等。

②总结教师在本次跆拳道教学课中的执教情况，对教师的教态、讲解示范效果，以及教学方法进行得失分析。

③总结学生在本次跆拳道教学课中的学习情况，如学生是否按教师的要求完成了计划规定的练习内容；掌握知识、技术、技能的有效程度如何；有多少学生能初步学会，或基本学会、基本掌握所学内容。

2. 发现问题

研究学生在课堂中的表现，发现跆拳道教学课中存在的一些问题和不足，具体内容如下：

①学生课堂中的组织纪律性、练习积极性。

②学生跆拳道技能练习中普遍存在的问题和个别存在的问题。

③学生对练习形式的掌握理解、接受能力等。

3. 提出改进对策

针对跆拳道教学课中出现的一系列问题和不足，提出改进设想和对策。具体来说，体育教师可以广泛收集其他教师和本次课的教学对象对跆拳道教学效果的意见，包括通过对学生进行调查，了解学生对本次跆拳道课堂教学的评价，不断改进和提高教学效果。

第四节　跆拳道教学文件的设计

一、跆拳道教学大纲的制定

（一）教学大纲的概念

课程大纲设定了授课的基本职责，展现了教学活动的核心理念。它对教学内容的深度和广度、所需的教学时长做出了明确规定，并明确了评估学生学业成果的方法与标准。

跆拳道教学大纲规定了教学的基本任务、教学时数，并确定了课程的考核方法和基本标准，科学、合理的教学大纲能更好地促进跆拳道教学工作的开展。

（二）教学大纲的制定要求

①跆拳道教学大纲的制定应从跆拳道教学的实际出发，落实教学计划所规定的培养目标和要求，提出具体的跆拳道课程教学目的和任务。

②根据跆拳道运动的特点、课程的任务和时数来确定教材内容，突出基本理论与基本技能的教学训练与培养。

③在规划跆拳道课程时，应合理分配理论学习与实战练习的时间配比。这样做能够确保教学内容既涵盖了必要的理论知识，也提供了足够的实践机会，从而有效地完成既定的跆拳道教学目标和任务。

④在跆拳道教学大纲的制定中要注重教学内容的系统性、科学性和先进性。

⑤以跆拳道基本理论、基本技术与技能为重点。考核方法要能全面、客观地反映学生真实的理论、技术与技能水平，评分方法力求科学和合理，考核应公平公正，有助于全面、客观地评价学生并能促进学生的全面发展。

（三）教学大纲的具体内容

一般来讲，跆拳道教学大纲的内容应主要包括说明、跆拳道教学目的和要求、跆拳道教学内容及时数分配、正文、考评、跆拳道教材及主要参考书、跆拳道教学设施的准备和使用等。

1. 说明

对本大纲的适用范围和对象，指导思想、原则，使用时应注意的问题进行相关说明。

2. 跆拳道教学目的和要求

在跆拳道教学领域，教练需承担多项关键职责。首先，传授跆拳道的基础概念和理论，确保学生理解其文化背景与核心原则。其次，重点教授实战技巧、战略运用及基础动作，使学生掌握自卫和竞技的方法。再次，提高学生的体能也是教学的一部分，通过有针对性的训练计划增强他们的力量、速度、耐力及协调性。复次，思想品德教育和职业伦理的灌输也不可或缺，旨在培育学生的良好道德观念和专业精神。最后，重视集体协作的培养，鼓励学生发展团队合作能力和社交技能。

3. 跆拳道教学内容及时数分配

在设计跆拳道教学课程时，需要明确分配理论、技术训练、战术应用、规则裁判法以及相关基础能力培养的教学内容时数。同时，要确定理论与实践教学的比例，并详细规划理论教学的主题和所需课时。此外，考核评价的标准、教学所需的条件以及推荐阅读书目也需要考虑在内。

4. 正文

正文包括：本门课程的教学目的、任务；为完成教学任务而采取的主要措施、考核的内容和方法；教学内容的细目提要与基本要求、时数分配与各部分的比重；组织教法的形式、方法、要求；教材编选的原则等。

5. 考评

依据跆拳道教学的目的确定课程考核方法与标准。考核的内容主要包括理论知识、技战术和技能。成绩的评定主要包括思想品德、学习态度，基本理论知识、技术与技能等的评定。

6. 跆拳道教材及主要参考书

首先，列出本门课程使用的教材和主要教学参考书。其次，有选择性地参考一些比较权威的跆拳道专著，以丰富和补充跆拳道教学的内容。

7. 跆拳道教学设施的准备和使用

针对跆拳道教学活动中使用到的跆拳道场地、设备等进行规范和提出指导，以便于更加合理地使用跆拳道场地和设备，并做好跆拳道教学设施的维护和管理工作。

二、跆拳道教学进度的制定

（一）教学进度的概念

教学进度以教学大纲的任务和内容为主导，结合时数的合理分配，将教材中的知识点精确地映射到每一节课的教学计划中，是课程实施过程中的关键导向性文件。

跆拳道教学进度的制定应把握好跆拳道教学内容的逻辑性，教学内容应符合跆拳道知识技能认知学习的基本规律，并能充分反映教学方法和教学策略。

（二）教学进度的制定要求

①重视跆拳道教学逻辑关系，以合理的逻辑关系和迁移原理为指导。

在制定教学进度时，一定要注意将跆拳道运动知识单元和技术的合理逻辑关系充分体现出来，注意学习教材时迁移原理的积极作用，防止教学过程中的消极干扰。

②遵循跆拳道教学的循序渐进原则。在教学进度方面，要根据教学的实际情况和教学需要合理分配每次课的不同教学内容的分量以及搭配，从而在教学过程中逐渐提高学生的理论知识水平和运动能力。

③在全面的基础上突出教学重点。教学进度的制定要以教学大纲的要求和跆拳道运动技能形成的规律为主要依据，将教材内容安排到适当的位置。在全面考虑的基础上，有针对性地突出教学重点，帮助教师更加科学、合理地组织教学。

④将理论与实践辩证地统一起来。在制定教学进度时，理论课与实践课要合理安排，相互配合，理论指导实践，实践体现理论。

（三）教学进度的格式

跆拳道教学进度的格式有名称式和符号式两种。在规划课程安排时，教师要根据课程的先后顺序来确定各种教学材料的使用。具体来说，我们会将教材的具体名称按照预定的顺序填入相应的课程内容中。同时，我们还会根据课程的性质，明确指出所采用的教学结构和相关细节。

对于跆拳道训练而言，其课程规划遵循一种特定的编号系统。我们首先将教学内容按照既定的顺序一一列出，然后在相应的课程栏目下标记，以显示这些内容在课程中出现的顺序。这种标记通常以打勾的形式呈现，以清晰地表示哪些部分已经完成，哪些还未涉及。

三、跆拳道教案的制定

（一）教案的概念

教案，又称"课时计划"，它是教师根据教学进度编制而成的最为基础的教学文件。

教案是教师上课的依据，对教师积累资料、总结经验、提高对教学规律的认识具有非常积极的作用。因此，教案是非常重要的，它不仅是教学的依据，更能反映出一个教师的工作态度、专业素质、业务水平等。

（二）教案的制定要求

①明确教学任务及教学目标。在确定教学任务和目标时，应充分考虑培养目标的要求、教学大纲与进度的具体规定、教材的特点以及学生的实

际情况。这些要素是制订有效教学计划的关键依据，以确保教学内容既符合教育目标又贴合学生的学习需求。

②确定教学组织模式及教法。组织模式及教法应以本课的主要任务为依据，以保证课堂顺利、严谨地进行。

③注意合理选择和运用教法步骤、练习方法，合理安排练习次数和运动负荷。

④熟悉教学环境与条件，充分考虑学生人数、接受能力及运动场地、器材、设备等。

⑤注意教学的完整性和系统性，各个课次之间应承上启下，做好衔接，循序渐进。

⑥跆拳道教学课并非一成不变的，教学对象也存在诸多不确定性，因此跆拳道教案的制定应做到区别对待，因材施教。

（三）教案的格式

跆拳道教学中教案格式的选择具体可以根据实际情况有针对性地进行。较常用的主要有表格式教案和条文式教案两种。

1. 表格式教案

表格式教案，即教案的内容以表格的形式呈现。表格式教案的特点是直观明了，方便教师填写。

2. 条文式教案

条文式教案，即教案的内容以条文的形式呈现。跆拳道理论课程的教案设计通常采用条文式。在制订教学计划时，除了遵循表格式的课程规划要求外，还需要将讲授提纲与教学方法相结合，以支持理论课的内容讲解。

第五节　跆拳道教学成绩考核

一、考核内容

在跆拳道教学中，学生学习成绩的考核主要是指根据跆拳道教学培养目标、教学大纲所规定的考核范围和形式，以及不同年级、教学对象、教学阶段的具体要求进行考核。考核的内容包括最基本、最常用的重点技术、战术、理论知识、教学训练、组织竞赛与裁判工作能力等。

二、考核比重

在跆拳道教学成绩考核中，培养目标和教学计划不同，考核的内容、比重也不同，可根据实际情况有所侧重。一般高校跆拳道考核的内容及比重分配可参考表 7-1。

表 7-1　考核内容及比重

分类	比重（%）	内容
理论考核	30	跆拳道概论、礼仪、技战术理论、竞赛组织与编排、竞赛规则、裁判法
实践考核	40	跆拳道技术、跆拳道战术
能力考核	20	教学实习、组织竞赛、裁判实习、技战术运用
平时考核	10	考勤、课堂提问、课外作业

三、考核形式

（一）理论考核

1. 口试

考核形式：可以采用课堂提问或专题答辩的形式进行。

考核目的：了解学生掌握跆拳道运动理论知识的深度和广度、分析和解决问题的能力及语言表达能力。

2. 笔试

考核形式：可以采用开卷和闭卷两种形式。

考核目的：开卷主要考核学生运用知识分析和解决问题的能力，适用于高年级学生；闭卷主要考核学生对记忆性的跆拳道运动知识的掌握，适用于低年级学生。

3. 题型及比例

跆拳道运动理论考核多采用标准化考试的方法，教学成绩考核的题型和比例设计应注意突出以下两点：

第一，理论考试命题不仅要能较好地反映学生掌握跆拳道运动基本理论知识的程度，选择试题内容要符合教学大纲的要求，题型应多样化，如填空、选择、判断、概念、绘图、简答题、论述题、分析运用等。

第二，理论考试命题不仅要反映出各种不同指标的试题形式，还要掌握好主、客观试题的比例。试题难易度应适中，区分度要良好，确保考试的可信度。

具体题型及比例分配可参考表 7-2。

表 7-2　跆拳道理论考核题型及比例分配表

内容	题型							比例
	填空	鉴别	选择	概念	绘图	计算	论述	合计（%）
跆拳道运动概述	3	3	2	2	0	0	0	10
跆拳道技术	6	5	6	5	0	0	2	24
跆拳道战术	2	4	4	4	4	0	2	20
技战术教学	2	3	2	3	3	0	1	14
规则与裁判法	5	5	5	4	2	0	1	22
竞赛组织与编排	2	2	1	2	1	2	0	10
合计（%）	20	22	20	20	10	2	6	100

（二）实践考核

1. 技术评定

根据学生完成技战术动作的质量进行评分。考核前按动作结构和配合过程，把所要进行考核的技术、战术分为若干个环节，根据各个环节完成情况予以评分。

评分标准：采用 10 分制、百分制或等级制，最后转换为学生实际得分数。

2. 达标测试

根据学生完成技术动作的速度、准确性，按一定的要求制定评分表进行测试。达标测试适用于单个技术动作组合技术的考核，可单独采用，也可与技评相结合使用。

评分标准：采用 10 分制或百分制。

（三）能力考核

教师根据学生的跆拳道技战术运用能力和实际工作表现来评定其基本能力的成绩。评分标准可采用百分制或等级制。考核方法与内容具体如下：

①通过两人对抗考核学生在实践中运用跆拳道技战术的能力。

②通过教学实习（准备活动或技战术教学实习）考核学生组织教学的能力。

③通过组织跆拳道竞赛，考核学生组织跆拳道竞赛、跆拳道竞赛编排和跆拳道裁判能力。

第八章　跆拳道运动的竞赛规则

第一节　跆拳道运动竞技竞赛规则及解释

一、目的

跆拳道运动竞技竞赛规则的目的是为世界跆拳道联盟（WTF）、WTF洲际联盟（CU）和 WTF 会员国及地区协会（MNA）主办或认可的各级比赛提供标准化规则，旨在确保与竞赛有关的所有事项均以公平有序的方式进行。

说明："目的"是要确保全球范围内的跆拳道比赛遵循统一的标准。任何不遵守这一核心规则的比赛都不会被认为是正式的跆拳道竞赛。

二、适用范围

跆拳道运动竞技竞赛规则适用于所有由 WTF、CU 和 MNA 主办或认可的比赛。但是，任何想要修改一些或部分竞赛规则的 MNA 须经 WTF 的事先批准。如果 CU 或 MNA 未经 WTF 的事先批准而违反本规则，则 WTF 可以行使其酌情权驳回或撤销其对有关国际赛事的批准。此外，WTF 可能会对相关的 CU 或 MNA 采取进一步的纪律处分。

所有 WTF 和/或 CU 和/或 MNA 主办或认可的比赛都应遵守 WTF 条例、争议解决和纪律处分章程以及所有其他相关规则和条例。

所有 WTF 和/或 CU 和/或 MNA 主办或认可的比赛都应该遵守 WTF 医疗准则和 WTF 反兴奋剂规则。

解释：

事先获批：任何组织需要变更现有规则的任何条例，必须在规定比赛时间一个月之前将所更改的内容及其理由报请 WTF 审批。WTF 主席批准后，WTF 可在技术代表的判定下对其主办的比赛进行修改并应用本规则。

三、竞赛场地

（一）场地标准

竞赛场地应当平整且畅通无阻，地面应覆盖具有弹性的防滑垫。在特定情况下，可以将竞赛场地设置于一个高度介于 0.6~1.0 m 的平台上。场地的边界线外侧应设计成一个不超过 30° 的斜坡，以向下倾斜的方式确保运动员的安全。

（二）位置标注

竞赛区域的外缘线应称为边界线（Boundary Line），竞赛场地的外缘线应称为外围线（Outer Line）。

靠近记录台的前外缘线应称为第 1 外围线，顺时针旋转依次为第 2、第 3、第 4 外围线。与第 1 外围线相邻的边界线应称为第 1 边界线，顺时针旋转依次为第 2、第 3、第 4 边界线。如果是八角形的竞赛区域，靠近第 1 外围线的边缘线被称为第 1 边界线，顺时针旋转依次为第 2、第 3、第 4、第 5、第 6、第 7、第 8 边界线。

主裁与参赛运动员于竞赛开始与结束时的位置：参赛运动员的位置应该在竞赛区域中心点 1 m 以外的两个对立点上，与第 1 外围线平行。主裁应安排在竞赛区域中心向第 3 外围线 1.5 m 处。

边裁位置：第一名裁判应位于距第 2 边界线角落至少 2 m 处。第二名裁判应位于第 5 边界线中心以外至少 2 m 处。第三名裁判应位于距第 8 边界线角落至少 2 m 处。如果设有两名裁判，第一名裁判的位置点应距离第 1 边界线中心至少 2 m，第二名裁判的位置点应距离第 5 边界线中心至少 2 m。裁判的位置可能会改变，以便媒体、直播和赛事呈现等工作。

记录仪和即时录像回放系统（IVR）的位置：记录仪和 IVR 应位于距第 1 外围线 2 m 处。记录仪的位置可能会改变，以适应场地环境、媒体播出和赛事呈现的要求。

教练的位置：教练的位置应在其参赛运动员一方外线中点至少 2 m 以外的地方标出。可以改变教练的位置以适应场地的环境、媒体播出和赛事呈现的要求。

检查台的位置：检查台应位于比赛区域入口处，这样方便对运动员的护具进行查验。

解释 1：

弹性垫材：垫材的弹性与滑度必须在比赛前经由世界跆拳道联盟检验认证通过。

颜色：垫材表面的颜色必须避免严重反光的色泽或是容易造成运动员和观众视觉疲劳的颜色。颜色搭配必须与运动员的服装、装备以及竞赛场地的表面颜色相匹配。

解释2：

检查台：检查工作人员检查参赛运动员佩戴的所有用品是否为WTF所批准并适合参赛运动员。如果发现不适，需要请参赛运动员更换护具。

四、参赛运动员

（一）参赛资格

运动员的参赛资格需要：参赛队伍国籍拥有者；有WTF或MNA的推荐；有国技院或WTF颁发的段位或级位证书；拥有WTF的全球运动员执照；年龄在17岁以上的可参加相关年份主办的成人比赛（青少年锦标赛15~17岁，少年锦标赛12~14岁）。

（二）比赛服装和竞赛装备

在所有列于WTF赛事日历的比赛中，必须使用WTF批准认证的道服或比赛服装以及所有例如但不限于地垫、保护和计分系统（PSS）、IVR、护具等竞赛装备（道服或比赛服装、护具和所有其他装备的规格应该分开阐述）。

参赛运动员须穿着世界跆拳道联盟所认证的道服、头盔、护胸、护臂、手套、护挡、护腿和电子感应袜（使用PSS的情况下），并在进入竞赛区之前佩戴护具。进入竞赛区域时头盔必须夹于左臂下。在竞赛开始前，应遵循主裁指示戴上头盔。

穿着道服时，护臂、护腿应戴在道服内；穿着比赛服装时，护臂、护腿应戴在服装内。

参赛运动员应自带WTF认可的护具，如手套、护齿等，以供个人使用。少年运动员的头盔必须配备有面罩。禁止穿戴头盔以外的任何物品。与宗教信仰相关的物品，应提前获得许可并佩带在头盔或道服内，且不得造成伤害或妨碍对方运动员。

组委会对竞赛器材的职责：

组委会（WTF主办赛事）负责自费为所有相关材料、设备和相关技术人员准备以下WTF认可的设备，以供赛事使用，包括：护胸和头盔相关的器材与设备（PSS）的供应公司的选择由世界跆拳道联盟决定（世界跆拳道少年锦标赛应使用带面罩的头盔）；垫材；其他防护装备的存放（电子感应袜、手套、护臂、护腿、护挡以及道服或比赛服装）；即时录像回放系统（IVR）与其相关设备，包含但不限于摄像机（每个场地最少 3 台，决赛和半决赛最少 4 台摄像机，其中包括一台置顶摄像机），竞赛数据及时反馈给 IVR 以供录像审议。G-12 以上级别的比赛应使用 4D 技术 IVR 系统；赛场内巨型屏幕（用于展示赛程树状图以及运动员的数据等）；观众计分显示屏（用于 IVR 影像展示，最少 12 个）；赛场计分显示屏（用于显示计分，每个场地最少 4 个）；在运动员检录区或热身区的实时展示系统（RTDS）；在裁判休息室或等候区的实时裁判呼叫系统（RTRCS）；裁判休息室直播比赛的电视。

如有本节未明文规定的其他竞赛设备应在 WTF 竞赛操作指南中进行说明。

组委会（WTF 主办赛事）负责自费在训练场地准备以下设备和材料：护胸和头盔相关器材与设备；垫材；固定自行车；跑步机；紧急救护应急设备（详见医疗规范）；制冰器具；冰箱；瓶装水。

组委会有责任获得 WTF 对准备设备数量的批准。

（三）反兴奋剂测试

WTF 主办或认可的跆拳道比赛中，禁止使用或施用世界反兴奋剂组织（WADA）禁止列表中描述的任何药物或化学物质。WADA 反兴奋剂规则适用于奥运会和其他综合赛事的跆拳道比赛。WTF 反兴奋剂规则应适用于 WTF 主办和认可的比赛。

WTF 可以进行任何认为必要的兴奋剂检测，以确定参赛运动员是否违反了本规则，任何拒绝接受该检测或证明已违反该规则的参赛队员将被从最终排名中删除，并且该记录将由比赛排名的次位参赛运动员递补。

组委会负责做好兴奋剂检查的一切必要准备工作。

WTF 反兴奋剂规则的细节应作为章程的一部分制定。

解释 1：

参赛队国籍的持有者：当参赛运动员代表国家参赛时，他（她）的国籍取决于提交参赛申请前代表的国家。国籍的核实将在护照审查时进行。拥有两个或多个国籍的选手可以视其选择，代表其中任何一个国家参赛。

但是，在选手国籍变更的情况下，只有选手代表某个国家参加以下赛事期满 36 个月，他（她）才可以代表其他国家参赛，包括：奥运会；奥运会资格赛；四年一次的洲际综合赛事；两年一次的洲际锦标赛；世跆联主办的世锦赛。

若 NOC 或 WTF 同意，这一期限（36 个月）可以缩短甚至取消。WTF 可随时对违反本条例的运动员及其 MNA 实施纪律处分，包括但不限于剥夺其比赛成绩。但是对于 16 岁或以下的运动员，除非对赛两国中有一国提起申诉，否则本条例不适用。如有争议，WTF 应进行评估并做出最终决议。决议一旦做出，将不再接受进一步申诉。

解释 2：

MNA 推荐人员：MNA 应保证运动员的无妊娠情况、性别，并确保所有参赛队员已接受体检，结果正常，适合参赛。此外，MNA 负责购买其参赛运动员及官员在比赛期间（WTF 主办赛事）的意外健康险和公共责任险。

解释 3：

护齿：护齿的颜色只能是白色或透明。但若有医生诊断证明使用护齿会对运动员造成伤害，则该名运动员可不佩戴护齿。佩戴牙套（矫正牙套）运动员应使用牙医建议的牙套专用护齿，并递交牙医提供的报告文件，阐明运动员佩戴该护齿不会有任何健康隐患。

解释 4：

头盔：比赛期间只能佩戴红色或蓝色的头盔。

解释 5：

即时录像回放系统（IVR）：组委会有责任确保能提供 WTF 要求的比赛播出反馈。

解释 6：

绑带：在运动员检查时，应严格检查他们手部和脚部绑带的贴包扎。检查员可以请求 WTF 委员会医生的同意，对绑带进行二次贴包扎。在称重时，参赛运动员应拆下绑带检查是否有开放性创伤、划伤或流血。

五、量级区分

世界级别分为男子组与女子组，级别分类如表 8-1 所示。

表 8-1 世界级别男子组与女子组的分类

男子组		女子组	
级别	体重	级别	体重
53 kg 以下	54 kg 以下	46 kg 以下	46 kg 以下
58 kg 以下	54 kg 以上 58 kg 以下	49 kg 以下	46 kg 以上 49 kg 以下
63 kg 以下	58 kg 以上 63 kg 以下	53 kg 以下	49 kg 以上 53 kg 以下
68 kg 以下	63 kg 以上 68 kg 以下	57 kg 以下	53 kg 以上 57 kg 以下
74 kg 以下	68 kg 以上 74 kg 以下	62 kg 以下	57 kg 以上 62 kg 以下
80 kg 以下	74 kg 以上 80 kg 以下	67 kg 以下	62 kg 以上 67 kg 以下
87 kg 以下	80 kg 以上 87 kg 以下	73 kg 以下	57 kg 以上 73 kg 以下
87 kg 以下	87 kg 以上	73 kg 以下	73 kg 以上

奥运会级别男子组与女子组的分类如表 8-2 所示。

表 8-2 奥运会级别男子组与女子组的分类

男子组		女子组	
级别	体重	级别	体重
58 kg 以下	58 kg 以下	49 kg 以下	49 kg 以下
68 kg 以下	58 kg 以上 68 kg 以下	57 kg 以下	49 kg 以上 57 kg 以下
80 kg 以下	68 kg 以上 80 kg 以下	67 kg 以下	57 kg 以上 67 kg 以下
80 kg 以上	80 kg 以上	67 kg 以下	67 kg 以上

青年锦标赛级别男子组与女子组的分类如表 8-3 所示。

表 8-3 青年锦标赛级别男子组与女子组的分类

男子组		女子组	
级别	体重	级别	体重
45 kg 以下	45 kg 以下	42 kg 以下	42 kg 以下
48 kg 以下	45 kg 以上 48 kg 以下	44 kg 以下	42 kg 以上 44 kg 以下
51 kg 以下	48 kg 以上 51 kg 以下	46 kg 以下	44 kg 以上 46 kg 以下
55 kg 以下	51 kg 以上 55 kg 以下	49 kg 以下	46 kg 以上 49 kg 以下
59 kg 以下	55 kg 以上 59 kg 以下	52 kg 以下	49 kg 以上 52 kg 以下
63 kg 以下	59 kg 以上 63 kg 以下	55 kg 以下	52 kg 以上 55 kg 以下
68 kg 以下	63 kg 以上 68 kg 以下	59 kg 以下	55 kg 以上 59 kg 以下

男子组		女子组	
级别	体重	级别	体重
73 kg 以下	68 kg 以上 73 kg 以下	63 kg 以下	59 kg 以上 63 kg 以下
78 kg 以下	73 kg 以上 78 kg 以下	68 kg 以下	63 kg 以上 68 kg 以下
78 kg 以上	78 kg 以上	68 kg 以上	68 kg 以上

青奥会级别男子组与女子组的分类如表 8-4 所示。

表 8-4　青奥会级别男子组与女子组的分类

男子组		女子组	
级别	体重	级别	体重
48 kg 以下	48 kg 以下	44 kg 以下	44 kg 以下
55 kg 以下	48 kg 以上 55 kg 以下	49 kg 以下	44 kg 以上 49 kg 以下
63 kg 以下	55 kg 以上 63 kg 以下	55 kg 以下	49 kg 以上 55 kg 以下
73 kg 以下	63 kg 以上 73 kg 以下	63 kg 以下	55 kg 以上 63 kg 以下
73 kg 以上	73 kg 以上	63 kg 以上	63 kg 以上

少年级别男子组与女子组的分类如表 8-5 所示。

表 8-5　少年级别男子组与女子组的分类

男子组		女子组	
级别	体重	级别	体重
33 kg 以下	33 kg 以下	29 kg 以下	29 kg 以下
37 kg 以下	33 kg 以上 37 kg 以下	33 kg 以下	29 kg 以上 33 kg 以下
41 kg 以下	37 kg 以上 41 kg 以下	37 kg 以下	33 kg 以上 37 kg 以下
45 kg 以下	41 kg 以上 45 kg 以下	41 kg 以下	37 kg 以上 41 kg 以下
49 kg 以下	45 kg 以上 49 kg 以下	44 kg 以下	41 kg 以上 44 kg 以下
53 kg 以下	49 kg 以上 53 kg 以下	47 kg 以下	44 kg 以上 47 kg 以下
57 kg 以下	53 kg 以上 57 kg 以下	51 kg 以下	47 kg 以上 51 kg 以下
61 kg 以下	57 kg 以上 61 kg 以下	55 kg 以下	51 kg 以上 55 kg 以下
65 kg 以下	61 kg 以上 65 kg 以下	59 kg 以下	55 kg 以上 59 kg 以下
65 kg 以上	65 kg 以上	59 kg 以上	59 kg 以上

解释1：

"以下"：指体重精确到小数点后一位。例如，50.0 kg 以下级别，50.0 kg 为合格，50.1 kg 超过限重，宣布失格。

解释2：

"以上"：50 kg 以上级别，体重 50.1 kg 起为合格，50.0 kg 及以下未达标，宣布失格。

六、竞赛分类与方法

（一）竞赛分类

个人赛：通常，竞赛是在体重相同的运动员之间进行的。在特定情况下，邻近的体重级别可以合并形成新的分类。每位参赛者在赛事中仅限于加入一个级别的比赛。

团体赛：团体赛的竞赛方法和重量级区分在《世界跆拳道团队锦标赛指南》中有规定。

（二）赛制分类

赛制分类：单败淘汰制；循环赛制。

奥运会跆拳道项目和四年一次的洲际综合赛事采用单败淘汰制，或单败淘汰制与复活赛制相结合的方式。

WTF 认可的所有国际赛事应至少有四个国家参加，且每个重量级别的比赛应该至少有 4 名选手参加（必须实际出场比赛）。WTF 不认可任何少于四个国家参加的赛事或少于 4 名选手参加的重量级别比赛的结果。

世界跆拳道大奖赛将根据最新的《WTF 大奖赛指南》举办。

说明：

在锦标赛赛制中，比赛以个人赛为基础。但是，根据综合评分法，参赛队得分也可以是个人得分的总和。

参赛队的最终得分将通过一系列标准来确定，具体如下：每位运动员在通过体重检测后，将获得 1 分的基础分；每赢得一场比赛（包括因对手缺席而轮空的场次）将增加 1 分；每获得一枚金牌将额外增加 120 分；每获得一枚银牌将额外增加 50 分；每获得一枚铜牌将额外增加 20 分。如果两支参赛队得分相同，那么他们的名次将根据以下准则来决定：首先，按照队伍获得金牌、银牌、铜牌数量的排序；其次，按照参赛运动员的排序；最后，按照在较大级别中获得分数较多的排序。

在团体赛制中，每场团体赛的结果都由各个参赛队的比赛结果决定。

解释1：

整合重量级别：整合方法应遵循奥林匹克重量级别规则。

七、比赛时间

比赛共设3局，每局持续2 min，2局之间将有1 min的休息时间。若常规3局后双方得分相同，则在短暂休息1 min之后，将进行时长为1 min的决胜局，俗称"黄金加时赛"。

比赛时长可根据相关比赛技术代表的决议调整为1 min×3局，1 min 30 s×3局，2 min×2局或5 min×1局（每位参赛运动员有1次30 s的暂停时间）。

八、抽签

抽签日期应在竞赛规程中明确。每队至少派一名代表参与抽签，参赛队伍有责任在抽签前确认其参赛。如参赛队无代表参加抽签，该参赛队应指派一名代理，并在抽签开始前告知技术代表或组委会。

抽签方式包括人工随机抽签和电脑随机抽签两种。抽签的方法和顺序应由技术代表决定。

根据WTF的积分排名，一部分选手为种子选手。种子选手的人数应在竞赛指南或规程中列出。在WTF认可的所有比赛中，至少有25%的选手将获得种子选手资格。

九、称重

参赛运动员在比赛日前一天进行统一称重。称重的具体时间由组织委员会设定，并在领队会议上公布给所有参与的队伍。注意，每次执行称重的流程将控制在2小时之内完成。

每个比赛日上午将在场馆进行随机称重。所有通过统一称重的运动员必须在开赛前2个小时参加随机称重。如有运动员随机称重时没有出现，将被取消参赛资格。随机称重必须在每个比赛日开赛前30 min完成。

随机称重：在竞赛规程中公布随机称重的选择比率，在每个比赛日开赛前2个小时由电脑根据选择比率随机抽出参加称重的运动员；进行随机称重时，根据级别，允许体重向上浮动5%，也允许体重低于该级别体重。

称重时，男性运动员穿着内裤，女性运动员穿着内裤和胸罩。但是，若运动员愿意，可以裸体称重。

少年和青年运动员必须穿着内衣称重，可以抵消体重 100 g。

统一称重只进行一次，但是第一次称重未通过的运动员在称重结束前有第二次称重机会。每名参加随机称重的运动员只有一次称重机会，没有第二次称重机会。

为保证通过称重，在运动员驻地和比赛场地放置和统一称重相同的体重秤进行预称重。

解释1：

比赛当日的参赛运动员：指在组委会或 WTF 排定的比赛日进行比赛的参赛选手。

解释2：

男女运动员分开称重：称重官员应与称重的参赛运动员性别一致。

解释3：

称重时的失格：若参赛运动员称重失格，将不会获得任何排名积分。

解释4：

试称体重秤与正式体重秤相同：试称体重秤必须与正式体重秤型号相同，并具有相同的精确度，在赛前由组委会核对无误。

十、比赛程序

（一）参赛运动员检录

运动员检录台将在比赛预计开始前 30 min 呼叫参赛选手姓名三次。若参赛运动员在第三次检录时未能报到，将宣布其失格。

（二）身体、服装及相关用品检查

检录后，参赛运动员应接受 WTF 指定检查员在指定的检查台对其进行身体、服装及用品检查。参赛运动员不得违抗检查，不得使用任何可能对其对手产生伤害的物品。

（三）进入竞赛区域

检查后，参赛运动员应在一名教练、一名队医或理疗师（如果有的话）的陪同下进入教练区。

（四）比赛开始前与比赛结束后的程序

①在每场比赛拉开帷幕之前，主裁判会发出"青（Chung）"与"红

（Hong）"的指令，此时，对抗双方需将头盔夹在左臂之下步入竞技场地。若参赛运动员未到场，或在教练区未及时穿戴全套服装，包括全套护具、制服等，他（她）将被视为弃权，主裁判将宣布其对手为获胜方。

②双方运动员相向站立，听到主裁判发布"立正（Cha-ryeot）和敬礼（Kyeong-rye）"的口令时互相鞠躬。在进行鞠躬时，应确保站立姿势自然，随后腰部向前弯曲至少达到30°，与此同时，头部向下弯曲不应少于45°。完成鞠躬动作之后，选手需要佩戴上头盔。

③每场比赛在主裁判的"开始（Shi-jak）"口令后正式开启。

④比赛将在裁判员发出"停（Keu-man）"的指令时结束，如果裁判员没有发出这个指令，那么比赛将在预定时间结束时自动结束。需要注意的是，即便比赛时间已到，裁判员依然有权发出"严重警告（Gam-jeom）"并记录在比赛成绩内。

⑤主裁判给出"分开（Kal-yeo）"的口令时，比赛暂停；当主裁判给出"继续（Kye-sok）"的口令时，比赛继续。记录员必须在听到"分开（Kye-sok）"的口令时立即停止读秒，并在听到"继续（Kye-sok）"的口令时立即恢复读秒。

⑥最后一局比赛结束后，主裁向获胜方举手并宣布其胜利。

⑦选手退场。

（五）团体赛程序

①双方队伍应按照提交的参赛队伍顺序，面朝第1边界线方向相向列队站立。

②双方队伍需到比赛场外指定的区域等候上场。

③末局结束后，双方队伍立即进场相向列队站立。

④主裁向获胜方举手示意。

解释：

队医、按摩师、运动康复师或理疗师：在提交随队参赛官员名单时，应附上队医、按摩师、运动康复师或理疗师相关且有效的英文书写的执照复印件。核实后，应发放给队医、按摩师、运动康复师或理疗师证件卡。只有获得证件卡的人员才可与教练一同进入比赛区域。

执裁指导：在使用PSS时，主裁判应检查两名运动员佩戴的PSS和电子感应袜是否正常工作。但是，为节约比赛时间，这个过程可以取消。

十一、有效得分

有效拳的技术击中躯干护具得 1 分。

有效腿的技术击中躯干护具得 2 分。

有效腿的技术击中头部护具得 3 分。

有效旋转技术击中躯干护具得 4 分。

有效旋转技术击中头部护具得 5 分。

给出一个"严重警告（Gam-jeom）"判罚，对方运动员得 1 分。

十二、计分和公布

有效得分的判定主要应由安装在 PSS 上的电子计分系统来完成，而拳打技术的得分或转身技术所得的额外分数则应通过手动计分装置进行评定。若未使用 PSS，则所有得分将由边裁判员通过手动计分方式来决定。

当头部的 PSS 系统未与躯干 PSS 同步使用时，任何针对头部的技术攻击得分将通过边裁判员手动记录来决定。

若 PSS 判定某次转身技术攻击无效，那么该次攻击所得的加分也将一并取消。

在比赛中，如果三个角落各设有一名边裁判员时，需要至少两位边裁判员认可才能确认一个得分有效。

若是两个角落各有边裁判员的情况下，同样需要两位边裁判员的认可来确认有效得分。

主裁判在观察到选手因遭受有效击打后出现站立不稳、出血或被踢中头部倒地等情况时，将开始执行读秒程序，但如果头部 PSS 没有记录这一得分，主裁判可以在读完秒后请求即时视频回放（IVR）来判断是否应该给分。

十三、犯规行为与判罚

违规行为及其相应处罚将由主裁判以"严重警告（Gam-jeom）"口令形式宣布。根据此规定，每次"扣分"将直接为对方选手增加 1 分。

以下行为被视为违规，并应受到"严重警告（Gam-jeom）"的处罚：

①跨越边界线。

②故意倒地。

③故意躲避比赛。

④抓住或推动对手运动员。

⑤通过提高膝盖阻挡和/或踢击对方运动员的腿部来阻碍进攻，或者在空中持续踢击动作超过 3 s 以阻碍进攻，或者有意瞄准对方运动员腰部以下部位进行踢击。

⑥对腰部以下部位进行踢击。

⑦在主裁判发出"分开（Kal-yeo）"指令后继续进攻。

⑧用手击打对方运动员的头部。

⑨用膝部冲撞或攻击对方运动员。

⑩攻击已经倒地的运动员。

⑪在紧贴的情况下，将膝部向外，使用脚侧或脚底击打电子护具。

运动员或教练员出现如下不当行为：

①忽视或违反主裁判的指令和裁决。

②对比赛官员的决定表示不敬或采取不当行为。

③通过不适当的方式试图干扰或操纵比赛结果。

④以挑衅或无礼的方式对待对手或其指导人员。

⑤让未经授权的医疗人员或运动队相关人员占据本应由合格医生使用的席位。

⑥任何其他形式的严重不当行为，包括言语上的冒犯或违反体育精神的行为。

在比赛中，若教练员或运动员未能遵守主裁判的指令或表现出不当行为，主裁判有权展示黄牌作为对其行为的警告。之后，比赛监督委员会需对此行为进行审查，以决定是否对相关个体施加惩处。

如选手屡次故意不遵守规则或主裁判的明确指示，主裁判可以出示黄牌，立即停止比赛，并直接宣布对手为胜方。

此外，如果主裁判或场内的官员怀疑选手或教练试图调整 PSS 传感器的灵敏度或以其他不正当方式干预 PSS 系统以影响其正常运作，他们将与 PSS 技术人员协商，确认情况后将采取必要措施。一旦确认，涉事选手将被剥夺比赛资格。

同时，当选手在比赛中因违规行为累积达到 10 次扣分时，主裁判应判定此选手败北，结束其比赛。

说明：

制定违规行为及其相应处罚的主要目的包括：保障参赛选手的人身安全；保证赛事的公正性与透明性；激励选手遵循正确的技巧和策略。

十四、黄金得分与优势判定

若 3 局比赛结束时双方平分，进行第 4 局金赛局（加时赛），时间为 1 min。

进入金赛局，运动员前 3 局的得分归零。

金赛局中，首先获得 2 分及以上分数的运动员为获胜方；或者一方运动员被判罚两个"Gam-jeom"时，对方运动员获胜。

金赛局结束时，如果双方都没有达到 2 分，胜利者将根据以下优先顺序确定：

①在金赛局中，使用拳击技术获得 1 分的选手。

②如果在金赛局中没有选手通过拳击获得 1 分，或者两位选手都通过拳击获得了 1 分，那么在本局比赛中，电子护具检测到的打击次数较多的选手将被判定为胜利者。

③如果电子护具记录的打击次数相同，则前 3 局中赢得较多局数的选手将被认定为胜利者[①]。

如果两位运动员获胜的局数一致，则判罚"Gam-jeom"次数较少的选手胜出。

如上述获胜标准均一致，则由临场主裁判员和边裁判员根据金赛局双方运动员的表现进行优势判定。如果优势判定决定为 2 比 2，则根据主裁判员的判定决定获胜方。

解释 1：

优势判定应基于对手的技术优势，通过积极的比赛掌控、较多的技术运用、难度和复杂程度较高的技术运用以及更好的方式展示。

解释 2：

如果一名运动员在对手踢中躯干之前成功完成了踢头，但躯干 PSS 已经计分，则该运动员的教练可要求录像审议。如果录像审议员判定踢头有

① 高志红，冯巨涛，任文岗，等. 新规则和电子护具的使用对跆拳道技术应用的变化与影响［J］. 中国体育科技，2010，46（4）：86-89，98.

效，且执行动作时间早于躯干 PSS，则裁判应宣布躯干 PSS 得分无效。然后，宣布踢头得分，并宣布踢头的运动员为胜方。

执裁指导：

在比赛开始前，主裁判员需确保携带"优势判定卡"。一旦赛事进入"优势判定"阶段，主裁判员将宣读"Woo-se-girok"口令，以记录优势。主裁判员给出口令后，边裁判员在 10 s 内低头记录下获胜方并签名递交给主裁判员。主裁判员收集所有"优势判定卡"，记录最终结果并宣布获胜方。宣布获胜者后，主裁判员会将"优势判定卡"交给记录台，再由记录台转交给世界跆拳道联盟的技术代表。

十五、获胜方式

比赛获胜的方式包括：主裁判员终止比赛胜（RSC）；最终比分胜（PTF）；分差胜（PTG）；金赛局金分胜（GDP）；优势判定胜（SUP）；弃权胜（WDR）；失格胜（DSQ）；主裁判员判罚犯规胜（PUN）；违反体育道德行为胜（DQB）

十六、击倒

在进行合规的搏击时，应当宣布击倒的情况包括：当对手因为受到有效的进攻而使得身体的任何部分除了双脚之外接触到地面；当运动员因为对手的得分动作而身体失衡，失去比赛的意识和能力；当裁判员根据规则判断，被攻击者因遭受合规技术影响，无法继续参与比赛。

解释：

击倒：当运动员因受到打击而倒在地上，身体摇摆不定，或无法达到比赛所需的水平时，可以被认定为"击倒"。即使在缺少这些明显迹象的情况下，如果裁判员认定继续进行比赛将对运动员构成威胁或者无法保证其安全，同样可以被视为"击倒"。

十七、技术官员

（一）技术代表

资格：世界跆拳道联盟主席可根据世界跆拳道联盟秘书长的推荐，为WTF 主办的赛事指派技术代表。

任务：技术代表负责确保世界跆拳道联盟竞赛规则的正确实施，并主持领队会议以及抽签、抽答、称重，竞赛结果须经技术代表认可后才能对外公布。技术代表在竞赛区域以及在与竞赛管理委员会协商竞赛总体的技术事项中有最终决定权。技术代表应就有关竞赛规则没有规定的任何事项做出最后的决定。技术代表也担任竞赛管理委员会主席。技术代表负责报告赛事评估事项。

（二）竞赛监督委员会（CSB）成员

资格：CSB成员应由WTF主席根据秘书长的推荐，从具有足够跆拳道比赛经验和知识的人员中任命。

组成：WTF主办的赛事上，CSB应由一名主席与不超过四人的成员组成。

世界跆拳道联盟组委会、裁判委员会与跆拳道医务人员会以及跆拳道运动员委员会主席，应列为当然委员（Ex-officio Member）。不过，如有必要，主席可调整人员构成。

任务：CSB应协助技术代表处理竞赛事务与相关技术的问题，以确保竞赛得以顺利进行。CSB主要负责评估审核陪审与裁判员的表现。竞赛管理委员会在竞赛过程中也应兼任临时执裁委员会，以处理关于管理竞赛方面的事务。

（三）裁判人员

1. 资格

WTF注册的国际裁判证书持有者。

2. 任务

（1）主裁判员

比赛中，裁判员全权负责监督和管理比赛的进行。根据实时的比赛状况，迅速做出指令，如"开始（Shi-jak）""分开（Kal-yeo）""暂停（Shi-gan）""继续（Kye-shi）""结束（Ke-man）"，并决定是否扣分或对选手进行处罚，同时判定最终的胜者；裁判员按照既定规则行使其判决权；根据规则，主裁判员通常不直接参与计分工作。然而，若在竞赛中发现一个或多个副裁判员认为有得分未被正确记录而示意时，主裁判员将召集副裁判员们（包括他本人及三位副裁判员）进行讨论以达成一致的判决。在两位边裁判员要求下更改判决，主裁判员必须接受并更正判决。在一位主裁判员和两位边裁判员的编制下，有两位裁判员同意的情况下可修改计分结果。

在《跆拳道竞赛规则（竞技）》第 15 条所界定的情况下，如有必要，应在 4 局结束后由裁判官员做出优势判定。

（2）边裁判员

即时计分；当主裁判员提出要求时，如实回答主裁判员的问询。

（3）录像审议员（RJ）

录像审议员应审查即时回放，并在 30 s 内将决定通知主裁判员。

（4）技术助理

技术助理应在竞赛过程中保持监控记分牌计分、宣告判罚与时间是否正确，并立即通知主裁判员在相关方面的任何棘手问题。

技术助理应与系统操作和记录人员保持密切沟通以通知主裁判员开始或停止竞赛。

技术助理应手动记录所有的分数、判罚与实时录像回放审查（IVR）结果于技术助理的报表上。

3. 各竞赛场地裁判人员的组成

由 1 名主裁判员和 3 名边裁判员组成或由 1 名主裁判员和 2 名边裁判员组成。

4. 裁判员的指派

主裁判员和边裁判员的指派应在比赛时间表确定后进行。

同场赛事中，主、边裁判员不得与参赛运动员具有相同国籍。但当裁判员人数不足时，边裁判员可例外。

裁判责任：主裁判员和边裁判员的判定为终局判定，其判定内容向竞赛监督委员会负责。

制服：主裁判员和边裁判员应穿着 WTF 指定的制服；裁判员不得携带可能妨碍比赛的物品进入比赛场地。如有必要，裁判员在比赛场地使用手机可能会受到限制。

（四）记录员

负责竞赛计时、暂停时间、终止竞赛，以及记录并公布比分与违规的记录。

解释：

裁判官员必须单独住在一个酒店里，以避免与运动员接触。酒店距离场馆车程时间应小于 20 min。

说明 1：

裁判员的资格、职责、组织等情况，应遵守 WTF 关于国际裁判管理的规定。

说明 2：

技术代表在与竞赛监督委员会协商后，可更换或处罚指派错误、执裁不公或造成多次不合理错误的裁判人员。

执裁指导：

如果边裁判员对于合法攻击脸部所给的分数不一致，如一位边裁判员给 1 分，另一位给 2 分，其他的没给分，因而没有被视为有效得分，或是计时、计分判罚错误的情况下，任何一位裁判人员都可以指出此类错误，并要求重新确认。随后主裁判员可以宣告"暂停（Shi-gan）"竞赛时间，并集合边裁判员做确认，讨论后主裁判员应公告结果。如遇同时有教练要求录影审查与边裁判员要求重新确认的情况，主裁判员应先召集边裁判员，再接受指导教练的请求。如果已经决定更改判决，该名指导教练应回坐并不使用限额的录影审查申诉。若指导教练仍然站立要求录影审查，主裁判员应接受其要求。此条例也适用于主裁判员对击倒错误判断的情况，当主裁判员读秒至"三（Scht）"或"四（Neht）"时，边裁判员可以提出异议。

十八、即时录像回放

在比赛过程中，如果教练对裁判员的裁决持有不同意见，他们有权利要求立即进行录像回放的审议。这个申请只限于以下几种情况：一是关于对方的运动员被判定的一些行为，比如摔倒、跨过边界、"分开"后的攻击以及攻击已经倒地的运动员。二是关于技术得分的问题，也就是旋转技术得分。三是关于我们的运动员被判罚的任何决定。此外，任何由于机械故障或者时间管理错误导致的争议也在可申请范围内。四是在裁判员判罚犯规后漏掉了分的情况也可以申请。五是如果裁判员对用拳击打运动员的行为做出了错误的判断，同样可以提出回放申请。

当教练提出申诉时，主裁判员需靠近教练区了解具体原因。申诉内容应涉及裁判对规则的解释、边裁判员的计分错误或判决失误。然而，通过 PSS 电子护具系统确认的步伐得分或拳击得分的申诉将不被受理。即时录像回放的审议仅接受教练针对特定动作并在 5 s 内提出的请求。一旦教练使用红色或蓝色卡片要求查看即时录像回放，除非教练对边裁团队的决定表示满意,否则无论结果如何,都将视为使用了他们的申诉权。

在比赛过程中,主裁判员有权要求录像审议员进行即时的录像回放审查。为了确保公正性,录像审议员不能与运动员有相同的国籍。

一旦完成对即时录像重放的审查,录像审议员应在接到请求后的 30 s 内向主裁判员报告结果。

每场比赛,教练都有权提出一次"录像审议"请求。然而,具体次数可能会根据比赛的规模和级别有所不同,这由技术代表在领队会议上决定。如果某次申请成功并且相关裁决或分数得到修正,那么可以再次提交申请。

值得注意的是,录像审议员的裁定是最终的,无论在比赛进行中还是比赛结束后,都不接受任何进一步的申诉。

在比赛过程中,如果发现有误判、计分不准确或运动员身份混淆等问题,应立即提出复核和更正的要求。不过,一旦主裁判员和助理裁判员离开比赛场地,便不再接受任何复核请求,判定结果也将无法更改。对于申诉成功的案例,竞赛监督委员会会在赛事结束后进行调查,并视情况对相关裁判人员实施处罚。此外,在第三局的最后 10 s 或者在黄金加时赛的任意时刻,若教练员已无申诉机会,任一助理裁判员都有权要求对技术分进行增加或减少。

在不具备即时视频回放系统的赛事中,将采用以下抗诉程序:如对比赛结果有异议,需在该场比赛结束后 10 min 内,由参赛队代表向仲裁委员会(竞争监督委员会)提交申诉书,并交纳申诉费。重新评估审议应排除与运动员相同国籍的成员,审议决议采取多数决议。仲裁委员会(竞赛管理委员会)委员可召集当事裁判确认事件。仲裁委员会(竞赛管理委员会)的裁决结果为最终判定结果,不接受任何形式的申诉。

审议程序如下:在处理申诉过程中,教练或领队有机会向仲裁委员会进行简要的口头陈述,以此阐明自己的观点和立场。此外,教练或领队也可以提出简短的反驳声明。一旦完成对申诉的审查,竞赛结果将根据"接受"或"不接受"的标准进行判定。如情况需要,仲裁委员会(竞赛委员会)会考虑听取主裁判员和助理裁判员的意见,以及审查相关的证据,包括但不限于书面记录和视频资料。审议环节结束后,仲裁委员会(竞赛管理委员会)将通过无记名投票的方式做出决定,遵循多数投票的原则。最终,委员会的主席将整理审议结果,形成一份报告公布于众。

裁决后的程序:在确定比赛结果、计分或识别参赛运动员身份过程中，若出现错误，将导致裁决被撤销。

适用规则错误：当仲裁委员会发现裁判在应用竞赛规则时存在显著的误判，需修正相关结果并对该裁判进行惩处。

事实判断错误：竞赛管理委员会认定裁判在判决中存在明显失误，如对击打强度、行为或动作的意图、发生区域或宣布时间等方面，不会更改原有裁决，但应对犯错的裁判执行纪律处分。

十九、听障跆拳道竞赛

本条例概述了对听障跆拳道竞赛规则的修改。对于本条未涵盖的事项，将适用 WTF 竞赛规则。

运动员资格：参赛运动员必须已通过《跆拳道分级规划》的程序分类，并已被列为具有竞技等级的状态。

体重分类：奥运会体重分类适用于听障跆拳道比赛。

世界听障跆拳道锦标赛将根据世界听障跆拳道锦标赛的最新操作程序主办。

二十、制裁

当教练、参赛运动员、官员和/或国家会员协会的任何成员有不当行为时，WTF 主席、秘书长或技术代表可要求召集现场特别制裁委员会进行审议。

特别制裁委员会应审议此事，并可传唤有关人员确认事件。

特别制裁委员会应审议此事，并确定应采取的纪律行动。审议结果应立即向公众宣布，并以书面形式连同相关事实和理由，报告给 WTF 主席和秘书长。

运动员潜在违规行为如下：

①拒不服从主裁的指令完成比赛流程，包括不参加获胜者宣布仪式。

②为表示对判定结果的不满而投掷物品（头盔、手套等）。

③比赛结束后不离开比赛区域。

④在裁判的一再命令下不回到比赛中。

⑤不遵守竞赛管理官员关于有序管理活动的合理指示。

⑥篡改 PSS 的计分器、传感器或任何部分。

⑦比赛中任何严重违反体育道德行为或对竞赛官员的过激行为。

教练、领队或其他 MNA 会员的潜在违规行为如下：

①在一局比赛之中或之后对官员的裁决提出申诉或提出异议。

②与裁判或其他官员（们）争执。

③比赛中对官员、对方或观众的过激言行。

④煽动观众或散布谣言。

⑤指示运动员参与不当行为，如赛后留在比赛区域。

⑥投掷或踢打私人物品或竞赛材料等暴力行为。

⑦不按照竞赛官员的指示离开比赛场地或场馆。

⑧任何对竞赛管理官员的其他严重不当行为。

⑨任何贿赂竞争事务官员的企图。

纪律处分：特别制裁委员会发布的纪律处分可根据违规程度而有所不同。可给予以下裁决：

①取消运动员资格。

②警告并下令正式道歉。

③撤销认证。

④禁止进入比赛场地：当日禁赛；赛事期间禁赛。

⑤取消比赛结果：取消比赛结果和所有相关积分；取消 WTF 积分排名。

⑥禁止运动员、教练员和/或队伍关于参加所有 WTF 赛事活动（CU 和 MNA 级别的赛事），包括禁赛 6 个月、禁赛 1 年、禁赛 2 年、禁赛 3 年、禁赛 4 年。

⑦禁止 MNA 参加 WTF 主办或认可的赛事，包括指定锦标赛和规定时间内（最多 4 年）的所有锦标赛。

⑧每次违规缴纳罚款。

特别制裁委员会可向 WTF 建议对涉事人员采取额外纪律行动，包括但不限于长期停职、终身禁赛或额外罚款。

第二节　跆拳道运动品势竞赛规则及解释

一、品势竞赛场地

举办竞赛大会时，比赛场有 2 000 席以上、3 个场地，地面面积至少为 30 m×50 m，技术手册中应为观众和选手配备视听觉设备。地面到屋顶的高度至少达到 10 m，照明强度为 1 500~1 800 lx，从屋顶往下照射。WTF 主办大会时，比赛场内所有准备需要获得技术代表的最终同意，且在大会开始 2 天前结束。比赛区域安排在比赛场内部，大小为 10 m×10 m（自由品势团体为 12 m×12 m）的正方形，水平且无障碍物，地面为有弹性的垫子或木地板。但根据需要，比赛场可以设置高度为 0.5 m~0.6 m 的比赛台，考虑到安全性，应呈现 30° 以内的倾斜角。

（一）比赛区的划分

10 m×10 m 的区域称为比赛区；比赛区的外缘线称为警戒线；不设比赛台时，比赛区四周外缘布置 5 cm 的白线。

（二）裁制员位置

7 裁制（即由 7 位裁判员组成的裁判制，包括 1 名主裁判员、6 名裁判员）时，裁判员的位置为运动员正前方 4 名，正后方 3 名，场地与裁判席距离为 1 m，裁判席间距为 1 m。警戒线的顺序是从 1 号警戒线开始顺时针方向依次为第 2、第 3、第 4 号警戒线。裁判员席的顺序是从 1 号警戒线左侧起顺时针方向依次排座。

5 裁制（即由 5 位裁判员组成的裁制，包括 1 名主裁判员、4 名裁判员）时，3 名裁判员在运动员位置的正前方，2 名裁判员在正后方，或 5 名裁判员都位于运动员位置的正前方。5 裁制时裁判员顺序与 7 裁制时相同。

主裁判员位置：1 号警戒线右侧第一位（R）。

运动员位置：在比赛场地中央向 3 号警戒线方向 2 m 处。

记录员席：主裁判员（R）右侧 3 m 处。

执行官位置：1 号警戒线与 2 号警戒线夹角，向 2 号警戒线外侧移动 1 m 处。

教练员位置：2 号警戒线与 3 号警戒线夹角，向场地外移动 3 m 处。

检查台位置：在赛场入口处设置检查台。

Rec——记录员（Recorder）。

J——边裁判员 1、2、3、4、5、6（Judge No.1、2、3、4、5、6）。

C1——比赛场地（Competition Area）。

C2——运动员位置（Contestants）。

C3——运动员及教练员等待区（Standby contestants andcoach）。

C4——执行官位置（Competition coordinator）。

1，2，3，4——警戒线（Boundary Line No. 1，2，3，4）。

A，B，C，D——安全区域（Safty zone）。

二、运动员参赛资格

（一）运动员参赛资格

拥有所代表参赛国国籍；参赛国协会推荐的运动员；持有世跆联或国技院颁发的品、段位证书；持有世跆联国际运动员注册证。

少年组（12~14岁）；青少年组（15~17岁）；29岁以下组（18~29岁）；39岁以下组（30~39岁）；49岁以下组（40~49岁）；59岁以下组（50~59岁）；65岁以下组（60~65岁）；65岁以上组。

（二）服装

世跆联主办的品势比赛，须穿着世跆联公认的道服。

（三）违禁药品相关事项

世跆联主办或认可的比赛，禁止使用或服用被世跆联违禁的药品；世跆联将在认为必要时进行药检，以确保运动员遵守相关规定。若运动员拒绝接受药检或其药检结果呈阳性，该运动员的比赛成绩将被取消，并会按照比赛排名顺序递补给后续运动员。同时，世跆联将依据相关条款对该名违规运动员实施处罚。组委会必须确保药检流程的顺利进行。此外，关于禁止使用的药物的具体规定由世跆联制定，这些违禁药品的分类是基于WTF的药品使用规定的。

说明：

计算符合参赛选手年龄段时，以开赛年为标准。

例如，2016年7月29日开赛，少年组（12~14岁）的符合年龄段选手为2002年1月1日-2004年12月31日的出生者。

三、比赛类别

年龄、性别符合规定时可兼报项目参加比赛。

（一）公认品势项目（Recognized poomsae competition）

①男子个人赛（Men's individual）。

②女子个人赛（Women's individual）。

③男子团体赛（Men's team）。

④女子团体赛（Women's team）。

⑤混双比赛（Pair）。

（二）自创品势项目（Free style poomsae competition）

①男子个人赛（Men's individual）。

②女子个人赛（Women's individual）。

③混双比赛（Pair）。

④团体赛（由3名男运动员与2名女运动员以上所组成的5人团体）。

Mixed Team（Composition of 5 members including more than 3 males and 2 females）。

解释：

自创品势团体比赛时，可以带1名替补选手。

四、比赛组别

跆拳道比赛的组别，见表8-6。

表8-6　跆拳道比赛的组别

	组别		少年组	青年组	29岁以下组	39岁以下组	49岁以下组	59岁以下组	65岁以下组	65岁以上组
规定品势	年龄		12~14岁	15~17岁	18~29岁	30~39岁	40~49岁	50~59岁	60~65岁	65岁以上
	个人	男	1人	1人	1人	1人	1人	1人	1人	1人
		女	1人	1人	1人	1人	1人	1人	1人	1人
	组别		少年组	青年组	29岁以下组	29岁以上组				
	年龄		12~14岁	15~17岁	18~29岁	29岁及以上				
	混双		2人	2人	2人	2人				
	团体	男	3人	3人	3人	3人	3人			
		女	3人	3人	3人	3人	3人			

续表

	组别	少年组	青年组	29岁以下组	39岁以下组	49岁以下组	59岁以下组	65岁以下组	65岁以上组
规定品势	年龄	12~14岁	15~17岁	18~29岁	30~39岁	40~49岁	50~59岁	60~65岁	65岁以上
	个人 男	1人	1人	1人	1人	1人	1人	1人	1人
	个人 女	1人	1人	1人	1人	1人	1人	1人	1人
	组别	少年组	青年组	29岁以下组	29岁以上组				
	年龄	12~14岁	15~17岁	18~29岁	29岁及以上				
	混双	2人	2人	2人	2人				
	团体 男	3人	3人	3人	3人	3人			
	团体 女	3人	3人	3人	3人	3人			
自创品势	组别	青少年组		17岁以上组					
	年龄	12~17岁		17岁以上					
	个人 男	1人		1人					
	个人 女	1人		1人					
	混双	2人		2人					
	团体	5+1（候补）		5+1 候补					

五、比赛方式

对于国际品势大会，本联盟只承认参加国超过 4 个、参加各种类 4 人团体以上的情况。

比赛方式由技术代表决定，事先在大会和大纲中明示。比赛的方式区分如下：

①淘汰赛制（Elimination tournaments system）。

②循环赛制（Roundrobin system）。

③积分赛制（Cut off svstem）。

④混合方式：积分赛制+淘汰赛制（Combination system：cut off system+

elimination tournaments system)。

技术代表将各个部门指定品势中的 2 个品势在预赛、正赛和决赛中示演。

解释 1：

积分赛制由预赛、正赛和决赛组成。

积分预赛：如果有 20~39 名选手参加，则从预赛开始进行，2 个组在另外的场地示演。如果选手超过 40 名，从预赛开始进行，3 个组在另外的场地示演（限于 3 个场地可用的情况；如果没有 3 个场地，2 个组在另外的场地示演）。选手演示 2 种指定品势，参赛选手按照场地类别，名次在 50% 以上的选手按分数顺序进入正赛。如果每组参加选手数为单数，则四舍五入。例如，如果一组为 13 人，则看作 14 名，7 名进入正赛。在预赛中，可按场地安排不同的裁判。

积分正赛：如果参赛选手人数为 9~19 名，则从正赛开始进行，按年龄示演另行指定品势中的 2 个，按照分数高低，8 名进入决赛。

积分决赛：如果参加选手少于 8 名，则从决赛开始进行，在不同年龄级别指定的品势中示演 2 个，按分数的高低决定第 1，2，3，4 名（2 名/2 双人/2 团体）。第 3 名和第 4 名颁发铜牌。

解释 2：

如果是锦标赛，用抽签的方法来决定比赛对手。

六、各组别比赛内容

跆拳道各组别比赛的内容，见表 8-7。

表 8-7 跆拳道各组别比赛的内容

竞赛名称	组别	指定品势
个人	少年组	太极 4 章、5 章、6 章、7 章、8 章、高丽、金刚
	青年组	太极 4 章、5 章、6 章、7 章、8 章、高丽、金刚、太白
	29 岁以下	太极 6 章、7 章、8 章、高丽、金刚、太白、平原、十进
	39 岁以下	
	49 岁以下	太极 8 章、高丽、金刚、太白、平原、十进、地跆、天拳
	59 岁以下	高丽、金刚、太白、平原、十进、地跆、天拳、汉水
	59 岁以上	
混双	青少年组	太极 4 章、5 章、6 章、7 章、8 章、高丽、金刚、太白
	29 岁以下	太极 6 章、7 章、8 章、高丽、金刚、太白、平原、十进
	29 岁以上	太极 8 章、高丽、金刚、太白、平原、十进、地跆、天拳

续表

竞赛名称	组别	指定品势
团体	青少年组	太极 4 章、5 章、6 章、7 章、8 章、高丽、金刚、太白
	29 岁以下	太极 6 章、7 章、8 章、高丽、金刚、太白、平原、十进
	29 岁以上	太极 8 章、高丽、金刚、太白、平原、十进、地跆、天拳

七、自创品势

（一）自创品势的概念

自创品势是指以跆拳道基本动作为基础，经过编排与音乐搭配演练的品势。

（二）自创品势的构成

演武线（品势路线）：由参赛运动员自由创作。

品数（每套动作）：20～24 品（1 品需 5 个动作以内）。

技术：腿法技术 60%、手法技术 40%，由跆拳道基本攻防自由技术组成。

音乐及编排：由参赛运动员自编。

跆道技术是指参赛运动员在赛前提交品势计划书（比赛内容）时品势委员会认可的跆拳道技术，运动员不得使用非跆拳道技术，否则将视为扣分事项。

八、抽签

在世跆联官员和相关人员的监督下，抽签活动将在比赛前一天举行的技术代表会议上由各队伍领队完成。若某队未能参与抽签，该队的抽签权将由赛事的技术代表代为执行。所有参赛队必须无条件接受抽签结果。

当次赛事技术官员与世跆联官员协商决定技术会议及抽签的一切相关事项。

混合赛制是在积分赛（Cut off）赛制结束后由世跆联官员、当次赛事技术代表及参赛国代表在比赛场馆内进行淘汰赛抽签。

抽签方式由当次赛事技术代表制定。

各组别的品势比赛内容在抽签时由当次赛事技术代表与世跆联官员协商制定。

九、犯规行为与处罚

犯规行为由场内主裁判员进行判罚。

判罚为"扣分（Gam-jeom）"。

以下行为将视为扣分事项：

①运动员或教练员有不良言行的行为。

②运动员或教练员严重违反体育道德的行为。

③运动员或教练员打断比赛进程的行为。

④若运动员在一场比赛中连续 2 次扣分，将被视为犯规。

解释：

扣分事项不属于品势演练中准确度与表现力的扣分范畴，而是指运动员或教练员严重违反体育道德的行为。

十、比赛场地与时间规定

公认品势：个人、混双、团体比赛场地为 10 m×10 m，规定时间为 30~90 s。

自创品势：个人、混双比赛场地 10 m×10 m，团体（男女至少各 2 人）比赛场地 12 m×12 m，规定时间为 60~70 s，不足或超过的，每 5 s 扣0.1分。

两套品势之间休息时间为 30~60 s。

解释：

运动员休息时间从执行官进行退场口令后开始计算。

十一、比赛程序规定

（一）运动员检录

在比赛开始前的 30 min，检录处的工作人员会开始进行检录工作，他们会 3 次宣读参赛运动员的姓名。运动员需要在规定的时间内携带有效的身份证件前往检录区进行身份验证，并等待赛前的检查。如比赛场地执行官发出"选手入场"口令后运动员仍未到场，则视为弃权。

（二）身体及服装检查

完成检录的运动员须前往指定地点接受检查人员对身体和服装的全面检查。在此过程中，运动员严禁携带可能对观众或其他参赛者造成伤害的物品。

（三）运动员入场

检查完的运动员与一名教练员到等待席准备比赛。

（四）比赛的开始与结束

执行官发出"选手入场（Shensu-yipzhang）""立正（Cha-ryeot）""敬礼（Kyeong-rye）""品势准备（Poomsae-zhunbi）""开始（Shi-jak）"口令后运动员开始演练品势；执行官发出"还原（Ba-lo）""立正（Cha-ryeot）""敬礼（Kyeong-rye）"口令后运动员等待"公布分数（Zhemsu-pyocul）"；根据宣布的分数宣判胜者；执行官发出"选手退场（Shensu-tuezhang）"口令后比赛结束。

（五）比赛步骤

选手等待：通过检查台检查后，运动员方可在比赛等待区等候。

等待：运动员在工作人员引导下在等待区等待。

开赛：执行官发出"选手入场（Shensu-yipzhang）"口令后运动员方可入场。

入场：Cut off 赛制时执行官发出"立正（Cha-ryeot）""敬礼（Kyeong-rye）"口令后运动员敬礼；单败淘汰赛的个人比赛时，双方选手同时入场，同时演练品势，混双、团体或混合团体时青红方（运动员双方代表颜色）同时入场后红方运动员下场，青方运动员先开始演练品势。

比赛开始：执行官发出"准备（Joon-bi）""开始（Shi-jak）"口令后，运动员开始演练品势。

（六）比赛结束

采用 Cut off 赛制时品势演练结束，执行官发出"还原（Ba-lo）"口令后运动员还原等待；采用单败淘汰赛制时，比赛结束后双方运动员一起上场等待。

（七）判分

采用电子打分器时，裁判员输入最终分数；采用打分表时，裁判员确认最终分数后填表。

（八）公布分数

采用电子打分器时，裁判员输入的分数将自动显示在电子显示屏幕上；采用打分表时，裁判员在品势比赛结束后将打分表送交记录员，并公布分数。

（九）选手退场

执行官发出"立正（Cha-ryeot）""敬礼（Kyeong-rye）""选手退场（Shensu-tuezhang）"口令后运动员行礼并退出比赛场地。

十二、评分标准与评分方法

（一）公认品势

公认品势的总分为10.0分。

1. 正确性

正确性的基本分值4.0分。

对于（出现）基本动作与品势动作的细小失误每一次扣0.1分，具体的扣分动作有：做动作出现细小失误和碎步，如身体与步法不协调，手脚不同步等；使用部位表现不足，如拳或手刀动作出现腕关节弯曲，手刀动作出现手指张开，踢腿动作中脚掌脚力表现不足等；掌肘对击等击打动作出现脱手；步法表现不足；过度夸张的预备动作；做动作过程中出现轻微的动作晃动；同一动作出现上下多项扣分的累计扣分。

对于（出现）基本动作与该品势动作的重大失误每一次扣0.3分，具体的扣分动作有：出现规定品势动作中没有的动作；忘记动作；比赛中动作停顿2 s以上；比赛中停止后重新开始动作；比赛中双脚同时出界；忘记发声或不该发声时发声；明确被认为是重大失误；比赛过程中忘记一组动作时，按照忘记动作数量×0.3分；视线不与动作进行方向同步；起始点与结束点差一脚以外；在跺脚动作中力度不够或者没有声音，没有跺脚的动作跺脚；过大的呼吸声；重新开始。

2. 表现力

表现力的基本分值为6.0分。

表现力的判分标准是按照打分表判分，根据运动员失误的动作次数来判定。

速度与力量（2.0分）。

刚柔、缓急、节奏（2.0分）。

气的表现（2.0分）。

规定裁判评分见表8-8。

表 8-8 规定裁判评分表

组别： 场次：

类别	内容	分数																得分
准确度 (4.0) 分	基本 动作																	
	品势 动作																	
	均衡																	
表现力 (6.0) 分	速度 与力量	2.0	1.9	1.8	1.7	1.6	1.5	1.4	1.3	1.2	1.1	1.0	0.9	0.8	0.7	0.6	0.5	
	刚柔 缓急 节奏	2.0	1.9	1.8	1.7	1.6	1.5	1.4	1.3	1.2	1.1	1.0	0.9	0.8	0.7	0.6	0.5	
	气的 表现	2.0	1.9	1.8	1.7	1.6	1.5	1.4	1.3	1.2	1.1	1.0	0.9	0.8	0.7	0.6	0.5	
总分 （10.0 分）																		

裁判编号： 裁判员（签字）：

（二）自创品势

自创品势的总分为 10.0 分。

1. 技术性（6.0 分）

①腿法难度（5.0 分）。

②品势的完成度和动作准确性（1.0 分）。

2. 表现力（4.0 分）

①自创性（1.0 分）。

②整体性（1.0 分）。

③气的表现（1.0 分）。

④音乐与动作编排（1.0 分）。

3. 评分标准

（1）技术性

侧踢腾空高度：一般（躯干）0.2/0.3 分，好（面部）0.4/0.5 分，非常好（头部以上）0.6/0.7 分，完美 0.8/0.9 分。

腾空前踢的数量：是指以在空中踢腿数量多与少为评分标准；3 次（0.1/0.3）分，4 次（0.4/0.6 分），5 次（0.7/0.9 分）。

旋转度数：是指在空中踢腿时旋转的度数；360°（0.1/0.3分），540°（0.4/0.6）分，720°（0.7/0.9分）。

竞技腿法次数：限次数为3~5次；如果腿法完成质量较差，只能得到0.1/0.3分；表现一般时，得分在0.4/0.6分；若腿法完成非常出色，具有较高的竞技水平，如动作的速度、力量、准确性、协调性等方面都达到较高标准，则可获得0.7/0.9分。步法6次扣0.1分，7次扣0.2分，多于8次扣0.3分。

空翻动作（多方向）：是指体操与武术比赛中相类似的所有空翻动作，评分标准为难度、高度、角度，空中必须有踢腿动作：一次（0.1/0.3分），两次（0.3/0.6分），三次以上（0.7/0.9分）。重新开始扣除0.3分。

腿法技术的完成度（1.0分）：一般（0.2/0.3分），好（0.4/0.5分），非常好（0.6/0.7分），完美（0.8/0.9分）。

（2）表现力（4.0分）

自创性（1.0分）：是指以整体品势的独特性和组成元素多样性为评分标准。

综合性（1.0分）：是指除了整体品势之外，以音乐编辑、创新性、动作编排和着装等为评分标准（通过整体所表现的动作及形式须整齐划一）。

气的表现（1.0分）：判分标准与公认品势判分相同。

音乐与动作编排（1.0分）：以整体品势动作编排与音乐的完美结合为评分标准。

（3）比赛中扣分事项

比赛时间不足或超出比赛时间，每5 s扣0.1分。

双脚同时越出边界线扣0.3分。

规定必须有三种步法：虎步、三七步、鹤立步，每少一种规定步法扣0.3分。

助跑和腾空前踢少于3次扣0.1分，助跑超过5步扣0.3分。

出现明显停顿扣0.3分，音乐和动作没有同步停止扣0.3分。

竞技腿法前必须有3~5次竞技步法，少于3次扣0.1分，少于2次扣0.2分，多于5次扣0.1分，多于7次扣0.2分，8次以上扣0.3分。

特技动作空翻没有踢腿动作时，该项为0分。

音乐与动作没有同步停止扣0.3分。

自创品势裁判表见表8-9。

表 8-9　自创品势裁判表

虎步	yes	no
三七步	yes	no
鹤立步	yes	no

项目	各项目细节标准		分值											得分
技术性（6.0）分	腿法难度（5.0）分	腾空的高度	0.0	0.1	0.2	0.3	0.4	0.5	0.6	0.7	0.8	0.9	1.0	
		腾空踢腿的数量	0.0	0.1	0.2	0.3	0.4	0.5	0.6	0.7	0.8	0.9	1.0	
		旋转度数	0.0	0.1	0.2	0.3	0.4	0.5	0.6	0.7	0.8	0.9	1.0	
		连续腿法难度	0.0	0.1	0.2	0.3	0.4	0.5	0.6	0.7	0.8	0.9	1.0	
		空翻动作	0.0	0.1	0.2	0.3	0.4	0.5	0.6	0.7	0.8	0.9	1.0	
	演练品势的完成度和动作准确性（1.0分）		0.0	0.1	0.2	0.3	0.4	0.5	0.6	0.7	0.8	0.9	1.0	
表现力（4.0）分	自创性		0.0	0.1	0.2	0.3	0.4	0.5	0.6	0.7	0.8	0.9	1.0	
	整体性		0.0	0.1	0.2	0.3	0.4	0.5	0.6	0.7	0.8	0.9	1.0	
	气的表现		0.0	0.1	0.2	0.3	0.4	0.5	0.6	0.7	0.8	0.9	1.0	
	音乐与动作编排		0.0	0.1	0.2	0.3	0.4	0.5	0.6	0.7	0.8	0.9	1.0	
各项目总分														
处罚与扣分														
总分														

裁判姓名：　　　　　　　　　　　　　　裁判国籍：

（三）评分方法

正确性（公认品势）和技术性（自创品势）与表现力分别打分。

正确性（公认品势）和技术性（自创品势）的计分方法是采用去掉最高分与最低分，取所有中间分数的平均分。同样，表现力的计分方法也是采取去掉最高分和最低分数，取中间分数的平均分。

在比赛中的扣分事项是从总分中扣除。

在一个品势动作中出现两个扣分事项，若同时出现扣分事项、格挡动作扣分事项 0.1 分、站势动作扣分事项 0.3 分时，扣较大的分值。

（四）裁判员组成。

7 裁制：1 名主裁判员，6 名边裁判员。

5 裁制：1 名主裁判员，4 名边裁判员。

（五）裁判员分配

根据对阵表分配裁判员。

比赛运动员与同国籍裁判员在同一场次时裁判员必须遵循回避制度，若在裁判员人数不够的情况下，除主裁判员外其余的裁判员需遵循回避制度。

解释 1：

在评分过程中，对于基本动作和品势动作的微小瑕疵进行扣分，具体包括站姿（如弓步、三七步、虎步等各种站立姿势）以及手臂技巧（如格挡、击打、拳打、刺击等所有上肢动作）。当发现这些动作中有偏离国家技术学院教材规定的小错误时，将扣除 0.1 分。

解释 2：

在国家技术学院的评分准则中，如果展示出教材未涉及的动作或者出现正确性上的严重差错，每次将会被扣除 0.3 分。具体包括以下几种情况：一是将低位格挡错误执行为直拳或高位格挡的方式；二是将马步错误执行为三七步的形式；三是在需要发声的技巧上没有发出相应的声音；四是因忘记动作导致停顿时间超过 3 s；五是练习过程中视线未朝向行进的方向；六是在执行鹤立步时支撑脚发生不必要的左右摆动，或是辅助提膝的脚未能保持离地等情形。

解释 3：

速度与力量（2.0 分）：

在评估运动员的品势技能时，速度与力量是核心指标。这涉及检查运动员对技术动作如直拳和踢腿的掌握程度，以及这些动作是否被充分执行。裁判还会观察动作启动是否流畅而有力，以及运动员是否能通过身体的平衡发力实现最佳的速度与力量输出。此外，对于需要特别强调的慢动作部分，会检验运动员是否能恰当地调整速度，既不过于缓慢也不草率加速。

展现卓越的力量，依赖优秀的发力技巧。这种技巧要求始于松弛状态，逐渐加速，最终在一瞬间释放肌肉的全部潜能。真正的力量源自地面，经由腰部传导，通过手脚的末端释放。通过整个身体的协同作用，确保力量的有效表达。举例而言，如果起始动作，无论是手部还是腿部动作，执行得太过僵硬，或结束动作显得软弱无力，这样的表现很可能会遭到评判的扣分。同样，过度追求速度与力量展示，导致身体僵硬，也会影响评分，因为这违反了流畅与协调发力的基本原则。

解释 4：

刚柔、缓急、节奏（2.0 分）：

刚柔：在开始时，动作是柔和且舒展的，但随着时间的推移，逐渐加速并变得有力，最终以迅速而果断的方式结束。

缓急：指的是动作执行过程中的速率变化，它依赖动作的特性。通过调节呼吸来控制动作的速度，确保动作之间的衔接流畅，避免出现任何中断或暂停。

节奏：节奏在品势中是至关重要的一环，要求根据既定规则精确调整动作及其过渡的速度，确保快慢交错，同时要完整表达每个动作的进攻与防守意义。

例如，若开场动作显得过于生硬，且在整个品势展示过程中，动作之间的转换缺乏流畅性和速度变化，整体呈现机械化，这样的表现会被视为缺陷并在评分时予以扣分；同样，如果演练者的身体显得过于僵硬，无法灵活地从快速的动作切换到缓慢动作，这种表现也会被视为不符合标准，导致扣分。

解释5：

气的表现（2.0分）

在比赛过程中，参赛者需要根据不同动作的特点，精准调整动作的幅度，确保每个动作都显得自然而有力。这要求运动员保持高度集中的注意力、强烈的气势、坚定的自信以及动作的流畅和精确，从而展现出熟练的技巧水平。同时，运动员还需要依据自己的身材特点来调整动作执行方式。这包括对眼神的控制、适当的发声、保持积极的态度以及穿着得体的服装，这些都会影响最终的呈现效果。

例如，在比赛时，如果运动员在动作的展示中未能充分体现动作的幅度、专注度、气场、发声技巧和自信等方面，这些都可能导致扣分。

解释6：

在做自创品势指定动作时以下五个指定动作顺序不能颠倒：

腾空侧踢：混双和团体赛中所有运动员必须同时完成该动作。

腾空多次前踢：混双和团体赛中全队至少一人完成该动作。

旋转腿法：混双和团体赛中全队至少一人完成该动作。

竞技腿法组合踢：3~5个腿法，混双和团体赛中全队至少一人完成该动作。

特技动作：空翻动作必须有踢腿动作，混双和团体赛中全队至少一人完成该动作。

说明：

音乐的编排也是评分标准之一，无音乐者直接取消参赛资格。创作品势中不能包含与宗教、政治、社会相关的内容。

十三、申诉

（一）竞赛监督机构

各类跆拳道竞赛可根据需要设立竞赛监督机构（竞赛监督委员会或仲裁委员会），其组织结构需赛前确定，具体方法如下：

资格：竞赛监督委员会的执行委员必须是具备跆拳道竞赛工作经验且拥有丰富裁判阅历的资深人士，同时具有世跆联或国家技术学院 6 段段位以上者，由世跆联总裁及竞赛管理委员会秘书长推荐者组成，一名技术代表负责当年年度赛事。

组成：一名主任、七名以内委员以及当次比赛技术代表。

程序：竞赛管理委员会秘书长推荐主任以及委员，由世跆联总裁任命。

（二）职责

竞赛监督委员会受理申诉并宣告判定结果，将处罚结果上报到世跆联秘书长处，同时兼任比赛现场的处罚管理部门工作。

（三）申诉程序

如对裁判员判罚有异议的，可在比赛结束 10 min 以内提交申诉申请书，并交付申诉费，竞赛监督委员会在 30 min 内完成申诉结果的回告。

竞赛监督委员会审议申诉时，当事国委员不得参加审议。

竞赛监督委员会认为需要时，可以向参与当次比赛执裁工作的裁判员提出质询。

竞赛监督委员会得出的最终结果，不得再次更改。

第九章　常见跆拳道运动损伤与预防

跆拳道运动相对于其他格斗项目，其安全系数相对较高。但只要是运动项目，如果运动不当就会产生安全隐患。这就需要我们用科学锻炼的知识指导实践，增强运动损伤意识，提高训练水平，重视对急性损伤的及时处理，从而达到享受跆拳道乐趣与锻炼的目的。本章主要介绍跆拳道运动的常见损伤及其原因、应急处理以及跆拳道运动损伤的预防措施。

第一节　跆拳道运动的常见损伤及其原因

一、跆拳道运动常见损伤的情况

（一）开放性软组织损伤

"开放性软组织损伤"中的"开放"，指伤口与外界相通，容易出血与感染。这个略微拗口的名字，包含着常见的"擦伤""撕裂伤""切伤""刺伤"等。

（二）闭合性软组织损伤

闭合性损伤，正如其名称所暗示的，与开放性伤害形成对比。这种损伤类型不涉及皮肤的破裂，因此没有伤口让外界物质进入。受伤后产生的出血被限制在身体组织内部。在参与跆拳道这类体育活动时，闭合性损伤包括瘀伤、肌肉撕裂和扭伤这样的常见伤害。

（三）骨折与关节脱位

骨折与关节脱位，是非常常见的运动损伤之一。俗话说，折过的骨头更坚固。虽然这句话不科学，但是骨折后的骨头也是可以恢复到原有强度的。所谓骨折，就是骨的完整性遭到破坏。在跆拳道运动中，由于对抗性强，骨折是时有发生的。骨折分为开放性骨折、闭合性骨折和复杂性骨折三种情况。

开放性骨折是指骨折端穿破皮肤，直接与外界相通，这种骨折极易感染发生骨髓炎和败血症。

闭合性骨折是指骨折处皮肤完整，骨折端不与外界相通。

复杂性骨折是指骨折后，骨折断端刺伤了重要组织、器官，可能发生严重的并发症。骨折发生后，除有疼痛、压痛、肿胀及皮下瘀血外，还有其特有征象，如阵痛、功能丧失、畸形等，甚至可能休克。

（四）关节脱位

关节脱位也称脱臼，是指关节面之间失去了正常的联系。关节脱位一般由间接暴力所致。关节脱位还可以伴有关节囊撕裂、关节周围软组织损伤，严重时还可能伤及神经甚至伴有骨折。

（五）休克

休克是一种严重的全身性反应，通常发生在人体经历剧烈的内部或外部刺激之后。它主要表现为急性的周围循环系统崩溃。由于有效循环血量相对减少，组织器官缺氧，发生一系列的代谢紊乱，造成恶性循环，如不及时处理，就会导致死亡。当休克发生后，其主要症状为面色苍白、四肢发凉、冒冷汗、脉搏细数、呼吸浅速，严重者甚至可能昏迷。

（六）肌肉拉伤

当肌肉的主动收缩超出其承受极限或者在被动拉伸时超出其自然伸展范围，可能会导致肌肉的微小损伤、局部撕裂甚至是完全断裂，这种情况被称为肌肉拉伤。在跆拳道这项运动中，一种常见的伤害是大腿后侧的屈肌群受伤，特别是当执行下劈踢动作时用力过猛且未能正确击中目标，容易引发腘绳肌的起点或中部区域的拉伤。另外，训练前准备活动不充分，或长时间训练和连续比赛，疲劳积累，这些情况如不注意都会造成肌肉拉伤，严重时可导致肌肉断裂。

（七）挫伤

在跆拳道运动中，身体的各个部分都容易产生挫伤，特别是大腿、小腿、膝盖、头部和睾丸等地方。这些挫伤可以分为两种类型：单纯性和复杂性。单纯性的挫伤通常表现为瘀点、瘀斑或皮下组织的局限性积血（血肿）。这种类型的挫伤虽然疼痛，但一般不会引起严重的功能障碍。然而，如果挫伤严重，疼痛和功能受限可能会更为明显。相比之下，复杂性的挫伤则更为严重。例如，头部的挫伤可能导致脑震荡，甚至可能引发颅骨骨折，对生命安全构成威胁。而睾丸的严重挫伤，由于剧烈的疼痛，可能会导致休克。因此，在进行跆拳道或其他剧烈运动时，应采取必要的防护措施，以减少受伤的风险。一旦发生挫伤，也应立即进行适当的处理，以防止伤势加重。

（八）鼻子出血

在实战中，鼻子出血通常是因为鼻子被打击或者身体相互撞击。

（九）膝关节急性损伤

膝关节是一个复杂的结构，由股骨、胫骨、髌骨和腓骨组成。它的稳定性依赖周围的肌肉和肌腱，以及内外侧副韧带、前后十字交叉韧带和内外侧半月板的共同作用。对于跆拳道运动员来说，他们的损伤通常发生在内侧副韧带、外侧副韧带和十字交叉带这些部位。侧副韧带损伤包括内侧副韧带损伤和外侧副韧带损伤两种。

内侧副韧带损伤通常发生在膝关节弯曲至 130°～150° 的角度范围内。这种伤害可能发生在小腿突然向外展开并向外旋转时，或是足部和小腿保持固定不动，而大腿突然向内收缩并旋转的情况下。在这些情况下，内侧副韧带可能会受到损伤。

外侧副韧带的损伤往往出现在膝关节处于弯曲状态时。如果小腿突然向内收缩并旋转，或者大腿突然向外展开并旋转，那么外侧副韧带就容易受到损伤。但由于外侧副韧带形如圆束并有股二头肌腱与髂胫束加固，所以受损伤的机会很小。

十字韧带的损伤是由膝关节半屈曲位时突然地旋转、内收、外展造成的。当膝关节呈现半弯曲状态，且小腿向外侧或内侧旋转时，如果两块半月板的滑动出现不协调，就可能导致半月板遭受剧烈的磨擦和挤压，从而引发撕裂。半月板和十字韧带损伤后，当时就会有膝关节松活、软弱无力、不能正常持重行走等症状。这时应立即加压包扎，送往专科医院进行治疗。

二、跆拳道运动常见损伤的原因

从防止运动伤害的视角来看，运动伤害的成因可以分为内在因素和外在因素。内在因素与练习者的个人条件有关，如身体状况、心理状况等，而外部因素则包括训练或比赛的方式以及环境条件，如自然和人造环境。通常，运动伤害是由多种因素相互作用引起的。因此，为预防伤害的发生，必须全面理解并掌握可能导致伤害的相关因素。

内在因素包括身体条件和心理素质。身体条件指年龄、性别、体格、身体组成、体力、疾病、劳损、疲劳度、营养状况、身体柔软性等。心理素质指性格、紧张度、兴奋度、好胜心等。

外部因素在运动表现中扮演重要角色，可以进一步细分为方法因素以及环境因素。方法因素包括质的因素和量的因素。质的因素涉及运动的类型和运动的强度级别；而量的因素则关注运动的强度、运动的持续时间及其频率。至于环境因素，它们可以划分为自然条件和人工条件。自然条件包括季节变化、气候类型、即时天气状况、所处的海拔，以及运动是在一天中的哪个时段进行；人工条件则包含运动所使用的器材设备、周边的环境布局、适合的运动装备、防护用品、专业的运动鞋和服装等①。

（一）身体条件

1. 年龄

在青少年时期，骨骼发育还未完成，所以他们对外部力量的抵抗能力相对较弱。与成年人相比，青少年的骨骼和软骨更为柔软，容易受伤。在骨骼生长过程中，骨的长径生长相对较慢，而周围肌肉和肌腱的发育相对较快。关节是由骨骼、关节囊和韧带等组成，当韧带受到冲击时，通常骨骼和软骨会首先受到损伤。有关学者对跆拳道运动员损伤情况做了统计研究。从统计的结果可以看出，在青少年组中最常见的运动损伤是骨折，其次是扭伤和挫伤；而在成年组中，软组织的扭伤与挫伤最为普遍，骨折位列第二。每个年龄段的运动伤害均展现出其独有的特征。

2. 性别

男女在身体脂肪含量上存在显著差异，平均来说，男性的体内脂肪占体重的13%，而女性则达到23%。性别差异也体现在女性比男性更常见下肢膝部轻微向内翻的情况，这种下肢力线不准确可能会导致小腿肌肉累积性损伤，引发腿部疲劳和疼痛。此外，女性在月经期进行高强度训练可能会干扰月经周期，导致雌激素水平下降，这也可能是造成所谓的"运动员三联症"或疲劳性骨折的因素之一。

---

① 刘洋. 北京市青少年跆拳道运动员运动损伤现状与防治对策研究 ［D］. 北京：北京体育大学，2020.

3. 体力和技能

体重较重的运动员相较于体重较轻者，在运动过程中更容易受到损伤。这主要是因为他们体内的脂肪含量较高，导致肌肉的发达程度相对较低，从而影响了身体的灵活性和耐力。因而在抵御创伤的能力上，体重较重者处于不利的地位。膝关节的屈肌和伸肌之间的力量平衡非常关键。如果这两者的力量比例失衡，可能会导致大腿后侧的肌肉群出现撕裂伤害。对于技术不熟练的运动员，如初学跆拳道腿法技术的学员由于训练不当，膝关节周围韧带容易损伤。在实战或条件实战中容易造成肌肉、关节的扭伤、挫伤以及热射病。如上所述，为了取得良好的训练效果，必须采用科学且合理的方法进行训练和参与比赛，这意味着要根据每位练习者的具体状况来挑选最适宜的训练方式。

4. 体质较差

学生的身体条件普遍较弱，训练水平尚未达到理想状态，他们在力量、柔韧性以及协调性方面存在不足，往往难以满足训练的需求。由于这些因素，在执行技术动作时常常出现偏差，这种错误的动作执行会增加运动损伤的风险。

5. 运动量的因素

过度的运动量、过长的持续时间和过高的频率都可能增加运动伤害的风险。例如，当跆拳道新手每周的训练时间超过 14 h，就有 7.3% 的人可能会遭受各种级别的运动损伤。

(二) 环境因素

环境因素中最为关键的是季节的影响，涉及气候条件、温度波动以及湿度等变量。在对下肢和足部的运动伤害进行研究时发现，4 月至 6 月期间肌肉伤害的发生率较高，这一现象可能与亚洲部分地区在这段时间内的梅雨季节有关，该季节湿度增加和日温差显著可能是主要原因。

人工环境的因素，包括运动员使用的器械质量低劣、护具破损、训练场地不标准以及运动员故意犯规等，都会造成运动损伤。此外，运动员的服装不适合，如鞋子过小，会造成踝关节扭伤；场地情况恶劣，如杂草丛生、凹凸不平、有金属钉类或石块等，都可能造成运动损伤。

(三) 自我保护措施不当

学生在运动领域的知识相对匮乏，他们缺乏预防运动损伤的经验和技能。在面对运动损伤时，他们往往束手无策，不知如何进行及时处理和应对。

（四）状态不佳

身体机能的减退及不佳的心理健康均会引致体能和协调性的降低，从而增加动作失误的频率。

（五）注意力分散

运动时不集中精神可能会引发受伤。

（六）局部负荷过重

如果肌肉长时间被过度使用，会导致其疲劳累积，进而可能引发运动伤害。

（七）动作不规范

技术动作不正确或动作不协调容易造成运动损伤。

（八）对抗性较强

跆拳道的训练中，对抗性是其核心特色之一。在学生参与实战演练时，不可避免地会有软组织挫伤和扭伤等伤害发生。

（九）准备不充分

准备活动不够充分，没有明确的目标指向，往往无法有效地激活人体的各个器官和神经系统的兴奋性。在这种情况下，肌肉、关节和韧带通常会处于一种僵硬的状态。特别是对于跆拳道这样强度和动作幅度都较大的运动项目来说，如果没有将准备活动与训练内容有效结合，或者缺乏特定的准备动作，那么直接开始正式的训练很容易导致肌肉、关节和韧带拉伤。

（十）其他原因

运动环境的问题，如地面的凹凸不平、过硬或过滑，以及装备使用不当或者穿着不适宜的运动服都有可能造成身体受伤。此外，气候和季节的变化也可能影响身体状况，增加受伤风险。

第二节　跆拳道运动损伤的应急处理

一、昏迷的应急处理

因重击而导致瞬间休克或昏迷，在平时的教学训练中极为少见，但在跆拳道比赛中，其发生的概率要高许多。当要害部位（如头部）被击中时，会出现短暂的意识障碍而倒地不起或神志不清、站立不稳、动作失调、双目失神等现象。

（一）出现脑震荡的应急处理

在头部遭受强烈撞击之后，最常见的损伤是脑震荡，其典型症状包括短暂的意识丧失。在这种情况下，首先应仔细检查伤者的瞳孔反应，观察左右两边的瞳孔是否大小相等且对光反射是否正常。若发现瞳孔大小不一致或对光反射异常，这可能是脑震荡的迹象，必须立即将伤者送往医院接受进一步治疗（同时可用拇指强刺激伤者的人中、内关、涌泉、足三里等穴位而不致延误时间）。遭受脑震荡的人需休息至少一个月，期间不得参与训练或比赛。

（二）裆部、睾丸受伤的应急处理

如果不慎受到撞击，导致裆或睾丸受伤，可以尝试让一个人抱住伤者的腰部，同时自己用手托住受伤部位，通过向上跳跃或蹲下的动作来减轻疼痛。然而，如果伤势严重，务必及时就医检查。首先观察是否有外部出血，然后检查睾丸是否已经回缩到腹腔内。若出现这两种情况，应立刻前往医院接受治疗。

（三）腹部、腹腔神经丛受重击的应急处理

当腹部或腹腔神经丛遭受严重打击时，人可能会短暂地进入休克状态。在这种状态下，尽管患者意识清晰，但他们可能会出现语言交流困难。如果经过适当的休息和观察后，这些症状迅速消失，则通常认为没有大碍并允许继续参与比赛。然而，如果仍有其他不适感，建议立即前往医院进行更详细的检查和治疗。

（四）颈动脉受重击的应急处理

如果颈动脉受到强烈的打击，可能会引发严重的休克或昏迷状况，这种情形需要被极度关注并采取紧急处理措施。其紧急处理方法与脑震荡的处理方式一致。

（五）出现休克的应急处理措施

1. 体位

确保伤者处于恰当的位置，头部和躯干应被抬高大约 10 cm，腿部则需抬高大约 20 cm。这种姿势有助于促进血液回流至心脏，进而改善脑部供血并缓解缺氧症状。

2. 保暖

请确保为受伤者披上棉被或任何可用的保暖物品，防止他们受寒。这样可以避免伤情进一步恶化或引发其他健康问题。

3. 保持呼吸顺畅

伤者因击中颈部动脉，会导致呼吸困难，气体交换不良，缺氧和二氧化碳堆积，将会使伤者的休克现象恶化。在这种情况下，应及时检查伤者口腔内是否有血块或呕吐物，并观察伤者的瞳孔、呼吸、脉搏等是否正常，检查是否伴有脑震荡，无则立即进行人工呼吸，使之恢复常态或立即送入医院诊治。处理此类伤情，需要经验丰富的医生视情况及时处置，不可大意或延误时间。

4. 控制内外出血

比赛中，头部或胸腹部遭受重击时，可能会出现不同程度的内、外出血现象，对中、重型内出血伤员，应迅速及时内服止血药，然后转送医院治疗；外伤出血者，应及时采用止血法进行无菌加压包扎止血，视情况送医院进一步治疗。

二、擦伤的应急处理

当皮肤表层遭受磨损或擦伤时，适宜采用生理盐水进行冲洗处理，随后用凡士林涂抹的纱布对伤口进行覆盖。这样的操作不仅能有效控制出血，还能保护受伤的皮肤表层，预防可能的感染。对于鼻腔内出血，可以采用食指和拇指对鼻翼两侧施加适度压迫，并配合冰袋冷敷以缓解出血状况。若需要继续参与比赛或其他活动，建议将麻黄素棉球轻轻塞入鼻孔（时间不宜过长，以免影响呼吸）。擦伤一般不会影响比赛的继续进行，但应及时而妥善地处理，严防感染。

三、软组织损伤的应急处理

软组织损伤通常涉及韧带、肌腱和肌肉的撕裂或挫伤。面对这种伤害，首要任务是仔细检查受伤部位，识别具体伤害类型并确认是否存在其他并发症。在遇到这种情况时，应立刻采用冷疗措施，如使用止痛冷雾剂喷洒或用冷水清洗受伤区域，以减轻疼痛和肿胀。根据情况，可以局部敷用消肿药物，服用止痛药，并用绷带进行紧压包扎，以稳定伤口。

四、骨伤的应急处理

（一）开放性骨折

在面对这种类型的伤害时，首要任务是对受伤者的出血进行控制。这包括对伤口进行消毒处理，并利用已消毒的纱布对其进行临时性包扎。在完成这些初步处理后，应立即将受伤者送往医院接受进一步的医疗。在此过程中，切勿试图将暴露在伤口外的骨头推回原位（避免进行骨骼复位操作），因为这样做可能会增加感染的风险。

（二）闭合性骨折

在闭合性骨折发生后，应迅速对伤者实施紧急复位手术。由于此时受伤部位的肌肉组织还未达到最严重的出血和肿胀程度，复位操作相对容易进行。复位完成后，必须进行妥善的固定。如果伤势较为严重，应在紧急处理后立刻将患者送往医院接受进一步的治疗。重要的是，对于未经过固定处理的患者，切勿移动，以免造成更严重的伤害或引发如休克等紧急医疗状况。

在跆拳道比赛场和训练场，应配备已取得跆拳道运动专业医务监督资格且临床经验丰富的医生和必备的医疗器材、常用药品，制定应急的医疗方案与措施。当运动员发生损伤时，能够及时进行现场急救。总之，当发生损伤时，无论伤势轻重，都应在医务人员的指导下进行处置，切不可擅自处理、延误诊治时间而引发严重后果。

第三节　跆拳道运动损伤的预防措施

一、调整到良好竞技状态

对于运动员来说，增强预防运动损伤的意识与提升自己的技术能力、增强体质以及调整比赛时的心态同等重要。

（一）肌力训练

肌肉力量不够或拮抗肌群肌力的不平衡，常常会造成运动损伤，所以需要我们平时多做肌肉训练，提升和保持肌肉的力量，让身体维持在一个良好的状态。

（二）准备活动

训练与比赛前的准备环节至关重要，它不仅能够促进体温上升、增进深层肌肉的血液循环、增强肌肉的应激能力以及提高关节的柔韧性，还有助于调节赛前心态，缓解紧张和压力。在训练或比赛前，必须安排 20~30 min 的准备活动，具体内容包括跑步、关节操、拉韧带等。部分跆拳道练习者和竞赛选手在比赛前往往忽视了重要的热身运动，这一疏忽可能导致诸如肌肉拉伤、跟腱损伤以及腰部疼痛等运动伤害的发生。热身的时间长度应该基于运动员当天的身体状态进行灵活调整。此外，为了适应不同的需求，日常训练与正式比赛之前的热身强度也应当有所区分。因此，准备活动的项目包括基础部分和参加比赛时的特殊部分①。

（三）放松运动

在剧烈的体育活动之后，实施放松运动非常关键，它能帮助人的体温、心率、呼吸以及肌肉的应激反应平稳地回归到正常水平。这种运动与比赛前的热身同样重要，因为它能有效预防运动损伤。根据训练内容的不同，选择相应的放松方式（如训练结束后立即进行伸展和按摩）不仅可以避免肌肉痛和损伤，还对缓解心理压力有显著效果。

（四）自身保护

除了认真执行训练前的准备运动和训练后的放松动作，还应该掌握一些基础的肌肉疼痛和关节问题的自我处理方法。初期可以采用温水浴、物理理疗或者自我按摩等方法。如果疼痛持续不减或者加重，建议尽快去医院接受专业诊断和治疗。

二、建立安全的训练环境

跆拳道训练时的器具、设备、场地等周围环境，在训练和比赛前都应进行严格的安全检查。在高低不平的软垫上训练易发生踝关节的扭伤；运动员护具的大小应该适合运动员的身材体型；为防止损伤，运动员的项链、耳环等锐利物品在训练时都不准佩戴。运动鞋应根据足的大小和足弓的高低选择，通常要求平底，鞋底有一定厚度和柔软性。光脚训练应在垫子的保护下或确认场地内无尖锐的玻璃、金属、钉类等物品的前提下进行。

---

① 刘雪峰. 浅析运动损伤与人体知识 [J]. 田径，2022 (9): 25-27.

运动护具的正确使用可以显著减少运动中的受伤风险。然而，若使用的护具品质不佳、尺寸与使用者身形不匹配或存在磨损和损坏，其保护效能可能会大打折扣。防护器材主要保护的部位包括头颅、耳、颈部、肾区、两肋、胸部、裆部等，也包括肌肉少的关节、大腿前部、牙齿等部位，还有容易受到冲撞和打击的部位。同时，运动员在训练时应该养成使用护具的习惯①。

三、采用科学的训练手段

在跆拳道的教育和练习过程中，采纳合理的训练原则和技巧是极其重要的。这包括对科学方法的遵循以及针对跆拳道独有特性的特殊关注。为了确保训练的最大效益，教练员必须精通恰当的训练方式和体育技巧。考虑到学员在性别、年龄、技能水平和身体健康状况方面的差异，他们的训练计划必须是个性化的，逐步推进，并基于科学依据来设定运动强度。在制定训练和教学方案时，教练和教师需要精心规划，以便每位学员都能在其适宜的水平上得到发展。特别是对于年幼的学员来说，训练项目应该将全面的身体锻炼与专项训练相结合，但更侧重于身体的全面发展。同时，他们在运动负荷方面的安排应当充分考虑到年轻学员的生理特点，相较于成人，他们需要的训练时长更短，且训练的强度和密度都应相对较低。这样的定制化方法有助于保证学员的健康，同时避免过度训练的风险。

四、加强易伤部位的训练

针对身体的易伤和薄弱区域进行专门的加强训练，可以有效增强这些区域的机能，这是防止运动中受伤的一个有效策略。根据身体各部位的特点制订个性化的训练计划至关重要，如为了降低膝盖受损的风险，重点应放在增强大腿前侧肌肉的力量上，并对膝盖附近的韧带施加静态抗阻训练，以此提升它们的协同能力和对抗平衡能力。

五、加强医务的全面监督

加强医务监督是预防运动损伤的重要措施之一。通过医务人员的全

① 王健壮，葛菁，宋婷婷. 康复性体能训练在跆拳道运动损伤中的防治研究［J］. 运动精品，2022，41（1）：107-109.

面监督，对运动员和学生的各项生理、生化指标等进行监控，对运动员进行准确的评价，可以让教练员准确了解运动员情况，合理安排训练。同时，运动员了解自身情况，及时调整，才能保证身体机能处于良好水平。

参考文献

［1］陈雪珂．功能性力量训练对高校跆拳道运动员灵敏素质的影响研究［D］．上海：上海体育学院，2022.

［2］方伟．跆拳道技战术发展趋势研究［D］．北京：北京体育大学，2011.

［3］高志红，艾康伟，王志杰．韩国跆拳道运动员防守技战术应用特点分析［J］．中国体育科技，2008（1）：135-139.

［4］高志红，冯巨涛，任文岗，等．新规则和电子护具的使用对跆拳道技术应用的变化与影响［J］．中国体育科技，2010，46（4）：86-89，98.

［5］韩长良，马广勇，李爱玲．基于武术与跆拳道对比的武术发展研究［J］．当代体育科技，2022，12（14）：105-108.

［6］黄鹤，王琦．北京市部分跆拳道俱乐部教学现状分析及发展对策［J］．北京工业职业技术学院学报，2008（3）：134-138.

［7］靳岭，王学文．跆拳道的教学与训练方法［J］．当代体育科技，2022，12（25）：28-31.

［8］黎晓勇．跆拳道礼仪与中国传统文化［J］．四川体育科学，2008（2）：66-68.

［9］李俊帛，隋东旭．跆拳道品势的美学特征及审美价值研究［J］．当代体育科技，2021，11（26）：231-236.

［10］厉建志．身体实践视角下跆拳道品势文化的研究［D］．西安：陕西师范大学，2021.

［11］刘茂辉．跆拳道市场化现状及开发策略研究［J］．西安体育学院学报，2006（2）：37-39.

［12］刘少辉，申龙泽，李艳．体育院校跆拳道课程设置的现状调查与分析［J］．成都体育学院学报，2007（5）：123-126.

［13］刘小瑜．高校跆拳道运动教学的开展现状分析［J］．科技资讯，2022，20（16）：195-197.

［14］刘雪峰．浅析运动损伤与人体知识［J］．田径，2022（9）：25-27.

［15］刘洋．北京市青少年跆拳道运动员运动损伤现状与防治对策研究［D］．北京：北京体育大学，2020.

［16］刘志鹏．分层教学法在跆拳道品势教学中的实验研究［D］．秦皇岛：河北科技师范学院，2021.

［17］毛龙，李翠霞．跆拳道的技术特点与推广形式对传统武术的启示［J］．武术研究，2022，7（11）：18-20.

［18］邱丽妍．视频反馈教学法在普通高校跆拳道教学中的实验研究［D］．广州：广州体育学院，2022.

［19］沈琳．女子防身术训练对女大学生身心健康的实验研究［D］．长春：东北师范大学，2013.

［20］石先彬，杨延生．高校女子防身术教学的思考［J］．运动，2010（9）：56，67.

［21］孙浩策．功能性训练视角下跆拳道体能训练手段和内容的设计研究［D］．武汉：武汉体育学院，2014.

［22］王健壮，葛菁，宋婷婷．康复性体能训练在跆拳道运动损伤中的防治研究［J］．运动精品，2022，41（1）：107-109.

［23］王铭锴．跆拳道品势运动员动作稳定性的实验研究［D］．武汉：武汉体育学院，2021.

［24］王思薇．高校跆拳道公共体育课对学生体育学科核心素养的培养现状研究［D］．太原：山西大学，2022.

［25］谢晓艳．对竞技跆拳道主动进攻技术的研究［D］．武汉：武汉体育学院，2008.

［26］张海波．高校跆拳道课程思政教学设计研究［D］．沪州：西南医科大学，2022.

［27］张雷，杨毅．跆拳道发展史研究［J］．体育文化导刊，2014（12）：165-168.

［28］张山坡．武术礼仪与跆拳道礼仪之文化比较［D］．新乡：河南师范大学，2016.

［29］赵金娜．动作概念形成对女子防身术运动技能学习影响研究［D］．北京：中央民族大学，2022．

［30］朱静．世界优秀竞技跆拳道运动员比赛攻防转换过程中技术特征的研究［D］．北京：北京体育大学，2016．

［31］邹洪磊．高校跆拳道体育教学对大学生思想教育的作用研究［J］．产业与科技论坛，2021，20（23）：102-103．

附录 A

A1　女子自卫防身术总论与理念

一、自卫防身术的概述

自卫防身术是一项旨在确保个人安全的技艺。在遭遇他人非法侵犯合法利益时，该技术教导人们如何通过主动避开攻击、呼救、挣扎与合理反击等手段进行自我防护，以抵御外部的威胁和侵害。自卫防身术招法奇妙，吸收了中华武术中各种适合实战使用的招法，经过摘编、加工、提炼、创造和完善，成为一种散招，具有简单、实用、易学的特点。自卫防身术是一门综合性较强的斗智、斗勇、斗力的搏击格斗技术，与学习、应用其他各门派武功一样，不拘泥于一招一式的格局和定式。自卫防身术深植于传统武术的土壤之中，提炼了格斗技巧和擒拿术的精髓，经过巧妙融合与创新，形成了一种专门针对以弱制强、以小抗大、以巧制胜的实战技术。这项技术不仅锻炼了人的心理素质，培养出果断、沉着、勇敢、机智等特质，还有助于提升练习者的身体素质，增强爆发力、反应速度以及身体协调能力，并有效促进各器官系统的健康运作。通过练习自卫防身术，个人能够在紧急情况下更好地保护自己和他人，展现出色的应对能力与防御技巧。

在西方国家，个人安全被高度重视，自卫防身教育自20世纪90年代起就已广泛普及。其中，弗罗伦多·维斯塔兴创立的"维氏自卫术"备受关注。这种自卫术融合了柔术、泰拳、菲律宾武术、中国武术、合气道、柔道以及咏春拳等多种武技中最有效和实用的技术，形成了一种独特的综合格斗术，其目标是为所有人提供一种简单易学的自卫方法，让每个人都能在较短时间内掌握基本的自卫技能。另外，马珈术（又称马伽术）也是一种具有代表性的防身术。它是由以色列创立的特种格斗技术，被广泛应用于国防军及执法部门人员的严格训练中，甚至成为美国联邦调查局（FBI）的必修课程。如今，马珈术已经被世界各地的安全部门广泛采用。

防身术是一种高效的自我防御手段，在面临攻击时可以快速有效地保护自己。这种技巧与其他格斗技术不同，它强调根据具体情况迅速采取合适的防守动作。通过科学的学习和训练，学习者可以凭借自己的反应力来执行这些动作，一旦遭遇袭击或者生命安全受威胁，防身术能够帮助他们在最小化伤害的同时，迅速而有力地反击或逃脱。

二、自卫防身术的特点和原则

自卫防身术是被侵害人根据遭受不法侵害的具体情况而实施的自我防卫技术，其不同于传统的武术套路、散打、拳击等擂台上的竞技体育运动，具有自身的特点和遵循的原则。

（一）自卫防身术的特点

1. 所见即为所用

当遭受不法侵害时，在运用自卫防身技术的同时，利用随身携带或身边之物对歹徒进行还击，制服歹徒，保护自身安全。

2. 瞅准时机，一招制敌

在遭遇歹徒攻击的紧急情况下，抓住反击的时机至关重要，因为这样的机会往往转瞬即逝。当出现合适的反击机会时，必须果断行动，给予歹徒沉重打击，以破坏其继续攻击的能力并改变局面。面对不同体格的歹徒，无论他们身材高低、力量大小，都应迅速且有力地攻击其身体的关键弱点区域，如后脑勺、下巴、耳根、脖颈等要害部位。只有这样，才能有效地保护自己，实现自卫的目的。

3. 灵活多变，迷惑歹徒

自卫技巧涵盖了广泛的防护策略和格斗方法，然而在现实生活中，我们不应该轻率地展示这些技能。面对潜在威胁时，应该优先考虑避险，掌握恰当的回避技巧；如果情况允许，选择逃离现场，且要懂得正确的逃跑策略；仅当无法避免对抗时，才应运用格斗技巧，并且要依照适宜的战斗原则行事。在应用自卫技巧时，要根据具体环境灵活变通，并在必要时刻，通过巧妙的伪装和使用各种误导性的动作或表情来迷惑对方，从而在其未加防备之际，取得胜利。女子在搏斗过程中要掩饰自己的防卫动机，甚至利用各种假动作和表情来欺骗歹徒。女子在受到侵害时处于弱势地位，硬碰硬很难取胜，如果将计就计，有效地利用女性自身"弱"的表象诱敌，使歹徒疏于防范，然后抓住时机采用合理、有效的方法进攻，就会有更多的机会逃脱，甚至制服歹徒。

（二）自卫防身术的原则

1. 力量集中性原则

在对抗中，力量是制胜的关键因素之一。运用技术，集中力量对歹徒进行防卫或进攻，是获胜的主要方式方法。要求在短时间内对歹徒实施击打，使其丧失进攻能力；且击打的关键部位为头部、腰腹部等，但要把握好度，为法律裁决留下空间，以保障歹徒的生命安全。在使用器械的情况下，尽量打击歹徒的非要害部位，以歹徒无法抵抗、不敢抵抗为标准，即可停止反击。

2. 回击极速性原则

在自卫防身的紧急关头，迅速反应是胜负的关键因素。如同力量一般，速度对于胜利至关重要。通过快速的行动，可以在短时间内使对手失去进攻能力，有效解除各种可能的危险，即便是在对手实力较为强大的情形下，迅捷的反击同样能够有效地削弱其攻势。

3. 击打连续性原则

在维持了力量和速度的基础上，连续性击打的执行至关重要。这种战术旨在通过每一次的击打或每一个动作来逐渐削弱对手的防御、攻势乃至逃逸的能力。连续性不仅代表着压制性的连续攻击，也是确保战斗成果并取得胜利的关键因素。连续性击打不仅是一种技术原则，更是对个体体能素质的挑战，尤其考验着个人的力量、速度与耐力。在激烈的对抗过程中，这种技术要求战斗者不断地挑战自己在单位时间内的极限，从而在保持高强度击打的同时，还能维持其持久性，逐步耗尽对手的战斗能力。

4. 偷袭原则

搏斗时一定要设法先偷袭，因为偷袭我是主动，歹徒是被动，我发动攻击在前，就算歹徒发觉也需要时间做出反应，但为时已晚。这一原则也是兵法中的"出其不意，攻其不备"，一旦偷袭成功，可重创歹徒，使其丧失全部或部分战斗力，为制服歹徒打下基础。

5. 主攻要害原则

在遇到歹徒袭击时，切忌惊慌失措，要冷静沉着，抓住机会，击打歹徒的要害部位。因为只有击打歹徒的要害部位才有可能使其丧失进攻能力，以最小的体力消耗获得最大的击打效果。因此，在平时的自卫防身练习中，练习者一定要熟知人体的要害部位及击打方法。如从背后击打时，可用重物猛击歹徒后脑，或用掌砍歹徒颈侧大动脉，使其昏迷或丧失进攻能力；正面交手时，可用手指猛插歹徒双眼，或猛踢歹徒裆部，使其丧失对抗力，将歹徒摔倒时可踢踹歹徒的肋部，使其失去反抗能力。

6. 合法还击原则

自卫防身术是一种搏击技术，极具攻击性。自卫防身术的根本宗旨是被侵害者为了保护自身的正当权益免受正在进行的不法侵害。法律规定，防卫技术造成的伤害在一定范围内属于正当防卫，既然"在一定范围内"，就有具体的法定条件。若想合法保护自己的权益，被侵害者在实施防卫技术时，一定要牢记法定条件。另外，当受到侵害时，也可采取紧急避险措施。实施正当防卫和紧急避险的行为人一般不会被追究法律责任，但若防卫过当或在避险过程中对侵害者造成了严重伤害，根据具体情况，防卫者要承担相应责任。

7. 灵活机智原则

技术是死的，人是活的。在学习自卫防身术时，一定要学会随机应变，特别是对女子而言，要想在最短的时间内取胜，必须利用条件占据先机，掌控好距离。

当女子遇到侵害时，一定要头脑清醒，沉着冷静，正所谓"知己知彼，百战不殆"。遇险时，根据自身的条件衡量一下自己的实力，再观察一下对方的实力及其意图，而后应用相应的防卫策略，用己之长，攻敌所短，才能达到事半功倍的效果。除此之外，要眼观四周，耳听八方，利用周围的一切有利条件，尽快摆脱危险。

其实，死缠烂打只会白费力气，要抓住时机，这里的时机是指反抗不法侵害的最佳时间和机会。时机是否恰当是防卫成败的关键，对时机的把握一定要准确。在对方思想松懈或没有准备好的时候出其不意，攻其不备，是重要的防卫战术要求，也是防卫中经常运用到的时机。在防卫中，没有一种情况是一成不变的，固定的侵害模式也不存在，在反抗暴力的抗争中，任何变化都有可能发生，只有采取灵活机动的防卫技术才能应对变化。在运用防卫技术时，奇袭、出其不意最有可能建立出奇制胜的优势。出招时，对距离的把握是非常重要的，这里说的距离是指搏斗时双方的空间位置。掌控好了距离，既有利于保护自己，又有利于攻击对方。距离不适合的攻击是盲目的，有时候反而会给对方创造反攻的机会。在捕捉到良机后，要迅速、准确地目测距离，采取正确的反击措施。

三、自卫防身时的临战心理状态及基本理念

（一）临战心理状态

面对危险时，心理承受能力的高低常常是决定个人安全的关键因素。多数人由于缺乏专业训练，在遇到紧急情况时往往反应迟缓，伴随心理上的剧烈波动，表现为恐惧、紧张、心跳加速、肢体无力、思维混乱等症状。所以，强大的心理韧性对于掌握和应用自卫技巧至关重要，而在学习自卫技能的过程中，也应重视心理强度的提升。

心理训练旨在通过多样化的方法，有意识地塑造练习者的心智和个性特质。这种训练教会了练习者如何有效地管理自己的情绪，在面对紧急情况时能够保持冷静与沉着。经过系统的心理素养锻炼，练习者能够在自卫和自我防护的情境中展现出必要的心理优势，增强内在的平和感，并在危险出现时更好地控制自己的心理状态①。

1. 面对害怕

人的害怕形式多样，从面临威胁前出现精神过度紧张，到危险出现时胆战心惊的恐惧。首先不要因为害怕而羞耻，当我们感觉到威胁时，不管威胁是实实在在的还是自己胡思乱想造成的，产生"或打或逃"的反应是正常的。对于怎么消除害怕心理，下面这些建议供练习者参考：

①放松肌肉，调整呼吸，按照一定的语言或心理暗示，如"没有什么大不了的事，只有极少数事情是有关系的"来消除害怕心理。这听起来好似消极的心理，其实大家回顾一下自己的日常生活便会发现，很少有什么事件或决定能够对我们的生活造成终身不良的影响。

②把生活中的一些失败和挫折看成很平常的事。人生就是一个悲喜交集，福祸相依，成功与失败、挫折与成就迭现的大循环。其实，生活中的许多事情都是无谓的担忧。回想我们以前经历的许多事情，当时看似失败，过后却改变了我们的生活，使我们向着更好的方面发展。

③利用意念假设演练困境的摆脱。意念假设，就是通过大脑神经的作用，创造出一种假象情境或假象活动。训练意念假设时，想象一个让自己

---

① 沈琳. 女子防身术训练对女大学生身心健康的实验研究［D］. 长春：东北师范大学，2013.

焦虑的情境，在自己的脑子里反复演练，想想自己如何摆脱困境。

④通过呼吸练习克服恐惧心理。站立或坐直，松肩含胸，腹部宜松，口眼微闭；接着吸气，让肺充满；然后通过鼻子缓缓地呼气。想象自己拿着一根羽毛在鼻子前，你的呼吸如此柔和，那根羽毛竟然纹丝不动。

⑤自信可使人克服害怕心理。通过参加自卫防身术的培训，增强对自己搏击能力的高度自信，养成极好的成就感、满足感和内心的幸福感，这是增强自信心的源泉。

2. 面对危险

大部分涉及肢体冲突的事是可以避免的。自卫是从确认危险和潜在危险时开始的，尽量采取措施避免打斗。

①保持警惕。行走时，学会扫视前方地面。首先看自己跟前的地面，从右看左，再抬起眼睛开始另一次扫视，但比第一次稍高一些。最后，你的目光应注意到中远距离。扫视时，如有值得怀疑的人时，要迅速评估对方的能力及危险程度，同时扫视周围环境、地势及对方的人数，留心观察身体前后、左右及退路情况。

②注意身后。走在街头，要时不时回头看看身后。若察觉有可疑的人跟踪时，立即采取逃避行动，可横穿马路，然后回看可疑人是否依然跟在身后。

③想出一个逃避路线，随时寻找一个安全的地方，以利于出现危险时逃避，如商店、宾馆、电影院或其他公共建筑，找到火险通道或方便门。灾难只是偶然发生，一旦发生，前几分钟的行动即可决定一个人的生死。

④平时避开歹徒易作案的时间和地点，即可大大降低受侵害的风险。尽量避开照明不好的街道、胡同、桥下和常有暴力事件发生的区域。

⑤为了把风险降到最低，走路时要自信，抬头行走，避免与陌生人的视线接触，尤其是年轻人，他们也许认为视线接触是对其的一种挑衅，与有些特别狂躁的人视线接触，就有可能激怒他，从而引发肢体冲突。在公共场合，若发现有人盯着你，你先尝试把对攻击者的消极思想变成积极的，比如说，你在等公交车，有一个人正慢慢地向你靠近并试图攻击你。你可这样向他发问："先生您好，请问几点了？"你称他先生，而且态度很友善，他心理上可能会发生一些变化，从而放弃攻击，如果你与对方不可调和，那么只有武力相向了。

⑥可以带一个旧钱包，里面塞满人民币大小的纸张。若被歹徒逼住

了，很快将钱包交给他。他可能要走相当远的距离才会去翻看钱包。穿结实、舒适的系带鞋，可方便快速逃离危险地段。

3. 摆脱焦虑

面对歹徒时，即使对方是一个高大的人，也不要惧怕、精神紧张，要沉着冷静，无所畏惧，始终保持必胜的信心和积极的攻击意识，这不仅能发挥自己最大的潜能，而且能够使对方受到震慑，这样就有可能做到自己虽处于劣势而不败。

女性遇袭时必须消除恐惧、厌战和偏见，然后奋起反击。面对歹徒时，不论你是攻击还是防御，或是防守反击，都要全身心投入进去。如果你害怕歹徒回击，如果你担心遭受打击或忧虑地想着：这个歹徒如此强壮……此时，你就会胡思乱想。你要尽快摒除内心的杂念，否则你就与胜利无缘了。

4. 消除恐惧

女子要训练自己的潜意识，通过调节自我压力，建立信心，增强对危机和恐惧的承受能力，达到控制情绪的目的。面对歹徒时，你也许会竭力避免自己处于被动，对自己的攻击威力有所怀疑。其实，你面临的最强的对手是你自己。通常，在面对强大的对手时，你心里发慌，软弱无力，不堪一击，这是虚弱感和不安全感在作怪。

（二）基本理念

自卫防身术是一种建立在法律基础上的能够有效达到自我保护目的的技术，包含了主观思想的"预防"和主观行为的"守卫"两个方面。练习者要准确理解正当防卫的有关法律规定，在增强法制观念并运用法律保护自身权益的基础上，进一步了解暴力犯罪行为中犯罪分子的心理特点与相关特征，培养积极的防卫意识，以便更快地学习到实用性较强的防卫技能。这样才能在人身、财产安全受到威胁时有效地应对绑架、抢劫、肢体伤害等暴力侵害行为。

为了能够最大限度地发挥自卫防身术的作用，最大化受害人在遇袭情况下实施防卫、逃脱的效果，建议在遭受暴力侵害行为时尽量不要与犯罪分子进行硬碰硬的对抗。许多案例证明，一些以擒拿、散打、跆拳道等格斗技巧为基础的自卫防身术，在真正遇到暴力犯罪时难以施展。还有一些案例表明，一些女子在遭受暴力侵害时，对环境的错误判断和言语不当的刺激也会导致歹徒最终选择将侵害女性杀人灭口。其实，无论是从生理角度还是心理角度讲，让女子通过短短的几次格斗技术培训就获得身体素质方面的大幅提升，拥有女子特警或女性搏击类（散打、空手道、MMA 等）专业运动员一样的身手，这本身是不符合实际情况的。因此，若真正希望自己通过掌握实用性强的自卫防身术，具备转危为安的能力，并提高自身遇到危险时安全脱身的概率的话，应当学习更为科学的防范措施和对危险环境的预判能力，掌握更具有技巧性的高效脱身方法与直接打击对手的技能。

学习自卫防身术一定要针对自己的情况，选择适合自己的正当防卫手段，同时遇到不法侵害行为时，在法律许可的范围内有效地保护自身安全。

四、自卫防身术训练原则及安全要素

（一）训练原则

1. 循序渐进原则

自卫防身术具有多种多样的技术方法，练习者在学习过程中必须根据自身的具体情况及目标，从基础性技术开始逐渐向综合、高难度技术过渡。在由浅及深、从简至繁、由易到难、循序渐进的学习过程中逐步掌握、运用所学的自卫防身技能，进而过渡到真正的实战中去。

2. 巩固性原则

巩固性原则强调的是，练习者需要在理解的基础上将所学的知识和技能牢固记住，以便能够在需要时迅速回忆并应用。巩固知识、技能的主要方法是练习和复习，且形式要多种多样，富于变化。有时候有必要复习已经学过的知识、技能，但更重要的是将学过的知识和技能运用于提高新的技术或解决实际问题方面，使知识和技能在反复练习中达到新的高度，使技术水平达到熟练和自动化的程度，形成牢固的技术定型。

3. 因材施教原则

因材施教原则，是指教练应基于练习者的具体情况和个体差异进行针对性的教学，确保每位练习者都能发挥其特长并弥补不足，从而实现最佳的教育成效。根据教学任务、内容、条件等，运用适当的组织教法，使练习者个体和全体均能提高实战水平。

贯彻因材施教原则，要深入调查，全面了解。首先了解练习者的个性特点、身体素质、运动水平、心理状态、兴趣爱好与擅长，以及不足之处等，有针对性地教学，使每个练习者都能得到应有的发展。

（二）安全要素

1. 准备活动要充分

在进行锻炼之前，安排一个 2~30 min 的热身流程是至关重要的。这一流程包括轻松跑步、关节活动练习、全身热身以及逐渐增加强度的韧带拉伸。这些活动能够确保身体的关节和韧带得到渐进且全面的伸展与旋转，从而提升身体温度并激发运动状态。无论是在寒冷或炎热的天气下，还是在情绪激动或低落时，适当的热身都能防止因身体未充分准备而导致的运动伤害，这样不仅保障了训练效果，也预防了可能的长期伤害。

2. 遵循教学与训练原则

在自卫防身的教学中，遵循系统化的方法、按照逐步提升的难度进行以及根据不同学习者的情况采取差异化的教学策略是至关重要的。练习者在掌握技术和运用技术的过程中要承受生理以及心理上的痛苦，所以练习者要做好充分的思想准备，持之以恒，配合教练的安排。另外，在进行训练规划时，必须根据实际状况精心设计，确保每个细节都被周密考虑。首先，训练内容应从基础动作学起，随后逐步过渡到基本技术的学习，并且在整个过程中注重身体条件的提升。攻防技能的锻炼应该是一个循序渐进的过程：开始时轻度和简单，然后逐渐增加难度和复杂性。只有在练习者能够有意识地进行进攻与防守，并具备了有效的攻击与防御能力之后，才适合安排小规模的实战演练。

由于练习者年龄、身体素质等方面存在个体差异，要注意区别对待，保持练习训练的长期性和持续性。

3. 提高训练水平和增强损伤预防意识

自卫防身术的特点在于其高强度的对抗性，其中涉及的搏斗场面极为激烈。这就要求从事这项技能训练的人必须具备全面的技能和策略，以及优秀的身体条件和心理承受能力。这些能力都需要通过日常的训练不断强化与积累。如果教练或练习者在训练中放松标准，那么不精确或未完全到位的动作就可能会导致身体受伤，进而对日后的日常生活及学习造成长期负面效果。比如，出拳的时候如果拳没有攥紧，打到对方头骨的时候很可能会造成自己的指骨骨折。

此外，在自卫防身术的训练过程中，要时刻树立运动损伤的预防意识。从练习开始到结束，整个过程都要时刻小心，才能远离伤痛。

4. 加强医务监督

医务监督是预防运动损伤和保证教学训练的有效措施，可促进练习者提高自卫防身技术水平，培养科学的训练方法和良好的卫生习惯。遵守训练的卫生原则，可避免、减少运动伤病的发生，保证训练的顺利进行。医务监督内容包括防护器具的应用、场地器械的卫生、合理训练的安排、恢复的手段、心理方面的因素、营养方面的因素、支持带的使用等，如果有伤要及时治疗，应调整训练，减少伤病加重的机会或造成新的损伤。

5. 良好的训练环境

自卫防身术是一项结合踢、打、摔、拿的综合技术，良好的训练环境不仅可以保证练习者的学习效果，而且能减少损伤的发生。练习地躺防卫时，最好在干净的地毯上或较大的垫子上进行。

A2　女子自卫防身术基本技术

女性在与歹徒搏击过程中，可以用"摔""打""拿"等各种防身的技法。但女性与男性犯罪分子在力量、速度、体力等方面实力相差悬殊，"摔""拿"技法在势均力敌的较量中也较难取胜，就算一个女性掌握了摔跤与擒拿技术，把它用在身强力壮的歹徒身上，由于双方力量相差太大，也是很难奏效的。因此，女性与歹徒的搏斗，是以弱对强的对抗，只能极小限度地使用摔跤与擒拿术。防身术中的各种拳法、腿法、肘法、膝法等具有灵活、机动的特点，在临场运用时既可以出其不意地主动打击，又可以在歹徒攻击时防守反击，不管是何种情况，只要掌握好正确的发力动作，对准歹徒身体忍受力薄弱的部位给予重重的一击，就可使歹徒轻则疼痛难忍、休克昏厥而失去战斗力，重则伤残甚至致死。

女性防身的打法有拳法、肘法、腿法、膝法等。各种打法的正确发力动作应该用全身之力，如拳法与肘法，打击发力时要蹬腿，并转动身体，最后加上手臂的力量，这样的打击力才大，并且打击的穿透力也大；腿法、膝法打击时也应该使用全身之力，由于是单腿站立，用另一腿攻击，所以运用腿法与膝法时更要注意身体平衡①。

一、实战姿势

实战姿势应该是动作自然、放松协调、进攻或防守时两拳都能迅速有力地进行打击，在防守时使自己暴露的受击面积最小，并不易被歹徒轻易地抓住空当而受打击。正确的实战姿势还应使身体重心稳固，以便脚步灵活移动，进退自如。实战姿势一般都要求把有力的手放在后面。左手左脚在前，右手右脚在后的称为右势（又称正架子）；相反，右手右脚在前，左手左脚在后的称为左势（又称左撇子、反架子）。在本书中均以右势为例。

（一）两脚站立姿势

将脚分开与肩同宽站立，左脚向前走一步，并轻轻内转，使脚尖触

---

① 赵金娜. 动作概念形成对女子防身术运动技能学习影响研究［D］. 北京：中央民族大学，2022.

地。同时，右脚的后跟抬高，保持平衡。左膝盖略微弯曲，而右膝盖则呈现出更大的弯曲角度。上半身方面，左肩膀向右侧转动大约45°，左侧身体伸展开，确保体重主要由左脚支撑。这种身体斜对歹徒的实战姿势，有利于两手发挥攻防技术，同时又可以减少受击面积，有很大的优越性。

（二）身体各部位要求

躯干姿势：要求自然地含胸收腹，臀部略向内收，与武术中"含胸拔背"的要求是一致的。

肩膀姿势：左臂轻微弯曲向前抬起，左拳的位置应略低于左眼高度。同时，右拳需放在头部前方。在执行这一动作时，应确保肩膀和手臂保持放松，遵循"沉肩垂肘"的原则。沉肩，是为了放松肩臂部的肌肉，在击到歹徒的一瞬间，可充分发挥肩臂的爆发力。垂肘，可使两前臂形成两道屏障，起到保护两肋和上体的作用。

（三）拳的姿势和握法

拳的姿势：两拳都要对着对手的头部，两手四指微屈，掌心相对，空握拳（或称虚握拳），这样手臂肌肉较为放松，在打击歹徒的最后一瞬间，拳头握紧，手臂的爆发力就能发挥得更大，两拳可很快变为两掌做出防守的拍击动作来。两拳在身体垂直中线的两侧与前后位置，打击时可"左右开弓"。

拳的握法：首先，将大拇指伸出，其他四个手指伸直并紧密地靠在一起。其次，这四个手指要弯曲，让指尖触碰到掌心，并且用力内握。最后，将拇指横放于食指和中指的第二关节处，并紧紧握住。

二、步法

实战步法不同于平时走路，也不是一般的跑跳动作。实战步法是一种专门的脚步移动动作，移动步法要求两脚擦地滑动，动作要连贯流畅，身体保持放松，这样才能更好地抗击歹徒的攻击。

步法移动快的女性，若出拳速度也快，能使打击力量大大增加。遭遇歹徒攻击时，运用灵活的步法快速移动，可使歹徒打击落空，从而免受伤害；在与歹徒周旋时，有目的地不停移动，会使歹徒陷于被动地位。前滑步与后滑步是一对使用最多的应对步法。前滑步是用来接近歹徒的，使自己处于有利的攻击位置，寻求攻击机会，迫使歹徒处于被动不利的地位。后滑步用来拉开与歹徒之间的距离，使歹徒打击落空，从而摆脱被动挨打的局面。

三、拳法

防身的拳法可以在主动进攻或防守反击时运用。

主动攻击就是先发制人，"先下手为强"。在歹徒暴露侵害意图，但又疏于防范的情况下，以迅雷不及掩耳之势，主动出击，并力求一拳或两拳把歹徒打得失去战斗力。主动进攻体现了"进攻是最好的防守"的思想。

防守反击一般是针对歹徒发起的进攻采用实用简洁的防守后，立即用拳法给予反击，在数招内将歹徒制服，这样的防守反击具有"后发制人"的效果。

（一）直拳

直拳是远距离拳法。它是从出拳到被击目标，拳头做直线运动的一种打击方法。直拳有左直拳和右直拳两种，均可用来打击头部与胃部（或裆部）。左直拳打击的预备姿势与实战姿势相同，歹徒不能预测左直拳何时出击，出拳时身体转动角度很小，因此它的打击具有突然性。左直拳打击时身体斜对着歹徒，因此左拳与歹徒的距离较近，容易击中歹徒。右直拳打击力量大，通常被称为远距离的重拳或主力拳。右直拳打击时要把体重"摔"出去，这样参与打击的力量大，加上右直拳打击速度较快，可以"一拳定乾坤"，把歹徒击倒击昏，对歹徒具有较大的威胁。但身体的姿势决定了右直拳离歹徒较远，右拳打击到歹徒的距离也较远，打击时身体转动角度较大，因此打击时易被察觉，也没有左直拳那样的突然性。有经验的女性不轻易击出右直拳，只有距歹徒较近时，在右直拳的有效打击范围内，才果断、迅速地用右直拳予以重击，打击歹徒的眼睛或生殖器等要害部位，使歹徒不得不中止犯罪，从而在与歹徒的搏斗中取得决定性胜利。

1. 左直拳击头部

预备姿势与实战姿势相同。在执行左直拳的过程中，首先要确保左脚迅速且有力地向前蹬地，推动身体向右前方转动。接着，左肩应积极向前推进，对准目标进行打击。同时，身体的重心轻微向前移动，以增加打击的冲力和稳定性。随着左肩的向前旋转，左臂应该自然地、放松地沿同一直线伸出，直至完全展开。在这个过程中，左臂的关键关节部位，包括肩膀、肘部、腕部以及握成拳头的左手，都应该保持伸直状态，以确保打击力量的传递不受任何阻碍。最终，当左拳接触到目标（如攻击者的下颌或眼睛）的一瞬间，需要迅速地将拳头紧握，以形成最大化打击的力量和效果，左拳击到目标后左臂迅速直线收回，还原成实战姿势。

2. 左直拳击胃部（或裆部）

预备姿势与实战姿势相同。左直拳打击时，两脚用力蹬地，上体以髋为横轴向右前猛力冲倒（就像弯腰鞠躬动作），同时两膝和髋部积极弯曲，左拳对准目标直线打出，在左拳击到目标的一瞬间，左臂伸直，左拳内转90°，拳心向下，拳头握紧。左直拳击胃部（或裆部）时，上体前倾，两肩处于同一平面上，左臂向头部靠拢。打击后，左拳迅速按原线路收回，身体站起还原，并立即恢复实战姿势。

3. 右直拳击头部

预备姿势与实战姿势相同。右直拳打击时，右脚前掌蹬地，左脚跟用力向外转动，身体右侧快速有力地向左前方转动，身体转向正面后，身体右侧继续向左转出。右肩超越左肩，右臂随之放松，快速地向前直线伸出，在击到目标的一瞬间，右臂伸直，右拳向内转动45°~90°，拳头握紧，身体重心落在左脚上。随着右拳的打击动作，左臂弯曲于胸前。打击后，右臂迅速直线收回，身体还原成实战姿势。

4. 右直拳击胃部（或裆部）

右直拳击胃部（或裆部）时，上体除向左前方猛力冲倒外，其余发力动作均可参照左直拳击胃部（或裆部）。

（二）侧勾拳

侧勾拳属于近距离拳法。它是近身对抗中打击歹徒头部侧面（下颌、太阳穴、后脑等）最有效的拳法，又因手臂形状似"钩"状，且打击对手侧面而得此名称。拳击规则只允许侧勾拳打击耳朵与下颌之间的侧面部位，女性防身时以打击歹徒后脑、太阳穴等部位为主。侧勾拳打击时，拳头运行呈弧形线路，上臂与前臂的夹角取决于与歹徒的距离，一般上臂与前臂夹角约为90°。为了获得更好的打击角度，要求肘关节略比拳头的位置要高。

在侧勾拳技术中，有左侧勾拳和右侧勾拳两种。侧勾拳有出拳距离短、速度快、力量大的优点，歹徒的反应时间短，也较难做好防守，侧勾拳打击时身体较容易转动，因此女性掌握这种拳法并不难。

侧勾拳打击距离短，因此常受到歹徒直拳的压制，也就是说，歹徒直拳打得到的距离，你用侧勾拳就打不到，因此你要在歹徒靠近时才能运用。

1. 左侧勾拳击头部

预备姿势要像一个紧扭的弹簧：身体向左扭转，右肩超越左肩，腿部稍弯曲，上体适当前倾，两拳收在头部两侧。在进行左侧勾拳的动作过程中，首先将左脚用力向下蹬地，以脚前掌为主要的支撑点，同时将左脚跟向外旋动。接着，身体重心迅速转移到右脚上。随后，左髋关节向右前方旋转，紧跟着左肩也积极地向右前方转动。在这个过程中，要迅速抬起左肘，尽可能地拉开左肩的角度（也就是以最快的速度抬起左肘，左上臂与身体之间形成的角度称为左肩角度）。此时，左上臂和左前臂之间应保持大约90°的夹角。然后，在左肩放松状态下，由左向右沿一条弧形轨迹击出左拳，确保拳心朝下，虎口朝向面部。当左拳击中目标头部的瞬间，需要紧握左拳，使左肘尖稍微高于左拳。完成打击动作后，让左肘放松并自然下落，恢复至实战姿势。

2. 右侧勾拳击头部

预备姿势是身体重心移到右脚上，右脚全脚掌着地，右膝关节和右髋关节稍作弯曲，上体稍前倾。右侧勾拳发力时，右脚用力蹬地，右脚跟积极向外转动，身体右侧转向打击方向，右肩向左前方发猛力而迅速抬起右肘，快速拉开右肩肩角，右上臂和右前臂的夹角为90°左右，右拳放松地由右向左呈弧形线路击出，拳心向下，虎口对着面部。打击后的其余动作与左勾拳打击头部的动作基本相同。

（三）勾拳

勾拳属于近距离拳法，是近身对抗中最有效的正面进攻拳法。用勾拳打击时，因上臂与前臂夹角成90°或近于90°，手臂因似"钩"状而得其名。

在勾拳技术中，有左勾拳和右勾拳两种。左、右勾拳均可用来打击歹徒裆部、腹部、胃部和头部。打击歹徒裆部、腹部、胃部的勾拳称作下勾拳，打击歹徒头部的勾拳称作上勾拳。在拳击比赛时，拳击规则只允许打击对手裤带以上部位。在女性防身时，对歹徒以击裆部为主。女性只有在歹徒身体前倾才能用得上上勾拳。在歹徒站立时，上勾拳打击头部力量太小，因此用不上这种拳法。勾拳预备姿势要适当屈膝屈髋，上体前倾（就像一个压缩的弹簧），在勾拳发力时要充分蹬腿展髋，转动身体，借助腰腹乃至全身的力量。在练习时，要反复体会勾拳正确的发力。如果勾拳发力动作差一些，只要打击时对准歹徒的裆部，也能给歹徒造成猛烈的打击。

勾拳出拳的距离短、速度快，所以歹徒往往因来不及做出反应而被击中，因此要选择歹徒靠近时运用。

1. 左下平勾拳击胃部（或裆部）

预备姿势是身体稍向左扭转，右肩略超过左肩，屈膝屈髋，上体前倾。如打击歹徒胃部（胸肋以下的三角部位），左前臂下落到与地面平行，上臂与前臂夹角90°左右（如击歹徒裆部，上臂与前臂夹角成150°左右），左拳拳心转动向上，虎口向外，左肘肘尖位于左肋旁。左下平勾拳发力时，左脚蹬地，左腿用力蹬起并积极伸直，左脚跟向外转动，左髋关节向上猛力伸展，同时身体重心迅速移至右脚上，右全脚掌支撑。左肩积极向右前方转动并向前顶出，左拳在左腿、腰髋部、左肩的发力动作之后进行打击，左手握拳向前打出，左肘尖随打击的发力动作而稍离开左肋部，在左拳击到目标的一瞬间，握紧拳头。打击后，左臂放松弹回，并迅速恢复实战姿势。

2. 右下平勾拳击胃部（或裆部）

预备姿势是身体重心后移至右脚上，右脚跟着地，右膝关节和右髋关节弯曲，上体前倾。右前臂下落角度与打击目标有关（详见左下平勾拳），右拳拳心转动向上，虎口向外，右肘肘尖位于右肋旁。右下平勾拳发力时，右脚积极蹬地，右脚跟用力向外转动，身体重心迅速转移到左脚上。右脚继续用力蹬地，右髋向上猛力伸展，身体右侧向前方充分转动，其余发力顺序与打击动作可参照左下平勾拳击胃部（或裆部）。

（四）常见错误动作

1. 出拳时只用手臂的力量打击

产生原因：

①出拳时想以最快速度打出各种拳法（包括直拳、侧勾拳、勾拳等）。

②各种拳法的发力顺序不明确，没有充分利用身体转动与体重，也没有充分发挥腿部和腰髋部肌肉的力量。

纠正方法：

①掌握各种拳法的发力顺序，在蹬腿、身体转动后，加上手臂的力量，要注意依次用力。

②平时多做些身体转动的动作，再学习各种拳法的完整打击动作。

2. 直拳打击时，先后拉再出拳

产生原因：

①肌肉控制能力差、身体协调性差。

②各种拳法的发力动作掌握差，只能靠手臂后拉来增强打击的力量。

③练习拳法时思想不集中，动作的技术细节不注意。

纠正方法：

①平时多做提高肌肉控制能力与身体协调性的练习。

②体会各种拳法的发力动作，注意身体转动及发力顺序。

③练拳时应集中注意力，并对自己易犯的错误动作做到心中有数。

3. 直拳击胃部（或裆部）时，打击前眼睛盯着打击目标

产生原因：与女性的心理因素和技术水平等有关。女性打击目标前通常不看对方，所以感到很不放心。

纠正方法：打击前眼睛看着对方的面部，但眼睛余光要顾及胃部（或裆部）。

4. 右侧勾拳（或左侧勾拳）打击时，左（右）勾拳运动的弧度过大

产生原因：打击线路不明确，或仅靠人的本能习惯动作挥臂。

纠正方法：明确打击线路，慢动作反复练习后，再逐步加快打击速度。

（五）防身的攻击拳组

防身的攻击拳组是把单个的拳法组合起来，在虚虚实实的拳法打击中，给予歹徒致命一击。现介绍几个实用的单拳拳法组合：左右直拳拳组、侧勾拳和勾拳的拳组、直拳和勾拳的拳组。

1. 左右直拳拳组

①左直拳击头部—右直拳击头部。

②右直拳击头部—左直拳击头部。

③左直拳击头部—右直拳击胃部（或裆部）。

④右直拳击胃部（或裆部）—左直拳击头部。

⑤左直拳击胃部（或裆部）—右直拳击头部。

⑥右直拳击头部—左直拳击胃部（或裆部）。

2. 侧勾拳和勾拳的拳组

①左下平勾拳击胃部（或裆部）—右侧勾拳击头部。

②右侧勾拳击头部—左下平勾拳击胃部（或裆部）。

③左侧勾拳击头部—右下平勾拳击胃部（或裆部）。

④右下平勾拳击胃部（或裆部）—左侧勾拳击头部。

3. 直拳和勾拳的拳组

①左直拳击头部—右下平勾拳击胃部（或裆部）。

②右直拳击头部—左下平勾拳击胃部（或裆部）。

说明：以上拳组在临场运用时，第一拳可以是虚拳或假动作；第二拳是结束拳，打击力量要重。

（六）常用的防守与防守反击动作

女性与歹徒搏斗，通常是在赤手空拳的情况下进行的。女性对付歹徒拳法的攻击，不能用拳击或散打中的防守方法，因为漏掉任何一拳的打击都可能是致命的，确保防守的安全性才是首要考虑的。

1. 直拳的防守方法与防守反击动作

（1）拍击

歹徒用左直拳（或右直拳）打击头部时，用左手或右手拍击歹徒的手腕处，拍击动作幅度不宜过大，以免暴露出空当来。

例1，当歹徒用左直拳打击头部时，用左手向右拍击歹徒的左手腕内侧处，拍击后，立即用右直拳还击歹徒的头部。

例2，当歹徒用右直拳打击头部时，用右手向左拍击歹徒的右手腕内侧处，拍击后，立即用左直拳还击歹徒的头部。

（2）向后移动

歹徒用左直拳（或右直拳）打击头部或胃部时，左拳（或右拳）距离较近，应适当向后移动，使歹徒在头前打空，当歹徒收回拳头之时，立即用左直拳（或右直拳）还击歹徒的头部。

例1：歹徒左直拳（或右直拳）打击头部时，稍向后移动，使歹徒在头前打空，立即用左直拳（或右直拳）还击歹徒的头部。

例2：歹徒用右（左）直拳打击头部时，稍向后移动，使歹徒在头前打空并在歹徒收回拳头之时，立即上步用右侧勾拳还击歹徒的头部。

2. 侧勾拳的防守方法与防守反击动作

歹徒用左侧勾拳（或右侧勾拳）打击头部时，上体迅速向前或向后移动，使歹徒左侧勾拳（或右侧勾拳）击空，然后根据歹徒的空当部位进行反击。

例1，歹徒用右侧勾拳打击头部时，上体迅速向前移动，并用头撞击歹徒的面部。

例2，歹徒用左侧勾拳打击头部时，上体迅速向后移动，使歹徒左侧勾拳击空，立即用右下勾拳还击歹徒的胃部（或裆部）。

3. 勾拳的防守方法与防守反击动作

（1）格挡

歹徒用左下平勾拳（或右下平勾拳）打击胃部时，同侧手臂迅速下落，格挡住歹徒的前臂，接着用侧勾拳打击歹徒的头部。

例1，歹徒用左下平勾拳打击胃部时，右臂向下格挡，接着用左侧勾拳还击歹徒的头部。

例2，歹徒用右下平勾拳打击胃部时，左臂向下格挡，接着用右侧勾拳打击歹徒的头部。

（2）向后移动

与侧勾拳防守方法中的向后移动相同，向后移动后，接着用左侧勾拳（或右侧勾拳）打击歹徒头部。

四、肘法

肘法是非常适合女性在近战防御中使用的高效打击手段。肘部的硬骨部分，特别是被称为"鹰嘴"的区域，硬度极高。当正确利用腿部、腰部和臂部的力量进行肘击时，能产生巨大的冲击力，远超普通拳击。因此，肘部攻击不仅实用，而且对于女性自卫尤为有效。女性平时只要用肘作前后左右的挥动练习，不用多久就能掌握肘法的发力要领。肘法的打击有横肘、砸肘、反肘等，现针对以上几种适合于女性的实用肘法介绍如下。

（一）横肘

横肘又叫摆肘，分为向前横肘与向后横肘两种。向前横肘用来对付前面的歹徒，向后横肘用来对付后面的歹徒。

1. 向前横肘

向前横肘的发力动作基本上与侧勾拳相同。横肘打击时，蹬腿后身体转动发力，同时迅速拉开肩角，抬臂与肩平，上臂与前臂靠拢，以肘尖为着力点，从侧面呈弧形线路击出，并以肘尖打击歹徒。打击目标是歹徒太阳穴、后脑、耳朵、颈部以及胸肋部等处。

2. 向后横肘

当歹徒从后面搂抱住腰部时，手臂向后上方抬起（迅速拉开肩角），身体随之向后转动发力，用肘尖打击歹徒的面部、颈部等处。

（二）砸肘

砸肘又叫下击肘、剁肘。打击时，歹徒上体处于前倾的姿势（如歹徒企图抱住腿部），或歹徒的胃部、裆部受击后上体前倾的情况下，可以用砸肘打击歹徒后脑等处。砸击时手臂稍向上抬后，随着屈膝下蹲，身体迅速下沉，肘尖由上往下猛力砸击，只要充分利用体重向下猛压，再加上坠肘，其杀伤力极大，歹徒被击中后，无不受重创。

（三）后肘

当遭遇背后袭击，如被歹徒从后方紧紧抱住或试图勒住颈部时，可以采用后肘反击技巧进行自卫。在准备发力前，应将肘部尖端稍微向前伸出，随后在身体向后旋转的瞬间，迅速用肘部尖端向后方猛烈撞击。主要攻击目标应集中于歹徒的胃部、肋骨和腹部区域。

说明：女性受歹徒侵害时，如与歹徒距离较近，可适当用肘法防身，重创歹徒。女性用肘法时，要用腿、腰、肩、臂的合力。肘法应以肘尖为打击点，如用前臂打击，因打击面大会减小打击力度。对于会用肘法的歹徒，在歹徒攻击时，只需后撤半步，就能使其肘法攻击失效；也可用拳法或腿法拒敌于外围。

五、腿法

防身术中的腿法繁多，按打击线路可分为直线性和弧线性两种，如按动作结构可分为屈伸、直摆和扫转三类。许多腿法皆可上下左右运用，其势之大，攻击力之强，可与拳击相媲美。腿的长度超过手臂，腿法的打击距离也应比拳法远。但这些腿法，如直摆性腿法需经长期特殊训练，方有一定威力。为此，这里挑选几种适合女性防身的屈伸性腿法进行介绍，女性只要稍作练习就可显其攻击力。

（一）蹬腿

根据不同的出腿方向，蹬腿可分为前蹬腿、侧蹬腿、后蹬腿。女性面对歹徒以右势实战姿势站立，左腿称左前蹬腿，右腿称右前蹬腿。左前蹬腿与拳击的左直拳类似，而右前蹬腿与右直拳类似。与歹徒距离较近时使用左前蹬腿，歹徒往往来不及做出防守反应，容易被击中；而右前蹬腿离歹徒的距离较远，蹬击时身体的动作幅度也较大，因此右前蹬腿起腿时就容易被歹徒识破，但它的蹬击力量比左前蹬腿大得多。蹬腿可以用于攻击歹徒的裆部、腹部、膝盖（反关节）等处。

1. 左前蹬腿

实战姿势站立后，身体重心移到右腿上，右腿支撑，左大腿向正前方屈膝前摆，左膝关节积极上提，以左膝关节为中心，左小腿由下向上呈弧形快速前摆，在左脚蹬击到歹徒的一瞬间，左脚伸直，身体重心前移，以左脚跟为着力点。左脚向前蹬击时，右脚要向下用力，右脚趾要"抓"地。左脚向前蹬击后，左腿的大小肌肉和各关节迅速放松，左腿弯曲，左脚利用左膝的弹性按原来线路弹回，再下落到右脚前，并迅速还原成实战姿势。

2. 右前蹬腿

右前蹬腿的动作与左前蹬腿的动作基本相同。如用全力蹬击，右脚落在左脚前面，变成左势实战姿势。

（二）弹腿

弹腿又叫踢腿。弹腿从打击线路来看又分为直线性的正弹腿和弧线性的侧弹腿两种。正弹腿动作与前蹬腿有很多相同之处，它是女性的实用性攻击腿法，比较容易掌握，以打击歹徒的裆部为主，歹徒倒地后可向其要害部位进行有力的弹击。女性在用正弹腿向歹徒攻击时，有了皮鞋（或运动鞋）的保护，更能发挥正弹腿的威力。侧弹腿以歹徒侧面为打击目标，它有打击速度快、打击力量大、打击距离远的特点。侧弹腿发力动作好，打击在歹徒的大腿上，足以使歹徒受伤倒地而不能行走。但女性掌握起来有一定难度，要经常练习才行。

1. 正弹腿

正弹腿分为左弹腿和右弹腿。

正弹腿在击中目标的一瞬间，脚背绷直，脚趾紧扣，以脚背前部为着力点。其余动作要领及发力顺序等与前蹬腿基本相同。

2. 侧弹腿

侧弹腿，又叫摆腿、鞭腿。分为左侧弹腿和右侧弹腿两种。

（1）左侧弹腿

实战姿势站立后，右脚支撑，左膝向左侧前方约45°方向屈膝提起，左大腿与左小腿折叠，左脚跟靠近左臀，左脚背绷直，上体稍向右侧倾斜。上体向前转动，左肩转向前面，同时腰髋部发力，带动左腿向正前方摆动，以左膝为中心，左小腿加速向前作弧形横摆动作，在左脚摆击到歹徒的一瞬间，左脚伸直，以左脚背的前半部为着力点。随着左脚的打击动作，右脚跟紧贴地面向前转动。上体保持原来的倾斜姿势，两肩可以作相应调整，以维持身体平衡。左脚摆击后，左小腿立即弹回成大小腿的折叠姿势，左脚下落，迅速还原成实战姿势。

（2）右侧弹腿

右侧弹腿打击时用左脚支撑，与左侧弹腿动作相同，但方向相反。右侧弹腿如全力打击后，右腿一般落在左脚前面，成为左势实战姿势。

（三）侧踹腿

侧踹腿是侧身直线攻击歹徒裆部、腹部、大腿、膝部的腿法。左、右侧踹腿打击时，上体向反方向侧倒，对自身较安全，又有打击力量大、打击距离远的优点，它是腿法中最具有威力的攻击手段。一般从中远距离发出，则攻击力量倍增，使歹徒望而生畏。

1. 左侧踹腿

实战姿势站立后，身体重心移到右脚上，右腿弯曲，右腿屈膝支撑。上体向右前方转动，左肩转向正前方，身体呈侧身姿势，使左大小腿的外侧向前。左大腿向胸部屈膝提起（左大腿靠拢胸部）。左脚向身体左侧直线踹出时，左髋尽量前送，左大小腿伸展，脚尖里扣，以整个脚掌为着力点。左脚踹击时，上体稍向右侧倒，右腿用力，右膝伸直，右脚趾用力抓地。

2. 右侧踹腿

与左侧踹腿基本相同，但方向相反。

（四）常见的错误动作

1. 打击腿直腿打击

产生原因：蹬腿、弹腿、侧踹腿的动作要领模糊，或不明确屈膝后的打击力大、速度快。

纠正方法：反复体会屈膝前摆等大小腿折叠的动作要领，在做分解动作的基础上，再做完整的动作练习。

2. 腿法打击后，腿收回较慢

产生原因：

①只注意向前打击的速度，忽视了回收的速度。

②不会利用膝部的弹性。

纠正方法：

①明确腿法打击后，如腿回收较慢，容易被对方抓住脚而处于被动的地位。

②打击后的关节和肌肉应及时放松，并注意利用膝部的弹性，加快打击腿的收回速度。

3. 向前打击时，偏离正前方的打击目标

产生原因：打击腿屈膝前提时，膝盖没有朝正前方，或打击时不注意直线性。

纠正方法：注意屈膝前提，膝盖的方向应对准打击目标。

4. 腿法打击时，支撑腿以前脚掌支撑

产生原因：只考虑起腿打击，忽视了支撑脚的动作要求。

纠正方法：

①明确支撑脚动作要求和支撑不稳的危害。

②在慢动作中练习，注意改正支撑脚的错误。

5. 腿法打击后失去身体平衡

产生原因：

①打击时身体重心没有前移，不能抵消打击后产生的反作用力。

②上体过分后仰。

③支撑脚支撑无力，脚趾没有抓地。

纠正方法：根据所犯的动作错误，在慢动作中改进技术。

（五）攻击拳脚组合

虽然只是一拳和一脚的拳脚组合，但灵活运用，打击时可以虚虚实实。适合女性的实用拳脚组合如下：

①左直拳击头部—右前弹腿击裆部。

要点：左直拳击头部是虚；右前弹腿是实，上击下弹腿要瞬间完成。

②右前弹腿击裆部—左直拳击头部。

要点：右弹腿是虚，可以是假动作，左直拳击头部是实，要重拳打击眼睛。

③右直拳击头部—左前蹬腿击裆部。

要点：右直拳击头部是虚；左前蹬腿打击裆部（或胃部）是实，应一气呵成。

④左前蹬腿击裆部—右直拳击头部。

要点：左前蹬腿击裆部是虚，可以是假动作；右直拳击头部是实，要重拳打击。

（六）常用的防守与防守反击动作

对付歹徒腿法的全力攻击，女性防守时不能只求力量对抗。因此，可以向后适当移动，并作必要的退让，利用灵活的步法，向两侧闪开并用手拍击，接着立即以拳法或腿法还击。

例1，当歹徒用左前蹬腿击腹部时，向后稍作移动，使歹徒左前蹬腿击空，并立即用右直拳还击歹徒头部。

例2，当歹徒用右腿蹬击膝部时，向后稍作移动，使歹徒右蹬腿击空，并立即用左直拳还击歹徒胃部或裆部。

例3，当歹徒用左前弹腿击小腿时，左脚稍后拉，立即用左侧踹腿还击歹徒裆部。

例4，当歹徒以右蹬腿击头部（或胸部）时，向左侧迅速闪开，同时左手拍击歹徒右小腿或右踝关节外侧处，使歹徒打击落空，然后立即用左右任意拳脚进行还击。

例5，当歹徒以左蹬腿击头部（或胸部）时，向右侧迅速闪开，与例4动作相同，但方向相反。

六、膝法

膝法与肘法一样，属于近距离打击的技法，也是女性与歹徒近距离搏斗的锐利武器，它具有很大的杀伤力，隐藏性也很好。膝法的着力点是膝盖骨，发力时要求大小腿靠拢。膝击由于速度快，出击线路短，经常用来攻击歹徒的裆部，如果歹徒的上体前屈，也可用膝盖击其头部，被击中者无不应声而倒。

膝击的方法很多，有前顶膝、上顶膝、侧上顶膝等。现针对以上几种实用的膝法介绍如下。

（一）前顶膝

前顶膝分为左前顶膝与右前顶膝两种。

1. 左前顶膝

实战姿势站立后，右脚滑前一步，靠近左脚，右脚掌全落地后，右脚用力蹬地，同时左膝弯曲，左大腿积极地向前摆动，左膝向正前方目标顶出，并以左膝为着力点。在左膝向前顶击目标的过程中，上体后仰，向前送髋，这是左前顶膝动作的关键。

2. 右前顶膝

实战姿势站立后，左脚支撑并用力蹬地，右大腿积极向前摆动，右髋前送，上体后仰，以右膝为着力点。

（二）上顶膝

上顶膝是与歹徒的距离更近时，向前上方的目标（裆部）顶出。左上顶膝和右上顶膝发力时，或歹徒上体前屈时，两手拉住歹徒的头部帮助发力。

（三）侧上顶膝

侧上顶膝是用膝盖攻击歹徒疏于防守的侧面两肋部，左（右）侧上顶膝是膝盖分别向左（右）两侧上提后，再向前侧上的目标顶击，发力动作与左（右）前顶膝基本相同。

说明：三个膝法中，上顶膝的实用性最大，侧上顶膝的难度最大。女性用上顶膝打击歹徒裆部时，要注意歹徒两脚的站立姿势，如歹徒两脚并行开立，有一脚要踏在靠近歹徒的两脚中间，用另一腿膝盖攻击。为了取得最佳的打击角度，如歹徒两脚前后站立，左（右）脚在前，则要以左（右）脚攻击，才能击到裆部。如果歹徒右脚在前，如果用左膝攻击，攻击线路会被挡住，就不容易击中裆部。

膝部攻击时，眼睛不要先盯着打击目标，使歹徒有所防备。

歹徒企图运用膝法攻击时，只要身体贴近歹徒，歹徒就无法起膝打击；也可拉开距离，使歹徒的膝击落空。

A3 攻击对手要害部位的技法

一、人体的要害部位

人体各个部分以及整体结构具有其规律，当我们面对需要攻击的对象时，对手无论体格如何强壮，意志如何顽强，也存在着只要一击便会失去抵抗力的薄弱之处，这便是"要害"。

当不得不进行反击时，如果我们了解人体各要害部位的位置，就能在突然受到袭击时有效地进行反击。此外，当对方攻击自己的要害时，也可以及时避开。因此，是在对方攻击之前对其进行先发制人的抢先攻击，还是避开对方的攻击后再攻其要害为好，需要冷静地观察当时的形势与对方的举动，瞬间做出判断，随机应变地防守或进攻①。

（一）眼睛

武术家称双眼为"明穴"，说明它是公开暴露的，所以双眼是人体中极易受到损伤的部位。因此，攻击双睛无须太大的力量。眼部受到撞击后，轻微症状可能包括不断流泪、对光线敏感而难以睁开；严重情况下，可能会出现大量出血或水肿；极端情况下，可能导致眼球破裂或脱出，视力受到严重损害甚至完全丧失。由于眼部防护能力较弱，女性通过攻击不法分子的眼部，可以有效降低对方对外界的反应和主动行动的能力，甚至在一些情况下使其完全失去这种能力。

（二）咽喉

咽喉这一部位面积较大，由颈部正前方两锁骨内侧、胸骨柄上缘的凹陷处，一直往上到喉结处。因为咽喉下有食道、气管、静脉、膈神经与迷走神经分支，所以咽喉是人体的又一处要害部位。咽喉遭受重击时，呼吸和血液循环会受到干扰，引发神经反应；轻微的情况可能导致言语困难和极度不适；严重的情况下可能会造成窒息和昏迷。

（三）颈部

颈部的两侧分别布置着一条颈动脉，这使其成为人体的一个重要且易受伤害的区域。如果遭受强烈的撞击或冲击，可能会导致血液和氧气对脑

---

① 石先彬，杨延生．高校女子防身术教学的思考［J］．运动，2010（9）：56，67．

部的供应出现短缺；严重时，可能会引起昏迷甚至死亡。

（四）腋下

腋窝是一个关键的解剖区域，不仅拥有大量的神经分布，还邻近重要的内脏器官——肺部。这一位置在人体的骨骼结构中，即背部的脊椎骨和胸前的胸骨之间，恰好形成了一个薄弱缺口，所以这一部位是人体的又一薄弱部位。因此，这一部位一旦遭遇打击，轻者疼痛、憋闷难忍，重者吐血、窒息。

（五）裆部

男性的睾丸位于体外，是唯一没有保护措施的关键内部器官，这使得裆部成为男性的一个脆弱区域。针对这个部位的攻击不需要很大力气就能造成伤害，如果睾丸受到伤害，会导致阴囊血肿，伴随剧烈疼痛。轻微的情况可能使人无法站立，伴有恶心和呕吐；严重的情况可能导致休克；极端情况下甚至可能致命。

正因为这一部位不堪一击，所以女子为免受进一步危险侵害，袭击犯罪分子的裆部，是最有效的自卫防身手段之一。

（六）心窝

胸骨下方中央部分的凹陷处，是由横膈将胸部与腹部隔开的部分，可对肺部的呼吸产生帮助，对于外力的冲击非常敏感。

（七）颈椎

颈椎是人体躯干和头颅连接的主要关节，它能前屈、后伸和左右转动。颈椎受损可能导致脊髓颈段的伤害，并可能引发膈肌失去功能，进而影响呼吸，严重时可致命。此外，如果颈部受到剧烈扭转或外力冲击，可能会导致颈椎断裂、位置错位，从而压迫神经组织，引起身体四肢的功能障碍和严重的瘫痪症状。

（八）锁骨

锁骨位于前胸上方，包括向左右水平伸展的骨骼，是连接胸骨与肩部的重要部位。

（九）肋骨

肋骨为构成胸廓的左右十二对骨骼。起始于脊柱、搭架在胸骨上，分成可弯曲但被固定住的上部七对骨骼，以及前端短而不固定的下部五对骨骼，下部的肋骨易为来自侧面的攻击所伤。

（十）肩、肘部、手腕、膝盖、脚踝

上述部位为两种骨骼相连的接合部，是保证手足自由活动的重要部分，受到攻击之后会影响和限制人体的正常活动。

（十一）胫骨

胫骨位于小腿内侧，对支持体重起重要作用。一旦遭受打击，就会产生强烈的痛楚。胫骨被挫伤后易引起患处青紫，疼痛难忍，出现肿胀、血肿等症状。常用的攻击方法是用脚猛踢胫骨。

（二）手指

"十指连心"，是说人的手指对疼痛的承受能力较低，反应明显。同时，因其由许多关节共同构成，结构复杂且不够稳定，对于力量冲击往往难以承受，是人身体的"要害"之一。

二、攻击要害部位的技法

（一）快招刺眼

攻击人的眼睛，是易学易用且攻击效果显著的招式。眼睛是人体很敏感脆弱的部位，任何体格强壮的人若眼睛遭遇到攻击，便会立即失去攻击力。因此，对眼睛的攻击在防身术中是非常有效实用的技法。一般情况下，不鼓励使用快招刺眼，但若遇到品德极其低下、行为极其恶劣的歹徒袭击，在千钧一发之时，则另当别论。

1. 一指刺眼

当歹徒从正面攻击你时，用右手一根食指刺向歹徒眼睛，使歹徒受创。

动作步骤：当歹徒从正面直拳攻击你的时候，要保持镇静；左手迅速格挡住歹徒的直拳进攻；右脚上步并同时以右手食指刺向歹徒眼睛。

动作要点：这个动作的要点是攻击要有速度和准度，注意食指微微弯曲，以防用力过猛而受伤。

2. 二指刺眼

当歹徒从背后攻击你时，你应猛然转身，用两根指头，即食指和中指同时刺向歹徒双眼。动作步骤：

①歹徒从背后企图对你进行骚扰和攻击。

②遇此情况，你应猛然转身，先用左手进行反击。

③左手迅速由内向外格锁住歹徒手臂。

④左手格锁的同时，伸出右手食指和中指刺向歹徒双眼。

动作要点：注意保持手指微曲。

3. 五指刺眼

当歹徒从侧面攻击你时，也可将五指完全伸开，同时刺向歹徒的眼睛。

动作步骤：

①歹徒从侧面抓住你的肩部，意图不轨。

②你必须镇定应对，迅速抓住对方手腕并转身。

③同时手掌稍微张开，五指一起迅猛地刺向歹徒的眼睛。

（二）掰指脱敌

当遇到有歹徒将你拦腰抱住的情况，这个时候惊慌是徒劳的，怎样才能保护自己呢？如果你没有足够大的力气进行反击，那么你可以把目标锁定在攻击歹徒的小指上，这是一种简单易行的反击法，因为人的五指中最脆弱的就是小指，你牢牢抓住歹徒的小指，向其手背方向折扭，稍微用力就可能折断小指。在歹徒疼痛难忍之时，你便可伺机逃离。

动作步骤：

①歹徒从后面攻击，将你拦腰紧抱，意图不轨。

②你要保持镇定，迅速找准歹徒的小指。

③抓紧歹徒的小指向其手背方向折扭。

④歹徒被迫松开紧抱的双手，此时你继续抓紧歹徒小指。

⑤双手捏紧歹徒小指，同时对其用力，将歹徒制伏。

（三）锁颈喉的反击

如果你路遇醉鬼、歹徒或色狼，他们用手臂挟锁住你的颈部，并拉扯你的衣领，试图将你摔倒在地。这种紧急情况下，攻击歹徒的裆部是非常好的反击方式，借用对方摔击你的力量，你一手揽住对方腰部，另一手出勾拳猛击对方裆部。裆部是男子非常脆弱的要害部位，准确的攻击一般会让对方立即疼痛倒地，失去攻击力。

动作步骤：

①歹徒在你侧面寻找时机意图不轨。

②在你无防范之际突然冲向你并从侧面挟锁住你的颈部。

③歹徒试图将你摔倒，情况紧急之下，你必须迅速展开反击。

④你借歹徒的摔打之力，出勾拳猛击歹徒裆部。

⑤歹徒受创，疼痛倒地。

（四）双格前踢

当歹徒从正面袭击，并用双手抓你的衣领进行侵犯时，双格前踢是一招有效的反击招式。双肩衣领被抓时，你用双手由里向外格挡对方双手臂肘关节处，同时右腿迅速提膝弹踢对方裆部，使对方受伤倒地。格挡的瞬间会让对方手臂反射性地猛缩，身体下半部分失去防范，从而使你的前踢攻击更易得手。

动作步骤：

①歹徒从正面攻击，双手抓住你的衣领。

②你镇定应对，迅速展开反击，用双手由里向外格挡。

③与此同时，右腿瞬间提膝蓄力。

④右腿迅猛地弹踢向歹徒裆部，歹徒必受重创。

（五）掌盖面部

手的攻击，除了前面已经提到的拳击外，还可以用手掌进行攻击，相比拳击而言，掌击具有较强的杀伤力，不需要太多技巧，而且不会伤到自己的手。当歹徒右直拳进攻你时，你用左手格挡开，迅速向对方上步并以右手攻击对方面部，着力点主要为手掌的根部，击打目标为对方鼻梁或人中部位。这种攻击方式，可使对方鼻子酸痛、眼冒金星，暂时失去继续攻击的能力，此时，其要害部位也容易暴露出来，你可选择继续攻击对方要害或迅速离去。

动作步骤：

①歹徒欲正面攻击，你积极地做好防范动作。

②歹徒出右直拳向你进攻，你迅速出左手格挡开歹徒的直拳进攻。

③你的反击必须同时开始发动，右脚向歹徒上步并做出掌击动作。

④右手掌快速、有力、精准地击向歹徒面部。

（六）格挡盖面

假如歹徒故意找茬并与你发生了纠纷，歹徒抬腿向你横扫过来，你必须镇定，采取应对措施并展开反击。首先，用一只手格挡住歹徒腿的扫击，并迅速上步，靠近歹徒；另一只手猛然掌击歹徒面部，使其面部受伤而让你有机会脱险。

动作步骤：

①歹徒欲正面攻击，你积极地做好防范动作。

②歹徒突然侧步并出腿横扫向你攻击。

③你左手有力地格挡住歹徒的扫击，并迅速上步，右手高高抬起蓄力。

④右手掌快速、有力、精准地猛击歹徒面部。

（七）肘击

发现有人欲行不轨时，你最好提前预防，做好反击的准备。当歹徒从侧面攻击欲抱住你时，迎着冲过来的歹徒，迅速猛顶出你的肘尖，顶击对方的心窝或下巴，顶肘动作要求快、准、狠。肘部是人身体非常坚硬、厉害的"武器"，歹徒被击中后会倒地不起，此时要抓紧时间迅速逃离。

动作步骤：

①歹徒心怀不轨，意欲向你发动攻击。

②歹徒突然从侧面冲过来企图抱住你，进行骚扰。

③你早有防范，迅速抬起手肘，以肘尖猛然顶击歹徒下巴或咽喉部位。

④也可将歹徒的心窝处选为顶击目标，心窝与咽喉同为要害部位。

（八）托肘擒拿

你知道职业拳击手与外行人的出招方式有什么不同吗？受过训练的拳击手，他是不会将自己伸直的手臂暴露给对手的，因为伸直手臂时，其防御功能是很脆弱的。如果歹徒单手抓你胸部的衣服，那么他伸直的手臂就是一个弱点，你的反击就可以从对方手臂开始。当歹徒用右手拉扯你左侧肩部衣服时，你用右手捏住歹徒的手掌，左手上托转动对方肘部，在迅速发力的同时带动身体向右侧转，将其手臂关节反锁。

动作步骤：

①歹徒伸左手抓你胸部衣领，欲对你进行侵犯。

②你迅速展开反击，用右手紧捏住胸前歹徒的手掌。

③与此同时，迅猛地出左手向上猛托歹徒手肘部。

④你双手与身体同时发力扭锁歹徒抓你的手臂，歹徒会因此被迫跪地。

⑤你丝毫不能放松，用力将歹徒牢牢制伏。

（九）金腕脱开

如果歹徒用手抓住你的右手手腕，你立即用力握紧右拳，然后迅速向对方大拇指方向旋开。金腕脱开的原理是手紧握时，四指的力量远大于拇指的力量，因此手腕被歹徒紧抓时，选择以大拇指为突破口就可以很容易挣脱。

动作步骤：

①歹徒从你的侧后方抓住你的右手手腕。

②你镇定应对，侧身并同时紧握右拳蓄力。

③最好的挣脱方法，就是你紧紧握拳，并迅速地用力向歹徒大拇指方向旋扭。

动作要点：用力一定要迅速，这样才能立即挣脱开歹徒的控制。

（十）双手扣压

如果你遇到了毫无教养的流氓或醉鬼，他从正面拉扯你的头发并试图进一步骚扰你，此时该怎样反击呢？双手扣压法，就是用双手去锁住对方抓你头发的手掌手脑，其要点是用两个拇指按住对方手掌面，双手同时用力向下扣压歹徒手腕，再狠狠地攻击他的面部。手腕是人体比较脆弱的部位，一旦锁住，身体强壮的男子也会被你制伏在地。

动作步骤：

①歹徒伸右手抓你的头发意图不轨。

②你必须保持镇定，迅速用双手在头顶扣住歹徒手掌。

③双手两拇指同时用力紧按住歹徒手掌面，歹徒被迫松手。

④你不可放松，要继续用力，牢牢锁住歹徒的手腕，将歹徒制伏在地。

⑤再狠狠地用脚背攻击他的面部，歹徒手腕被锁，无力反抗。

（十一）金蝉脱壳

歹徒在前面或后面进行袭击，围抱住你双手臂和身体时，你必须赶紧挣脱。此时，可将身体向下微蹲，双手臂用力向上脱开，并立刻用额头攻击对方面部或下巴。

1. 被从背后抱住

动作步骤：

①歹徒意图不轨，突然从你后面围抱住你。

②你不可慌张，立即准备展开反击，身体微向下蹲，使歹徒重心略为前倾。

③双手连同全身一起猛然向上发力，迅速挣脱开歹徒的围抱。

④可同时用头攻击歹徒面部，歹徒必然被迫松开双臂。

2. 被从正面抱住

动作步骤:

①歹徒意图不轨,从正面冲向你并围抱住你。

②你要保持镇定,立即准备展开反击,身体微向下蹲,使歹徒重心略为前倾。

③双手连同全身一起猛然向上发力,迅速挣脱开歹徒的围抱。

④同时用额头去攻击歹徒面部,给歹徒狠狠一击。

(十二) 千斤一挡

千斤一挡的主要攻击动作为内推踢,踢击部位为对方大腿内侧。当歹徒侧步用直拳或脚踢攻击你头部时,你迅速用手刀格挡,同时瞬间出脚推踢对方大腿内侧,当推踢速度和力度达到一定程度时,歹徒必然因大腿酸麻而倒地。注意出腿要快,爆发力要足。

动作步骤:

①歹徒在正面欲对你进行侵犯,你要积极应对,做好防范。

②歹徒右直拳进攻,你以左手迅速格挡。

③同时提膝弹腿,开始蓄力发动反击。

④用脚迅猛地推踢歹徒大腿内侧,动作要快、准、狠。

⑤歹徒大腿遭迅猛攻击,会失去重心倒地。

(十三) 推踢

与"千斤一挡"的攻击动作相似,在歹徒侧步直拳进攻或准备起脚横踢向你时,你迅速出脚推踢对方腰胯部,使对方站立不稳倒地。推踢时要求速度快,爆发力足。

动作步骤:

①歹徒在正面欲行侵犯,你要冷静应对,做好防范。

②歹徒欲以右腿横踢攻击你,你看准时机先于歹徒迅速出腿推踢歹徒腰胯部。

③歹徒会因此受创失去重心而倒地。

(十四) 白蛇吐信

外出时我们身上总会带着一些物品,遇情况危急时,如果你能好好运用,它们就能成为非常好的反击武器,从而帮助你进行自卫反击。巧妙地利用任何可用的物品进行防身,是跆拳道防身术非常注重的有效方法。当歹徒用匕首刺向你时,你可立刻用身上携带的物品砸击对方的面部,挡住对方视线，同时用前踏腿攻击对方，使对方倒地，可用的物品很多，如提包、手表、手机、衣服、笔等，最重要的是需要冷静思考，并灵活运用一切物品。

动作步骤：

①歹徒手握凶器指着你，意欲打劫。

②你必须保持镇定并积极应对，利用手中物品迅速抛起遮挡歹徒的视线。

③右腿瞬间以前蹬腿攻击歹徒大腿或腰腹部位，动作要快、准、狠。

（十五）示敌以弱

面对蛮横的歹徒，我们可以采用灵活的战术来对付他。比如，先示弱以减少对方的警惕性，然后突然发动攻击制伏歹徒。只要能帮助你脱离危险，什么方法都可以运用。例如，当你被击倒了，你可以伪装示弱，单膝脆于对方的前腿处，一手抱住对方膝窝，另一手手掌或肘部突然压击对方腰骶部位使对方倒地。注意两手同时发力，动作要迅速，在歹徒倒地后，你迅速逃离。

动作步骤：

①歹徒蛮横地冲向你，并伸出右手猛力拍击你。

②歹徒将你按跪在地上。

③你保持镇定，假装示弱，一手偷抱住歹徒前腿膝窝。

④找准时机，以另一手猛然发力，压击歹徒腰胯部。

⑤歹徒会因此站立不稳而倒地。

（十六）头撞

在武术的诸多技巧中，有一种以头部作为攻击手段的方法，被称作"头锋"。尽管头部拥有众多易受伤害的要害部位，但同时它也包含了坚硬的前额部分。科学研究显示，人类前额能够抵御重达 1 000 kg 的冲击力。因此，利用前额进行攻击，可以展现出巨大的破坏力。这种攻击通常针对的是对手的面部，尤其是瞄准鼻梁周围的三角区，以此来避免与对手硬碰硬，造成不必要的伤害。

动作要点：在实战中，应充分利用头部的坚硬区域，即发际至眉骨之间的部分，对对手的面部或胸腹部进行猛烈撞击。关键是要确保力量集中且准确，以实现有效打击。